中国县乡公共治理与公共服务的财政支持研究

刘桂芝　著

人民出版社

序　言

县乡政府是中国政府体系的重要组成部分,是在县域范围内贯彻和落实国家基本方针和政策的组织者与执行者,是向农村居民提供公共产品和服务的基层政权组织。县乡财政是中国最为基层的财政,同时县乡财政体制也是我国财政体系的重要构成部分。县乡财政状况直接关系到地方政府的正常运转、基层政权的建设、农村经济的发展和社会的稳定。

中国政府近些年来一直致力于推进社会公平、和谐、有序发展的战略,但是当前社会依然处于非均衡发展格局,依然存在诸多影响社会和谐的深层问题,尤其是城乡非均衡发展,城乡公共服务水平发展差距较大,不少地区农民难以实现学有所教、劳有所得、病有所医、老有所养、住有所居等最低需求,基本生存权和发展权得不到有效保障。目前国内外学者对地方性公共服务、公共产品范畴、公共服务及地方性公共服务的有效供给的研究,为县乡基本公共服务的财政支持研究奠定了基础;公共财政理论和财政分权理论为研究地方性公共服务的财政支持提供了研究前提。一些学者从财政的视角对中国县级公共服务现状以及问题进行研判,为研究县乡公共服务供给的财政支持提供了良好的基础,尤其是对中国县乡公共服务的研究角度多样、内容丰富,既有理论研究,又有实证分析,既有总体探讨,又不乏分类研究,能够在一定程度上反映当前中国县乡基本公共服务的发展总体情况以及面临的问题。但是当前学者研究还存在着两方面的局限性:一是目前学界研究大多数着眼于"地方公共服务"或者"县乡公共服务",但是对于

"县乡基本公共服务"的研究尚缺乏较为系统的研究,与"县乡公共服务"相比,"县乡基本公共服务"更重视对于满足基层民众生活最基本的需求,是保障个人生存权和发展权的最基本的公共服务;二是学者对县乡公共服务供给财政视角的分析不多,部分研究虽然提出了公共财政存在的一些问题,但是很少能够从整个县级财政体制的角度去探索基本公共服务供给中存在问题的根源,而且,县乡财政并非孤立存在,县乡基本公共服务供给过程中相关财政的作用是与财政分权体制密切相关的,因而深入研究该问题,还应当有对财政体制全局观的把握。本书主要立足县乡财政困境普遍爆发并日益扩大化的社会背景之下,以基本公共服务供给和财政支持模式为视角与切入点,以我国地方公共财政困境下的公共服务供给状况为逻辑起点,对财政困境下地方政府公共服务供给的财政制度模式进行探索,通过对县乡基本公共服务供给制度与政策的梳理,对农村基本公共服务供给不足的原因进行剖析,在借鉴国外基本公共服务供给的财政制度理念的基础上,通过破解基本公共服务供给不足与县乡财政支持体系弱化这一关联性难题,提出保障与支持地方政府有效供给基本公共服务的财政制度模式,倡导政府优化财政支持体系、出台稳健而有效的财政政策,提升基本公共服务供给效能,推进县乡政府公共治理能力。

研究县乡财政困境下地方政府治理能力提升,探索基本服务供给和财政支持模式是构建社会主义和谐社会的重要内容,是践行科学发展观的现实要求,是保障我国经济持续、稳定、健康发展的现实选择,是"以人为本"建设服务型政府的具体体现。从县乡财政困境角度研究农村公共服务供给能力和财政支持模式具有非常重大的理论意义和现实意义。可以推动公共财政理论根据社会现象变化不断创新。归纳和总结县乡财政体制对公共服务供给影响的理论框架,通过对中国农村公共服务供给不足的原因剖析及国外经验借鉴,推进县乡公共服务供给财政制度的构建和完善,会对公共财政理论的丰富和发展有裨益。中国县乡公共服务供给总体上仍相当匮乏,城乡公共服务供给水平的差距不断拉大,已经影响到中国经济社会协调的可持续发展。理论源于现实,是社会现实的抽象与升华;中国正在进行的改革与建设在世界上独一无二,没有很多成型模式可模仿,没有更多经验可供借鉴,因此,围绕中国过去、当前和未来所行进之路进行总结和提炼,不仅可以发展和完善中国的公共财政理论和公共服务理论,对于与中国情况具有相似点的其他发展中国家也具有一定的借鉴意义。同时,研究县乡财政困境下农村公共服务供给和财政支持模式是缓解社会矛盾和解决民生问题的现实需要,有利于建立与事权相匹配的财税体制,有助于缓解县乡财政困境,是改善农村居民生活质量,提高农村居民素质的关键所在。

目　　录

绪　论

一、中国县乡政府基本公共服务供给研究的缘起

改革开放三十多年来,中国走的是一条让一部分人和一部分地区先富起来、充分利用国内外两种资源和两个市场的发展道路。虽然这导致城乡之间、地区之间和阶层之间的非均衡发展,但是建立在以平均主义为基础上的高度集权的计划体制运行所带来的低效率也让我们认识到,如果不打破体制依赖性、不给经济主体以自由,就无法激发各经济主体的积极性,就不可能实现国家经济三十多年的高速增长。如今,这种非均衡发展战略在彰显其制度优势的同时,其制度劣势也在累积并逐渐开始显现,投资与消费关系扭曲,内需不足。党的十六大以来提出了全面建设小康社会的战略,试图改变此前持续了二十多年的非均衡发展态势,实现全面、协调和可持续发展。十多年来,在以科学发展观为核心的一整套发展思路和政策的统领下,在各经济主体的努力下,中国在统筹城乡、统筹境内域外、统筹东中西部、实现共同富裕等方面取得了长足进步。然而,处于转型期的中国在发展过程中的不和谐与不均衡因素依然存在,经济和社会的全面均衡和可持续发展问题并没有从根本上得到化解。行业间收入差别依然很大,农民收入增长乏力,收入水平长期在低位徘徊;城乡发展落差巨大,农业基础仍然薄弱;区域发展不均衡,中西部地区受资源环境约束依然依托初级资源获取低廉收入;社会服务资源分布不平衡,农村地区社会服务资源分配量匮乏,制约社

会发展的体制机制障碍依然较多。

没有均衡发展就不是科学的发展,以科学发展观为指导的均衡发展战略是新一轮改革的指导原则。但是,在当前中国要实现均衡发展还需要克服很多深层障碍,需要综合考虑整个社会深化改革目标和战略,需要考虑产业结构调整需求,需要配合城镇化的快速推进,需要依托政府职能转变和政治体制改革背景,需要考虑日益全球化的国际复杂局势的影响,难度可想而知。各种问题交织在一起,局面复杂,改革呈胶着状态。

阻碍一个国家经济增长的重要因素之一是收入差距过大和收入分配不公,这是基本上在世界范围内得到认可的结论。斯坦福大学 Scott Rozelle 教授的实证研究结果也证实,收入差距和一个国家成为高收入国家的机会之间存在着非常强的相关性,过大的收入差距阻碍着一国的长期经济增长。这是因为过大的收入差距首先会对消费产生影响,会造成消费需求不足,高收入人群的边际消费倾向远低于低收入人群,即收入差距过大会降低一国的平均消费倾向。消费不足会带来内需不足,会导致经济增长缓慢,还会带来低收入人群人力资本积累不足等问题。特别是发展中国家,很多低收入人群、贫困人群没有能力进行人力资本积累,这样也会拖累一国的长期经济增长。我国收入差距基尼系数 20 世纪 80 年代初为 0.3 左右,据官方统计 2009 年达最大值 0.49。近两年官方统计显示全国基尼系数虽略有所下降但下降幅度并不大,约为 0.473。同时,近十年间与收入差距扩大相伴随的是财产差距急剧扩大,并且其速率远超过收入差距扩大速率。这主要是受房价增长等相关因素影响,整个社会财富的集聚和积累都在成倍增长。学者李实团队对 2002—2010 年包括房产、土地等的私人财富的实证研究结论为,城市人均财富年均增长率达 22%,其中的房产价值年均增长率达 25%。这意味着城市个人财富积累速度非常快,人均财富每 4 年翻一番,8 年翻两番。而农村人均财富积累速度年均增长率只有 11%,是城市个人财富水平的一半,大体相当于全国平均水平 20% 的一半左右。政府近些年出台了许多收入再分配政策,这些政策在某种程度上缓解了收入差距扩大的趋势,但是,受中国城乡二元体制非均衡发展等因素影响,再分配政策的影响非常有限。学者李实团队以2007年数据进行低保、税收、社会保障等各种再分配政策对收入差距影响的实证研究,认为中国的基尼系数由于再分配政策影响可以降低12%左右,而OECD国家由于受经济发展水平和社会进步程度影响,其社会再分配政策可以缩小收入差距40%左右。中国与OECD等国政策效应上所存在的巨大差距意味着我们的再分配政策还有进一步调整的空间,可以通过增加新的政策手段和加大调整力度,促使再分配政策发挥更大的作用。

在城乡均衡发展方面,中共中央于2003年1月召开的中央农村工作会议上首次提出:必须统筹城乡经济社会发展,更多地关注农村,关心农民,支持农业,把解决好农业、农村和农民问题作为全党工作的重中之重,放在更加突出的位置。2004年3月十届人大二次会议提出逐步免除农业税的计划。2004年后每年中共中央工作会议颁发的一号文件都聚集农业,从制度和政策上对"三农"问题制定发展战略。除此以外,还通过五年发展规划有步骤地助推城乡统筹与全社会和谐发展。"十一五"规划的22项指标中有8项为民生指标。截至2010年年底,8项民生指标全部完成——城乡居民收入大幅增长,免费九年义务教育全面实现,城镇基本养老保险覆盖人数、新型农村合作医疗覆盖率提前达标,全国城镇新增就业5500万人。① 从表0-1中可以看出,事关农民发展和权益的国民平均受教育年限、医疗保险覆盖率、转移农业劳动力和增加农村居民人均纯收入四个民生指标被列入"十一五"期间的重点建设项目之中。从指标完成情况看基本和我们的现实观察相吻合。这是党和政府实现城乡均衡发展决心的有力彰显。

---

① 白天亮:《保障和改善民生责无旁贷——人力资源和社会保障部部长尹蔚民回望"十一五"、展望"十二五"》,《人民日报》2010年11月26日。

表 0-1 "十一五"规划中 8 项民生指标完成情况

指标	2005 年	规划目标	2010 年 实际结果
国民平均受教育年限(年)	8.5	9	9
城镇基本养老保险覆盖人数(亿人)	1.74	2.23	2.57
新型农村合作医疗覆盖率(%)	23.5	大于 80	96.3
五年城镇新增就业(万人)	—	4500	5771
五年转移农业劳动力(万人)	—	4500	4500
城镇登记失业率(%)	4.2	5	4.1
城镇居民人均可支配收入(元)	10493	年均增长 5%	19109,年均增长 9.7%
农村居民人均纯收入(元)	3255	年均增长 5%	5919,年均增长 8.9%

注:城乡居民收入绝对数按当年价格计算,增长速度按可比价格计算。

当前,发展农村经济改善民生、缩小城乡差距仍是全面构建社会主义和谐社会的重要任务。"十二五"的重大战略之一即是加大公共投入,完善制度,提升不同群体间社会保障权益的公平性,缩小地区差距、城乡差距。发展农村经济,提高农民生活水平,缩小城乡差距的关键在于完善农村公共服务体系,实现城乡公共服务均等化。城乡公共服务一体化是城乡统筹发展的内在要求,是现阶段新农村建设的重点。健全的农村公共服务是维持我国社会稳定、实现社会公平正义,保护农村居民最基本的生存权和发展权的前提。"十二五"规划纲要中强调:坚持以人为本、服务为先,履行政府公共服务职责,提高政府保障能力,逐步缩小城乡区域间基本公共服务差距。由此,提高农村公共服务水平是逐步实现基本公共服务均等化的基础,也是社会主义新农村建设的重要内容。随着经济快速发展和财富不断累积,人类开始更多地关注自我成长和发展,这对义务教育、基本医疗、食品安全、社会保障等公共服务体系提出了新要求。

现阶段,我国城乡间公共服务差距较大,农村公共服务供给不能满足农村社会发展需求。农村公共服务供给在当前社会发展阶段，按政府层级和政府职能划分主要需要依靠地方财政作为其供给资金来源主渠道。在地方政府普遍存在不同程度困境的情况下要满足生产、生活所需基本公共服务需求唯有通过地方公共治理创新方为可能。因此，完善公共服务供给体系首先需要解决地方财政困境问题。

地方财政困境普遍爆发于 2004 年农村税费改革以后。农村税费改革前县乡预算内财政收入一般有两个来源：一是各种农业税，二是部分工商税。由于全国大部分县乡尤其是广大乡镇财政的主要预算内收入来源于各种农业税，因此，农业税取消使得乡镇财政预算内收入逐渐减少和消失，乡镇财政运转陷入困局。乡镇收入锐减和财政困境出现以后，有些地方取消了乡镇一级财政，把乡镇政府变为县级财政的预算单位，原属乡级收入的工商税收入上划为县级收入，即"乡财县管乡用"。同时，农村税费改革不仅使得县乡政府农业税税收收入消亡，同时也关上了县乡财政预算外收入的大门，各类"费"也被禁止收取。在此之前，乡镇层级政府作为公共服务供给主体，其资金主要来源于预算外征收的各类"费"。"乡财县管乡用"以后，乡镇财政几乎没有了任何本级收入，主要依赖上级财政补助获取收入。按财政体制改革设计，依托上级财政转移支付补助的乡镇财政预算内收入并未减少，因为农村税费改革原则即是要确保乡镇行政机构能够维系正常运转。但是，由于农村税费改革同步消亡了乡镇财政预算外资金收入，因此事实上极大地削弱了乡镇政府供给公共产品的能力。这种地方财政关系中财力向上集中的现象不仅存在于县乡间，在省市县财政体制调整中也呈现出来。在省县财政或市县级财政间进行分税制体制改革时，一些效益好的电力、金融等税源稳定的企业，按隶属关系属于市县企业，2004 年体制调整前其税收收入归市县支配，但 2004 年体制调整后这些企业的税收收入变成了省市县共享收入。这一调整使得财力开始向上集中，市县收入因此而大幅减少。财力向上集中的后果同样使得县级财政严重依赖上级财政补助，所以本级财政收入大幅减少。县级政府和乡镇政府一样，其财政主要支出方向也变成了保"吃饭"和保机构运转。但是县级政府与乡镇政府不同的是,县级财政除承担行政机构人员和办公经费支出外,还要承担许多农村公共服务功能,如农村义务教育支出、农村卫生保健支出、农村水利和农业服务支出等。县级政府在农村公共服务供给中扮演着重要角色,可是县级财源却在日益减少。因此,县级政府财政困境日渐凸显。

近年来,中国地方政府债务数额不断增长。其中,由或有负债所引起的财政信用风险和潜在偿债压力迅速攀升。受世界经济影响,中国在 2008 年推出 4 万亿救市计划,随之而来的是地方政府债务爆发式扩张。虽然预算法明令禁止地方政府以各种形式进行举债(除特殊规定外),但由于国家财政体制、激励机制、监督机制等原因,法律法规所带来的有效制度显得供给不足,约束不够,地方政府举债势头不降反升。目前,由地方政府举债所造成的财政风险问题比较严峻,也是中国经济的不可承受之重。国家审计署于 2013 年 12 月 30 日公布了全国政府性债务审计结果①,截至 2013 年 6 月底,地方政府负有偿还责任的债务 108859.17 亿元,负有担保责任的债务 26655.77 亿元,可能承担一定救助责任的债务 43393.72 亿元。根据近年来地方政府性债务在举债主体和融资方式上出现的新情况,本次审计,在政府负有担保责任的债务中,包括了全额拨款事业单位为其他单位提供担保形成的债务 383.52 亿元;在政府可能承担一定救助责任的债务中,包括了地方政府通过国有独资或控股企业、自收自支事业单位等新的举债主体和通过 BT(建设—移交)、融资租赁、垫资施工等新的举债方式为公益性项目举借,且由非财政资金偿还的债务 19730.13 亿元。从政府层级看,省级、市级、县级、乡镇政府负有偿还责任的债务分别为 17780.84 亿元、48434.61 亿元、39573.60 亿元和 3070.12 亿元(见表 0-2)。从未来偿债年度看,2013 年 7 月至 12 月、2014 年到期需偿还的政府负有偿还责任债务分别占

---

① 审计署:《全国政府性债务审计结果》,《新华网》2013 年 12 月 30 日,见 http://news.xinhuanet.com/fortune/2013-12/30/c_125934620.htm。

22.92% 和 21.89%，2015 年、2016 年和 2017 年到期需偿还的分别占 17.06%、11.58% 和 7.79%，2018 年及以后到期需偿还的占 18.76%（见表 0-3）。

表 0-2　截至 2013 年 6 月底地方各级政府性债务规模情况

（单位：亿元）

政府层级	政府负有偿还责任的债务	政府或有债务	
		政府负有担保责任的债务	政府可能承担一定救助责任的债务
省级	17780.84	15627.58	18531.33
市级	48434.61	7424.13	17043.70
县级	39573.60	3488.04	7357.54
乡镇	3070.12	116.02	461.15
合计	108859.17	26655.77	43393.72

数据来源：国家审计署公告，见 http://news.xinhuanet.com/fortune/2013-12/30/c_125934620.htm。

表 0-3　截至 2013 年 6 月底地方政府性债务余额未来偿债情况表

（单位：亿元）

偿债年度	政府负有偿还责任的债务		政府或有债务	
	金额	比重	政府负有担保责任的债务	政府可能承担一定救助责任的债务
2013 年 7 月至 12 月	24949.06	22.92%	2472.69	5522.67
2014 年	23826.39	21.89%	4373.05	7481.69
2015 年	18577.91	17.06%	3198.42	5994.78
2016 年	12608.53	11.58%	2606.26	4206.51
2017 年	8477.55	7.79%	2298.60	3519.02
2018 年及以后	20419.73	18.76%	11706.75	16660.05
合计	108859.17	100.00%	26655.77	43393.72

数据来源：国家审计署公告，见 http://news.xinhuanet.com/fortune/2013-12/30/c_125934620.htm。

审计结果显示中国地方政府负债有四个显著特点:一是或有负债①占比偏高,且呈逐年上升趋势;二是投资结构不合理;三是东部地区负债规模大于中西部地区;四是市级政府借款明显高于省县级政府。地方政府债务尤其是或有负债增长迅猛,如果不及时采取遏制措施,财政支付危机一旦爆发,将会影响中国经济发展环境,中央财政也会面临严峻考验。由于中国政府会计制度——收付实现制——的原因,或有负债作为增长快速的潜在负债,其发生额并不会占用当年财政支出,造成账面赤字,隐蔽性和可调控操作空间较大,可以有效缓解地方政府即期财政压力,这是地方政府债务危机增长迅猛的重要原因,也隐藏着巨大的风险。

党的十六届六中全会所通过的《中共中央关于构建社会主义和谐社会若干重大问题的决定》②中提出,完善公共财政制度,逐步实现基本公共服务均等化。健全公共财政体制,调整财政收支结构,把更多财政资金投向公共服务领域,加大财政在教育、卫生、文化、就业再就业服务、社会保障、生态环境、公共基础设施、社会治安等方面的投入。进一步明确中央和地方事权,健全财政支出责任与事权相匹配的财税体制。完善中央和地方共享税分成办法,加大财政转移支付力度,促进转移支付规范化、法制化,保障各级政权建设需要。完善财政奖励补助政策和省以下财政管理体制,着力解决县乡财政困难,增强地方政府提供公共服务能力。逐步增加国家财政投资规模,不断增强公共产品和公共服务供给能力。党的十七大报告明确指出:"深化财税体制改革,完善省以下财政体制,增强基层政府提供公共服务能力。"③党的十八大报告中强调:"加强社会建设,是社会和谐稳定的重要保

---

① 或有负债(Contingent Liability),指过去的交易或事项形成的潜在义务,其存在须通过未来不确定事项的发生或不发生予以证实;或过去的交易或事项形成的现时义务,履行该义务不是很可能导致经济利益流出企业或该义务的金额不能可靠地计量。

② 《中共中央关于构建社会主义和谐社会若干重大问题的决定》,《新华网》2006 年 10 月 18 日,见 http://news.xinhuanet.com/politics/2006-10/18/content_5218639.htm。

③ 胡锦涛:《高举中国特色社会主义伟大旗帜,为夺取全国建设小康社会新胜利而奋斗——在中国共产党第十七次全国代表大会上的报告》,《人民日报》2007 年 10 月 16 日。

证。必须从维护最广大人民根本利益的高度,加快健全基本公共服务体系,加强和创新社会管理,推动社会主义和谐社会建设。加快改革财税体制,健全中央和地方财力与事权相匹配的体制,完善促进基本公共服务均等化和主体功能区建设的公共财政体系。"① 党的十八届三中全会公报指出,财政是国家治理的基础和重要支柱,科学的财税体制是优化资源配置、维护市场统一、促进社会公平、实现国家长治久安的制度保障。必须完善立法、明确事权、改革税制、稳定税负、透明预算、提高效率,建立现代财政制度,发挥中央和地方两级积极性。要改进预算管理制度,完善税收制度,建立事权和支出责任相适应的制度。② 由此可见,健全财政体制,缓解县乡财政困境,实现县乡公共服务有效供给,统筹城乡基本公共服务在过去是,在当下及今后相当长一段时期内都是我国社会发展的目标和重点之一。

县乡财政困境伴随经济社会发展逐渐产生,涉及范围广,影响力大。1994 年实行分税制财政体制以后,由于中央和地方间事权分工模糊不清,缺乏完整的配套制度和政策等原因,各地区间经济发展不平衡,赤字严重,县乡财政困境问题凸显,进一步扩大了城乡公共服务的差距,严重影响了县乡公共服务的有效供给。县乡公共服务供给能力和水平,直接影响着社会稳定和政府权威,与建设社会主义新农村、构建社会主义和谐社会密切相关。完善县乡公共服务供给机制,提升县乡公共服务供给能力,不仅能够提高农民生活水平、改善农业生产基础设施,而且会为农村经济发展奠定良好基础。提升县乡公共服务供给的财力保障体系对提高政府公共服务供给能力,建立服务型政府尤为重要,对于实现经济可持续发展、全面建成小康社会具有重要意义。

基本公共服务作为民众生活的保障,社会进步的标志,是解决城乡差距

---

① 胡锦涛:《坚定不移沿着中国特色社会主义道路前进,为全面建成小康社会而奋斗——在中国共产党第十八次全国代表大会上的报告》,《人民日报》2012 年 11 月 9 日。

② 习近平:《中共中央关于全面深化改革若干重大问题的决定》,《人民日报》2013 年 11 月 18 日。

的突破口。地方政府供给公共服务能力的强弱,地方政府公共治理水平及其公共治理创新能力的高低,不仅是一个国家和地区经济社会发展水平的重要衡量标准,而且是衡量政府执政水平和政策取向的重要尺度。本书从当前县乡公共服务供给不足、公共治理能力弱化现象出发,结合中国经济体制背景,拟选取有代表性的县乡进行县乡公共服务供需情况和财政状况社会调查,从地方财政角度对有效供给基本公共服务进行系统构建分析,对地方政府财政困境与公共服务供给不足的原因进行剖析,提出地方政府治理能力创新、重构财政困境下地方公共服务供给能力和相匹配的财政制度等对策建议,以期推动县乡经济、社会的复兴、繁荣与可持续发展。

二、中国县域基本公共服务供给研究梳理

(一)中国县域基本公共服务供给状态研究

如前文所述,与城市发展相比较,中国县乡等地域经济发展受困于农民收入水平低下、农业发展速度不高、农村社会相比较城市处于较为落后等状态。无论是从"三农"问题的化解还是从民生角度而言,当前中国县域范围内普遍存在着公共产品供给存在总量不足、结构失衡、机制不完善等问题。导致这些问题的原因在于自上而下的政府决策对于民众需求的忽视;资金筹措中旧体制的遗留;生产与管理效率的低下;资金使用制度的规范性缺失;等等。要解决中国县级政府公共产品供给的现实困境有许多,包括财政短缺、经费不足、民众偏好非理性以及公共产品供给主体单一等,再加之错误的政绩观,这是导致中国县域范围内公共产品有效供给的思想障碍。

许多国内学者立足于当下对县域范围内公共物品供给状况的调查研究,主要对县乡级政府在提供社会保障、教育、养老等公共服务方面进行跟踪或调查。蔡春林(2012)认为中国县级政府在农村养老保障中责任缺失,主要表现在政策宣传不到位、规划不合理、资金投入不足、监管不力。肖金成(2010)认为中国县乡社会保障制度管理存在社保覆盖面窄、养老保障功能较弱、社保机构不健全、社保基金运作困难等问题,完善县乡政府社会保

障职能应把工商企业和事业单位职工的社会保障同全国接轨,扩大社保覆盖面,提高统筹层次;着力建立并不断完善农民工、失地农民的社保体系和农民医疗保障体系;逐步建立农民养老保障体系,有条件的地方可进行试点;把最低生活保障体系真正建立起来。杨娟(2009)则从义务教育方面进行分析,认为中国建立了"以县为主"的义务教育管理体制,但其在履行相应责任时却还面临诸多困境,究其原因,主要有各级政府间责任配置的不明确以及教育行政管理部门缺乏适当权力等。因此需要明确"以县为主"义务教育管理体制中各项责任的执行主体,在分工协作的前提下,扩大教育行政管理部门责权范围。

(二)中国县域公共服务供给中的公共财政作用研究

国家发改委宏观经济研究院课题组 2005 年在其研究报告《公共服务供给中各级政府事权、财权划分问题研究》[1]中,总结了处于不同发展阶段的各个国家公共服务供给及其相应的事权、财权配置规律。认为现阶段中国各级政府财权、事权配置和职责权利不对称,基础性的公共服务供给不充分、不稳定。报告提出要按照市场优先原则,事权和财政支出责任配置对称,以及基本公共服务最低供应等原则,改革完善各级政府在基础性公共服务供给中的事权和财政支出责任划分。傅勇(2007)在《中国式分权、地方财政模式与公共物品供给:理论与实证研究》[2]一文中,从地方财政收支结构和公共服务供给角度,考察中国式分权是如何成功地塑造了地方政府的增长取向,他认为中国式分权并没有提高地方政府对公共服务的有效供给,在财政分权体制下,要想将地方政府的注意力转移到公共服务供给中来,还必须适当依赖政府治理。蔡冬冬(2007)在《中国财政分权体制下地方公共

---

①　宏观经济研究院课题组:《公共服务供给中各级政府事权、财权划分问题研究》,《宏观经济研究》2005 年第 5 期。

②　傅勇:《中国式分权、地方财政模式与公共物品供给:理论与实证研究》,博士学位论文,复旦大学 2007 年。

物品供给研究》①一文中对中国财政分权体制下公共物品供给的现状进行了实证研究,他认为通过规范和完善财政分权体制、推进以公共服务均等化为目标的财政转移支付制度、建立健全地方政府行为约束机制和居民偏好表露机制方能有所改善。樊宝洪等(2007)在《基于乡镇财政视角的农村公共物品供给状况与分布特征》②一文中通过对江苏省4市1区11镇的公共服务状况进行调研,认为不同类型县和乡镇在公共服务的供给结构上存在较大差异,因此大力发展乡镇经济,增强乡镇财力是提高县乡公共服务供给水平的重要路径。杨辉(2012)在《县级政府提供公共服务的财政保障研究》中指出③,当前中国政府间公共职能模糊,省以下政府特别是县乡级政府所承担的公共服务职能与财力不相匹配,因此他提出增强县乡级政府公共服务财政保障能力的五条对策。中国社会科学院的夏杰长研究员等(2007)在《我国公共服务供给不足的财政因素分析与对策探讨》一文中指出④,从公共财政视角分析,当下中国公共服务短缺是因为财政支出的经济建设偏好制约了有限的财政资金对公共服务的投入,公共财政制度性缺陷导致公共服务的偏好得不到满足,现行的政绩考核机制导致了地方政府支出对公共服务投入的必然忽略。

三、县乡财政困境角度下研究基本公共服务和财政支持的主题和价值

(一)研究主题

当前社会依然处于非均衡发展格局,依然存在诸多影响社会和谐的深

---

① 蔡冬冬:《中国财政分权体制下地方公共物品供给研究》,硕士学位论文,辽宁大学2007年。

② 樊宝洪等:《基于乡镇财政视角的农村公共物品供给状况与分布特征》,博士学位论文,南京农业大学2007年。

③ 杨辉:《县级政府提供公共服务的财政保障研究》,硕士学位论文,湖南师范大学2012年。

④ 夏杰长、张晓欣:《我国公共服务供给不足的财政因素分析与对策探讨》,《经济研究参考》2007年第5期。

层问题,尤其是城乡非均衡发展,城乡公共服务水平发展差距较大,不少地区农民难以实现学有所教、劳有所得、病有所医、老有所养、住有所居等最低需求,基本生存权和发展权得不到有效保障。目前国内外学者对地方性公共服务、公共产品范畴、公共服务及地方性公共服务的有效供给的研究,为县级基本公共服务的研究奠定了基础;公共财政理论和财政分权理论为研究地方性公共服务的财政支持提供了研究前提。一些学者从财政的视角对中国县级公共服务现状以及问题进行研判,为研究县乡公共服务供给的财政支持提供了良好的基础,尤其是对中国县乡公共服务的研究角度多样、内容丰富,既有理论研究,又有实证分析,既有总体探讨,又不乏分类研究,能够在一定程度上反映当前中国县乡基本公共服务的发展总体情况以及面临的问题。但是当前学者研究还存在着两方面的局限性:

一是目前学界研究大多数着眼于"地方公共服务"或者"县乡公共服务",对于"县乡基本公共服务"尚缺乏较为系统的研究,与"县乡公共服务"相比,"县乡基本公共服务"更重视满足基层民众生活最基本的需求,是保障个人生存权和发展权的最基本的公共服务。

二是学者对县乡公共服务供给财政视角的分析不多,部分研究虽然都提出了公共财政存在的一些问题,但是很少能够从整个县级财政体制的角度去探索基本公共服务供给中存在问题的根源,而且,县乡财政并非孤立存在,县乡基本公共服务供给过程中相关财政的作用是与财政分权体制密切相关的,因而深入研究该问题,还应当有对财政体制全局观的把握。

据此,本书在县乡财政困境这一社会背景下,以基本公共服务供给和财政支持模式为视角与切入点,通过对县乡基本公共服务供给制度与政策的梳理,对农村基本公共服务供给不足的原因进行剖析,在借鉴国外基本公共服务供给的财政制度理念的基础上,通过破解基本公共服务供给不足与县乡财政支持体系弱化这一关联性难题,提出保障与支持地方政府有效供给基本公共服务的财政制度模式,倡导政府优化财政支持体系、出台稳健而有效的财政政策,提升基本公共服务供给效能,推进县乡政府公共治理能力,这是本书的研究视角和主要内容所在。

(二)研究价值

县乡政府是中国政府体系的重要组成部分,是在县域范围内贯彻和落实国家基本方针和政策的组织者和执行者,是向农村居民提供公共产品和服务的基层政权组织。县乡财政是中国最为基层的财政,同时县乡财政体制也是我国财政体系的重要组成部分。县乡财政状况直接关系到地方政府的正常运转、基层政权的建设、农村经济的发展和社会的稳定。

研究县乡财政困境下地方政府治理能力的提升,探索基本服务供给和财政支持模式是构建社会主义和谐社会的重要内容,是践行科学发展观的现实要求,是保障我国经济持续、稳定、健康发展的现实选择,是"以人为本"建设服务型政府的具体体现。从县乡财政困境角度研究农村公共服务供给能力和财政支持模式具有非常重大的理论意义和现实意义。

1.理论意义

研究县乡财政困境下公共服务供给和财政支持模式,促进县乡财政体制改革,推进县乡政府公共治理,可以推动公共财政理论根据社会现象变化不断创新,推进公共政策理论向前发展,通过基层公共财政理论的构建丰富和发展整个公共财政理论。政府通过公共财政渠道参与公共服务的供给是体现以人为本和弥补市场公共服务供给失灵的重要制度安排。归纳和总结县乡财政体制对公共服务供给影响的理论框架,通过对中国农村公共服务供给不足的原因剖析及国外经验借鉴,推进县乡公共服务供给财政制度的构建和完善,会对公共财政理论的丰富和发展有裨益。中国县乡公共服务供给总体上仍相当匮乏,城乡公共服务供给水平的差距不断拉大,已经影响到中国经济社会的协调可持续发展。本书以我国地方公共财政困境下的公共服务供给状况为逻辑起点,通过对地方政府财政困境与公共服务供给现状的实证调查,结合理论分析,以地方政府管理创新为视角,对财政困境下地方政府公共服务供给的财政制度模式进行探索,为中国县乡财政困境摆脱和缓解提供一定的思路和具体对策建议,促进县乡财政体制改革,进而推动县乡政府提升治理能力。理论源于现实,是社会现实的抽象与升华;中国正在进行的改革与建设在世界上独一无二,没有很多成型模式可模仿,没有更多经验可供借鉴,因此,围绕中国过去、当前和未来所行进之路进行总结和提炼,不仅可以发展和完善中国的公共财政理论和公共服务理论,对于与中国情况具有相似点的其他发展中国家也具有一定的借鉴意义。

研究县乡财政困境下公共服务供给效率问题可以推动公共服务供给理论的发展,通过县乡公共服务供给如何通过财力有效保障而满足民众需求的分析,对于新的历史时期指导政府主体如何行政具有一定的鉴意义。县乡公共服务供给效率问题是涉及农民切身利益与整个国民经济发展的大问题,针对县乡公共服务供给不足问题提出的财政政策和相关体制机制建设,不但有利于指导政府出台稳健而有效的财政政策、提升公共服务供给的稳定性,而且有利于提高县乡居民的生活水平与生活质量。研究立足于县乡基层政府的公共服务供给,结合新的历史时期县乡社会经济发展和民众生活对政府公共服务供给提出的新要求,提出政府应是主要供给主体、政府应想办法化解财政困境,通过有力的财政支持与保障进行公共服务的供给或向社会与市场购买公共服务。这一分析是基于新型城镇化背景下,壮大县域经济、发展县乡经济的社会现实基础,是在了解现实基础上的理论脉络梳理,对于指导县乡政府出台何种公共政策、县乡财政体制如何改革与发展、县乡政府公共治理能力提升以及县乡政府行政方向等方面都具有一定的可参考价值。

2.现实意义

第一,是缓解社会矛盾和解决民生问题的现实需要,是加快转变政府职能、提升地方政府公共治理能力、建设服务性政府的题中应有之义。如前文所述,中国当前社会依然处于非均衡发展格局,存在诸多影响社会和谐的深层问题,尤其是城乡非均衡发展。城乡公共服务发展差距较大,不少地区仍然存在农民难以实现学有所教、劳有所得、病有所医、老有所养、住有所居等最低需求,基本生存权和发展权得不到有效保障等社会问题。研究县乡财政困境下公共服务供给和财政支持模式有利于缩小城乡差距,更好地解决三农问题。如果能够统筹城乡公共资源分配,改善农村公共服务供给状况,可以加快实现中国政府近十年来努力倡导和致力打造的基本公共服务均等化目标,有利于维护社会公平正义,推进社会主义和谐社会的建设,保障我国经济持续、稳定、健康发展。

第二,有助于缓解县乡财政困境。县乡财政困难直接关系到地方政权的稳固和民众的根本利益。缓解县乡财政困境,不仅是一项经济工作,更是重大的政治问题。本书对当前县乡财政困境的现状及成因进行分析和探讨,拟从打破县乡财政困境的制度障碍入手,构建地方公共财政框架,构建适宜的地方财政支持体系,提升县乡政府供给公共服务的能力,进而推升县乡政府的公共治理能力和水平。

第三,是改善农村居民生活质量,提高农村居民素质的关键所在。农村公共服务是"三农"建设的重要内容,其供给是否充足直接关系到农民的生产、生活及农村能否可持续发展。农村居民作为公共需求的主体有追求均等化公共服务的权益,因此如何为广大农民提供基本而有保障的公共服务,已成为现阶段新农村建设的重要目标。

第四,有助于理顺我国中央政府和地方政府的关系,有利于建立与事权相匹配的财税体制。我国中央政府部门与地方政府部门之间的关系纵横交错,纷繁复杂。各级政府间的财政支出责任划分缺乏明确的法律依据,中央与地方在财权分配上存在不合理性,从而导致上级政府随意下放支出责任、地方基本公共服务不能有效供给等诸多问题。本书以这些现实问题为出发点,以学者视角建言纳策,尽力寻求具有可行性的建议,为规范各级政府之间关系贡献学术上的微薄之力。

第一章 基本公共服务供给与财政支持的关联分析

完善的公共服务是经济和社会发展的基础条件,在横向和纵向上实现全国范围内的公共服务均等化是解决我国目前收入分配失衡、贫富差距扩大、两极分化等问题的重要举措。公共服务依不同标准可以进行多种分类,本书主要依"非排他性"和"非竞争性"两大特性而将公共服务分为"基本公共服务"和"非基本公共服务"两类。其中,基本公共服务是指具备典型的"非排他性"和"非竞争性"特征,市场和其他社会组织不会提供的一类公共服务。中国县乡级政府承担的公共服务内涵十分丰富,包括义务教育、医疗卫生、养老保障、就业和失业、社会治安、道路桥梁、供水供电、公园、农业指导等内容。在基本公共服务领域,根据基本公共服务内容与财政的相关性,县乡级政府承担的职责大致可以分为两类,一类是直接提供,另一类是间接提供。直接提供指的是基本公共服务所需要的财政资源是由县级政府财政来支持与保障。间接提供指的是基本公共服务需要的财政资源是由上级地方政府或者中央政府支持,但县级政府对该项公共服务有着管理的职责。义务教育、医疗卫生和养老保障是县乡级政府担负基本公共服务的重要领域。

第一节 地方基本公共服务供给理论

在提供某些地方性公共服务方面,由于地方政府对本地区的居民偏好有更加准确的了解,相比于中央政府而言,地方性政府提供地方性公共服务更有效率。我国行政机构有国家、省、市、县、乡五个级别,对于某些公共物服务,下级政府比上级政府更加清楚本地区的居民偏好和本地区的实际情况,因此在提供此类公共服务时也有更大的效率。

一、地方公共服务供给内涵及理论基础

(一)公共产品的内涵及其效率供给

公共服务这一概念最早由法国学者莱昂·狄冀明(Leon Duguit)①提出,但是在这之前,公共产品就已经进入政治经济学家的研究视野。国外学者对公共产品的研究大体上以萨缪尔森(Paul A.Samuelson)发表的《公共支出的纯理论》②为界,在此之前为概念、内涵、属性界定阶段。从亚当·斯密(Adam Smith)发表《国富论》③开始,古典理论派别和新古典理论派别主要在政府财政税收的限度内探讨公共产品问题,把公共产品本身作为政府设计税收政策的重要参考依据。1954年,萨缪尔森在《公共支出的纯理论》一文中把公共产品定义为"每个人对这种物品的消费都不会导致其他人对该物品消费的减少",并运用数学方法分析了这一概念。其后很多学者均从萨缪尔森的研究视角出发继续研究并发展这一理论,相继总结出了公共产品的两个标准或曰公共产品的本质特征——非排他性和非竞争性。并一致认为非排他性和非竞争性使得市场在提供公共产品时存在失灵,因此,认为政府应当承担提供公共产品的责任。

萨缪尔森发表《公共支出的纯理论》之后,国外学者关于公共产品的研究开始进入第二阶段——如何供给及供给效率研究阶段。学者们在萨缪尔

---

① 莱昂·狄骥:《从拿破仑法典以来私法的变迁》,徐砥平译,中国政法大学出版社2003年版。

② Paul A.Samuelson, "The Pure Theory of Public Expenditure", *Reviews of Economics and Statistics*, November, 1954.

③ 亚当·斯密:《国民财富的性质与原因研究》,郭大力等译,商务印书馆1972年版。

森的研究基础之上,运用新古典理论传统对公共产品进行研究,从公共产品的内在属性出发,通过揭示公共产品与市场机制的内在矛盾,提出采用不同制度安排来供给不同公共产品的观点,形成了多主体供给公共产品的理论。在这一研究过程中,另一位对公共物品供给理论有重要贡献的学者是瑞典经济学家林达尔(Erik Lindahl)。林达尔在学者维克塞尔(Knut Wicksell)的研究基础上提出了公共物品的均衡状态①,后人称之为维克赛尔—林达尔均衡。维克塞尔—林达尔均衡假设每个社会成员都按照其所获得的公共物品的边际大小来承担其应当分担的公共物品或服务的费用,在这一机制基础上公共物品的供给量最终会达到最有效的供给水平。值得一提的是,以上学者的研究都是以人们能够自觉表露其对公共物品的偏好为前提,但均未讨论当人们不愿意表露偏好时如何达到公共物品的供给效率。

(二)地方性公共物品的内涵和有效供给

在公共产品及其供给有效性研究的基础上,有学者开始注意到公共产品地域性、差别性的存在,开始在社区范围内探讨地方性公共产品及其有效供给问题。在地方性公共产品的研究上,蒂布特(Charles M. Tiebout Tiebout)的研究成果具有开创性的意义。② 蒂布特指出,人们会根据不同地区的公共服务质量与数量来选择其居住地,即通过"财政选购"来对他们最青睐的公共产品组合"用脚投票"。蒂布特的"用脚投票"模型有许多比较严格的假设前提,如人们是完全流动的,搬迁毫无代价;人们对每个社区的情况都非常了解;存在足够多的社区;等等。这些限制条件影响了蒂布特模型对于实际情况的检验效果。在蒂布特之后,许多经济学家对地方公共产品供给进行了实证分析。1969 年,奥茨(Wallace E. Oates)③在使用新泽西州 153 个社区的一组横截面数据分析了地方公共产品对财产价值的影响,

---

① E.Lindahl,"Die Gerechtigkeit der Besteuerung",*Lund*;*Gleeuup*,1919.

② Charles M.Tiebout,"A Pure Theory of Local Expenditure",*The Journal of Political Economy*,1956(64).

③ Wallace E.Oates,*Fiscal Federalism*,Harcourt Brace Jovanovich,Inc.,1972.

他发现,在地方财产价值和有效税率之间呈明显负相关关系,而在地方财产价值和公立学校人均支出之间则呈明显正相关关系。格拉姆利克(Gramlich)和鲁宾菲尔德(Rubinfeld),(1982)[①]根据在密歇根 2001 个家庭进行的调查,证实了蒂布特模型的两个基本假设,即蒂布特均衡中社区内部的地方公共产品需求方差要小于社区之间;社区应对居民公共产品支出需求作出反应。爱普莱(Epple)、罗默(Romer)和西格(Sieg,2001)[②]根据波士顿地区住房价格、税收、公共品供给和居住选择的数据,估计了一个蒂布特模型的结构参数。

对地方性公共产品的内涵,学术界的观点基本趋于一致,没有太大的差别。约瑟夫·E.斯蒂格利茨(J.E.Stiglitz)在《公共部门经济学》[③]一书中指出全国性公共物品是指全国人民都受益的公共物品,地方性公共物品是指住在某个地方的人受益的公共物品。如国防是全国性公共物品,路灯和消防是地方性公共物品。鲍德威·威迪逊(Robin W.Boadway)在《公共部门经济学》[④]一书中指出并不是所有公共物品都是在一国范围内共同消费的,某些公共物品的消费局限在特定地理区域内,这些物品可称为地方性公共物品。理查德·A.马斯格雷夫(Richard A.Musgrave)在《财政理论与实践》[⑤]一书中指出受益归宿的空间范围是公共物品的关键特征,某些公共物品的收益范围是全国性的,如国防、太空探险、最高法院,而另一些则是有区域上限制的,如当地消防车或路灯等。

---

① Edward M. Gramlich and Daniel L. Rubinfeld, "Micro Estimates of Public Spending Demand Functions and Tests of the Tiebout and Median-Voter Hypotheses", *Journal of Political Economy*, Vol. 90, No. 3 (Jun., 1982), pp. 536-560.

② Dennis Epple, Thomas Romer, Holger Sieg, "Interjurisdictional Sorting and Majority Rule: An Empirical Analysis", *Econometrica*, Vol. 69, No. 6 (Nov., 2001), pp. 1437-1465.

③ [美]约瑟夫·斯蒂格利茨:《公共部门经济学》,中国人民大学出版社 2005 年版,第 625 页。

④ [美]鲍德威·威迪逊:《公共部门经济学》,中国人民大学出版社 2000 年版,第 352 页。

⑤ [美]马斯格雷夫等:《财政理论与实践》,中国财经出版社 2003 年版,第 472 页。

平新乔在《财政原理与比较财政制度》①一书中指出,全国性公共物品是指那些可供全国居民同等消费并且共同享受的物品,而地方性公共物品是指地方层次上被消费者共同地且平等地消费的物品。刘云龙在《民主机制与民主财政——政府间财政分工及分工方式》②一书中指出:全国性公共物品是可供全国居民同等消费和共同分享的物品,而地方性公共物品是指在一定地域范围内居民可共同受益的物品。蔡冬冬③认为全国性公共物品和地方性公共物品是从公共物品的受益范围上对公共物品进行的区分。具体来说地方性公共物品是指其存在形态和受益范围局限于或主要局限于一个特定辖区的公共物品,如城市的消防队、治安警察、路灯等。地方性公共物品一般而言只能满足某一特定区域(而非全国)范围内居民的公共消费需求,而全国性公共物品能够满足全国范围内居民的公共需要。

综合以上学者的观点,笔者认为,地方公共物品是与全国性公共物品相对而言的,是指在某一区域内,受益范围基本上仅限于该区域内居民,满足该区域内居民公共需求的公共物品。

(三)公共服务的内涵与地方性公共服务的特征

公共服务依不同标准可以进行多种分类。本书主要依"非排他性"和"非竞争性"两大特性而将公共服务分为"基本公共服务"和"非基本公共服务"两类。其中,基本公共服务是指具备典型的"非排他性"和"非竞争性"特征,市场和其他社会组织不会提供的一类公共服务。传统理论认为,基本公共服务所具有的"非排他性"和"非竞争性"特性使得其只能也必须要由政府来提供,并且一般而言也需要由政府来生产。但是,随着社会发展和技术进步,一些传统上认为必须由政府来提供和生产的基本公共服务也可视

---

① 平新乔:《财政原理与比较财政制度》,上海三联书店 1996 年版,第 359 页。
② 刘云龙、李扬:《民主机制与民主财政:政府间财政分工及分工方式》,中国城市出版社 2001 年版,第 25 页。
③ 蔡冬冬:《中国财政分权体制下地方公共物品供给研究》,辽宁大学出版社 2007 年版,第 1 页。

具体情况而采取向社会购买的方式来提供。非基本公共服务是指那些并不具备典型的"非排他性"和"非竞争性"特性,只是部分地或只具有其中一个特性的公共服务,这类公共服务可以根据实际情况除政府提供或生产外还可以采用市场或社会的方式来提供和生产。关于基本公共服务的内容,不同的机构和学者给出了诸多迥异的观点,但在本书中,基本公共服务是指保障民众基本生存权和发展权的公共服务,主要包括基本的教育、基本的公共卫生和医疗、基本养老保险、良好的社会管理和完善的基础设施。

如前文所述,公共服务是从政府职能层面定义的保障民众基本生存权与发展权的服务,可以分为地方全国性公共服务和地方性公共服务。其中,地方性公共服务指仅被某一区域内居民所消费和受益的公共服务,例如城市的治安警察、路灯等。它主要包括受益于某一区域内的城乡基础设施的提供,发展地方性教育、科技、文化、卫生、体育等公共事业,为地方辖区内社会公众参与社会经济、政治、文化活动等提供保障。

完善的公共服务是经济和社会发展的基础条件,而在横向和纵向上实现全国范围内的公共服务均等化是解决我国目前收入分配失衡、贫富差距扩大、两极分化等问题的重要举措。公共产品供给作为公共服务中的主要内容是实现公共服务均等化过程中不容忽视的重要方面。地方性公共产品仍属于公共产品范畴之一,因而具有公共产品的非排他性和非竞争性的特征,但是由于这一概念在内涵上与公共产品的内涵有所不同,更为具体化和内容更具有丰富性,因而还具有自己独有的特征。公共产品作为工具性或手段性层面的概念可以用于推演公共服务,由地方性公共产品推演到地方性公共服务,地方性公共服务的特征可以概括为以下四个方面。

首先,地方性公共服务存在形态和受益范围属于某一由行政区划所固化下来的地理区域,这是地方性公共服务区别于全国性公共服务的根本属性,即地方性公共服务在消费上具有空间限制性。对于地方性公共服务来说,尽管新来的居民无须耗费更多的成本便可获得其收益,然而,这种收益却总被局限在一个地区范围内。

其次,地方性公共服务具有溢出效应。溢出效应是对地方性公共服务受益范围限于地方的一个补充。溢出效应是指这一公共服务的受益与行政上的地理范围不一致,即其受益范围大于行政界限,从而向相邻区域扩散的现象。例如,公共电视台所放送的节目,不仅覆盖本辖区,也向周边地区扩散。地方性公共服务的溢出效应有时是正效应,有时则是负效应。比如,处于河流上游的地方政府为防治水土流失保护环境进行公共建设,处于下游的区域就能够因此而得到更干净的水源,这时溢出效应就是正效应。

再次,地方性公共服务具有层次性。一般来说,地方政府往往有多个层级,而在公共服务的提供上,也会由地方政府按照受益范围分级承担,因此地方公共服务的提供就表现出层次性的特征。

最后,地方性公共服务存在一定的竞争性。人口具有流动性,人口的流动性使得人们有权利选择更合适自己的地域,对于地方政府而言,选择的自由就导致了地方政府之间的竞争,其中影响乃至决定竞争的一个因素就是地方性公共服务。换句话说,居民会根据地方性公共服务供给的数量、质量以及组合来考虑自己在哪个地方居住。如果从广义上讲,全国性的公共服务也具有竞争性,竞争对手就是其他国家,但是个人在国家之间的流动非常受限,其自由度远远小于地方之间的流动,因此,与全国性公共服务相比,地方性公共服务具有较为明显的竞争性。

(四)地方性公共服务的有效供给

1.国外经典地方性公共服务供给理论梳理

(1)施蒂格勒的分权理论①

施蒂格勒(George J.Stigler)在《地方政府功能的合理范围》(1957)②一文中指出地方政府应当提供公共服务有两个原因:一是与中央政府相比,地方政府更接近于自己的民众;二是一国国内不同地域的人们有权对不同种

① 黄恒学:《公共经济学》(第二版),北京大学出版社2009年版。
② 许正中等:《财政分权:理论基础与实践》,社会科学文献出版社2002年版,第61页。

类与不同数量的公共服务进行投票表决。由此可以推断,施蒂格勒认为地方政府比中央政府更加了解它所管辖区域内选民的真正效用与实际需求,因此,不同地区应有权自己选择公共服务的种类和数量。这两条原则就是美国历史上曾经有人提出过的"州的权力"。

按照施蒂格勒的上述两个原则,可以推导出以下结论:最低层级的行政部门的决策才能实现资源的最有效配置和分配的公平性。这个结论显然有些偏激,不过,施蒂格勒同时也指出了,行政级别较高的政府对于实现配置的有效性与分配的公平性目标来说也许是必要的。他还强调,尤其是对于解决分配上的不平等与地方政府之间的摩擦这类问题而言,中央一级政府是一种恰当的政府。

(2)奥茨的分权理论

奥茨(Wallace E.Oates)在《财政联邦主义》(1972)一书中,为地方政府的存在提出了一个分权定理:对于某种公共产品来说——关于这种公共产品的消费被定义为是遍及全部地域的所有人口的子集,并且关于该产品的每一个产出量提供给它们各自的选民,则总是要比由中央政府向全体选民提供任何特定的并且一致的产出量有效得多①。

然而,奥茨的分权定理并不十分令人满意。有西方经济学家指出,这一分权定理实际上并没有在最优的政策环境中解决为地方政府的存在进行论证的问题。它实际上只是在一种次优的理论框架中,为地方政府的合理性作出了说明。因为这个定理的证明是建立在中央政府对每个人口子集等量地提供公共产品这一假定之上的,而等量提供公共产品这个限制条件有点强加于人的味道,很难使人信服,因为中央一级政府事实上不见得把公共产品相等地分给每个公民。但是,在美国,人们还是认为奥茨的等量提供公共产品的假设有一定的现实性。因为美国联邦政府一直要求对全体儿童提供

---

① Wallace E.Oates, *Fiscal Federalism*, New York: Harcourt Brace Jovanovich, 1972, p.15. 中译本参见奥茨:《财政联邦主义》,凤凰出版传媒集团、译林出版社 2012 年版。

标准的教育,联邦政府还对所有汽车的控污装置规定了统一的要求,这说明中央一级政府在许多场合确实是按等量提供公共产品或者公共服务的原则在行事。从这个意义上说,奥茨没有选择最优的政策环境,而是选择次优环境来分析地方政府与中央政府在提供公共产品上的效率差异是很有见地的,至少对美国财政体制有贴切描述。因此,他从等量提供公共产品的假定出发为地方政府的分权体制所做的论证,具有一定的道理。

(3)布坎南的"俱乐部理论"

布坎南(James M.Buchanan)的"俱乐部理论"①是论证地方分权合理性的基础。所谓"俱乐部理论",简要而言,就是把社区比作俱乐部,然后研究在面临外在因素的任何一个俱乐部——为分享某种利益而联合起来的人们的一个自愿协会——如何确定其最优成员数的一种理论。这个理论的核心点有二:一方面,随着某一个俱乐部接收新的成员,现有俱乐部成员所担负的成本就会由更多的成员来分担,固定成本由更多人来分担时所有人都会从中受益;另一方面,新俱乐部成员的进入,会产生新的外部不经济,即会使俱乐部更加拥挤,从而设施更加紧张等。于是,一个俱乐部的最佳规模就在外部不经济所产生的边际成本正好等于由于新成员分担运转成本所带来的边际节约这个点上。

(4)特里西(Richard W.Tresch)的偏好误识分权理论

前文的三种经典理论都存有明显的一个缺陷,即,前提假设的虚无性。三个理论派别均把中央政府设想为全知全能的贤德政府,这一贤德政府具有所有适当的政策工具,且对于全体公民公平的消费偏好的认识和了解准确无误。更为甚者,三个理论派别还假定中央政府完全了解社会福利函数的偏好序列,因此当发生地区冲突时,中央政府出面解决地区冲突与收入在不同地区之间的再分配问题就是非常恰当而合适的。真实世界如果真如三

---

① Buchanan,"An Economic Theory of Clubs",*Economica*,*New Series*,Vol. 32,No.125.(1965),pp.1–14.

个理论派别假设的那样,地方政府也就没有分权的必要了,地方政府只需要完全按照中央政府的旨意办事,就能实现公共服务供给的最优化。可见,上述三种理论对中央政府的假定有其理论上的明显缺陷。提出这些理论的学者由于把中央政府放在最优的环境中进行分析,因而没有考虑到中央政府有可能错误识别社会偏好,从而错误地把自己的偏好强加于全民头上这种可能性的存在。

美国经济学家特里西的偏好误识分权理论的提出则弥补了上述三种分权理论的缺陷与不足。偏好误识分权理论的要害在于,它对于中央政府对全民偏好的认知准确性以及其是否具有代表性提出了质疑。特里西认为中央政府距地方政府所管辖的居民之间远隔千山万水,这种距离阻碍了信息的有效、及时传递,距离使得中央政府在提供公共服务过程中可能会失误。并且,分隔越远,则中央政府在提供公共服务中面临的不确定性就越大。因此,地方政府的存在是合理的,只要这类不确定性存在,理论上就应当要求地方自治来实现社会福利的极大化。[①] 综上所述,偏好误识分权理论所揭示的不确定性,成为地方分权主义的一种更为有力的理论,尽管这一理论也仅是各种次优背景下的分权定理之一,但并不妨碍其成为地方分权倡导者所尊崇的基础性理论。

2.地方性公共服务供给的帕累托效率条件

假设某区域 R 里只有两个消费者 ($i = A, B$), x_i 是该区域消费者 i 拥有的私人品; g_N 为该区域消费的全国公共服务, g_L 为该区域消费的地方公共服务, w_i 为消费者 i 的资源禀赋, $C(z_N)$ 为 g_N 的生产成本, $C(z_L)$ 为 g_L 的生产成本。 x_i 、 g_N 、 g_L 、 $C(z_N)$ 、 $C(z_L)$ 均可以用货币来度量。且 g_N 和 g_L 的供给是连续的。

根据帕累托最优的含义,在给定某一消费者 B 的效用水平下,若另一消费者 A 的效用达到最大,则此时的资源配置 (x_A 、 x_B 、 g_N 、 g_L) 在区域 R 内

---

① Richard W.Tresch, *Pbulic Finance*, Business publications, Inc, 1981.

达到帕累托最优。即：$max(x_A, x_B, g_N, g_L) U^A(x_A, z_N, z_L)$

$$s.t. \quad \begin{aligned} U^B(x_B, z_N, z_L) &= \bar{U} \\ x_A + x_B + C(z_N) + C(z_L) &= w_A + w_B \end{aligned}$$

从第二个约束条件里解出 $x_B = w_A + w_B - x_A - C(z_N) - C(z_L)$ 并带入目标函数,得到如下拉格朗日函数

$$L = U^A(x_A, z_N, z_L) - \lambda [U^B(w_A + w_B - x_A - C(z_N) - C(z_L) - \bar{U}]$$

对 L 关于 x_A、z_N、z_L 求一阶偏导数并使之为零

$$\frac{\partial L}{\partial x_A} = \frac{\partial U^A}{\partial x_A} - \lambda \frac{\partial U^B}{\partial x_A} = 0$$

$$\frac{\partial L}{\partial z_N} = \frac{\partial U^A}{\partial z_N} - \lambda \frac{\partial U^B}{\partial x_B} C'(z_N) + \lambda \frac{\partial U^B}{\partial z_N} = 0$$

$$\frac{\partial L}{\partial z_L} = \frac{\partial U^A}{\partial z_L} - \lambda \frac{\partial U^B}{\partial x_B} C'(z_L) + \lambda \frac{\partial U^B}{\partial z_L} = 0$$

可得

$$\frac{\frac{\partial U^A}{\partial z_N}}{\frac{\partial U^A}{\partial x_A}} + \frac{\frac{\partial U^A}{\partial z_L}}{\frac{\partial U^A}{\partial x_A}} + \frac{\frac{\partial U^B}{\partial z_N}}{\frac{\partial U^B}{\partial x_B}} + \frac{\frac{\partial U^B}{\partial z_L}}{\frac{\partial U^B}{\partial x_B}} = C'(z_N) + C'(z_L) \qquad （式1-1）$$

或

$$MRS_{x_A, z_N} + MRS_{x_A, z_L} + MRS_{x_B, z_N} + MRS_{x_B, z_L} = MC(z_L) + MC(z_N)$$

$$（式1-2）$$

式1-2表明,在一个同时具有全国性公共服务和地方性公共服务的区域内,要想使得该地区的资源配置达到帕累托效率,则该区域内所有消费者的私人产品和该区域内的全国性公共服务、地方性公共服务的边际替代率之和要等于生产全国性公共服务和地方性公共服务的边际成本之和。

通过上述分析可以看出,为了实现资源利用效率的最大化,地方性公共服务最佳供给量与全国性公共服务供给量、公共服务与非公共服务之间的

效用比有关,因此,需要合理确定区域总供给中全国性公共服务、地方性公共服务和社会化服务的比例。

3.地方性公共服务有效供给的理论论证

任何一个国家都不同程度地存在中央与地方的分权,同时存在中央政府和地方政府的不同层级和相应职能分工,也都是全国性公共服务由中央政府来供给。但是,地方性公共服务的提供与生产则千差万别,一般根据各国中央政府集权程度的不同而呈现出许多不同的模式和特点:当中央政府的集权程度比较弱时,会根据中央与地方确定的财政支出责任而划分事权,分别供给相应的公共服务;而当中央政府拥有较大的资源分配权力时,地方性公共服务供给既可能由中央政府统一供给,也可能会由各个地方政府分别供给。

如果地方性公共服务由中央政府统一供给,往往会存在向所有地区提供统一化公共服务的趋势,这种情况可能是由于中央政府对各个地方的实际情况汇总、分析的成本很高,因此难以适应地区需求进行差别化供给;另一方面,中央政府的这种趋同化供给做法也经常是出于某种公平主义理念的考量。

如果地方性公共服务是由地方政府根据地方辖区内居民需求而分别供给,情况将会有所不同。地方政府对于本地区内居民的偏好一般会有比较准确的把握,在提供公共服务时将会尽可能满足本地区所需,公共服务的内容、数量和结构都将更加适合本地区。由于不同地区之间的经济社会情况差别较大,提供的公共服务当然也会有很大差异,从而会在事实上造成各地区间公共服务水平的不均衡供给与不均衡发展现状。

为了更好地说明上述问题,我们假设某个国家内有 A、B 两个地区存在某项地方性公共服务 P,不同地区内居民从 P 处获得边际收益为 MRS^i,居民总和的边际收益为 $\sum MRS^i$。假定提供公共服务 P 的边际成本对于 A、B 均相同,为 MRT,且 MRT 保持不变。

当公共服务 P 是由 A、B 两个地方政府分别供给时,A、B 的供给水平 q 如图 1-1 所示。

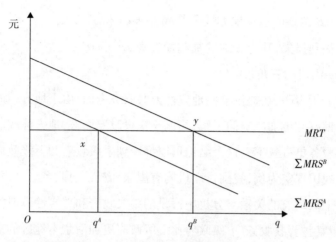

图 1-1 地方自主供给公共服务时的供给水平

如图 1-1 所示,在 x 点和 y 点,A、B 两个地区的地方性公共服务分别达到了边际成本等于边际效用,最优的供给量分别为 q^A 和 q^B。

当 A、B 的该项公共服务是由中央政府统一供给时,根据前面分析,中央政府倾向于对 A、B 提供趋同的公共服务,A、B 两地的居民边际收益总和不一致时($\sum MRS^A \neq \sum MRS^B$),中央政府会选取一个较为适宜的折中方案 $\sum MRS^*$,其结果如图 1-2 所示。

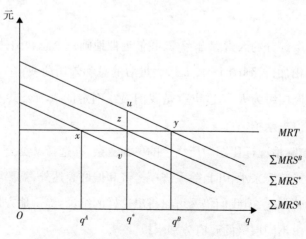

图 1-2 中央供给公共服务时的供给水平

当 A、B 两地的该项地方性公共服务从 q^A 和 q^B 变成了 q^* 时,很明显,两地都有福利损失,其中 A 地的福利损失为 xzv 组成的三角形,B 地的福利损失为 yzu 组成的三角形。

上述分析表明,在提供某些地方性公共服务方面,由于地方政府对本地区的居民偏好有更加准确的了解,相比于中央政府而言,地方性政府提供地方性公共服务更有效率。这个结论可以推广到上级政府和下级政府之间的关系。以我国现实为例,我国行政机构有国家、省、市、县、乡五个级别,每一级政府与上级政府的关系与分析中假设的中央政府和地方性政府的关系都类似,对于某些公共服务,下级政府比上级政府更加清楚本地区的居民偏好和本地区的实际情况,因此在提供此类公共服务时也有更大的效率。

尽管下级政府因为知悉本地居民偏好而在地方性公共服务供给上有更大效率,但并不意味着将所有的地方性公共服务职责交由最基层政府是合理有效的。多数情况下,政府层级越高,其管辖范围内的人口数量越多,对于某一项公共服务而言,其规模优势就更能够凸显。如图 1-3 所示,曲线 M 代表偏好表达影响的那一部分公共服务收益,曲线 N 代表由于规模经济带来的公共服务收益,横轴表示政府层级,靠近原点的政府层级较低,远离原点的政府层级较高。随着政府层级的升高,根据前面分析,M 逐渐下降,N 逐渐上升。

将这两个部分的因素综合考虑,我们近似地画一个总和图,即将曲线中的每一点都相加,得到图 1-4,L 代表最后的总和效用曲线,在 L 的最高点处对应的政府层级为 R^*,这也就是我们最终确定的该项公共服务应该由哪一级的政府来承担。

当然,实际情况远比图中所描述的更为复杂,在选择某类公共服务究竟应该由哪一级政府来承担时,除了规模经济和偏好表达外,需要考虑的因素有很多。尽管如此,但我们仍然可以得出这样的结论:提供地方性公共服务的责任应当由不同层级的政府分别承担。

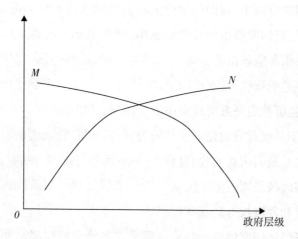

图1-3 政府层级与收益关系

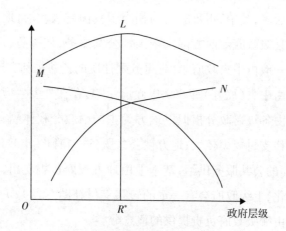

图1-4 政府层级与总和曲线关系

二、县乡基本公共服务供给的内涵

温家宝曾在国家行政学院省部级干部政府管理创新与电子政务专题研究班上的讲话中指出,"经济调节、市场监管、社会管理和公共服务,是社会主义市场经济条件下政府的四项主要职能"。公共服务是当代政府职能中非常重要的一项,在实际操作中,这项职能是由多级政府共同来完成的,不同政府分管不同的领域和内容。

在前文理论分析中,我们认为中央政府和地方政府应同时承担提供公共服务的责任,具体哪些由中央政府承担,哪些由地方政府承担,由地方政府承担的公共服务应该由哪一级别的政府承担,这些问题的回答需要综合考虑该公共服务的属性、受益范围、规模经济、偏好表达差异等因素。

在我国,县级政府是五层政府中的第四层,县级政府尽管不是最底层的政府,但是由于县级政府的建制相对较为完备,功能齐全,财政自主性强,是与民众生活关系最为密切的政府机构。县乡级政府提供的基本公共服务是指在县乡所辖区域范围内满足民众生活和发展的最基本条件,保障县乡居民个人生存权和发展权等最基本权利。

成熟市场经济国家供给公共服务职责在各级政府层级之间的划分,大体框架基本符合公共服务的不同属性和效率要求①。西方国家政府机构往往以三级政府居多,其中,州政府大约相当于我国省级政府,地方政府大约相当于我国的县级政府。西方国家全国性公共服务,如国防、外交、外贸等公共服务支出一般由中央政府承担;再分配性质的公共福利支出、保健类公共服务等主要由中央(联邦)和州一级政府承担;存在外溢效应的教育服务支出一般采取由各级财政分担但以地方为主的财政分权体制,但联邦和州一级政府的转移支付规模较大;地方性公共服务,如消防、市政建设、公共卫生、住宅等方面的公共服务供给,基本上由地方政府负担支出,并且为了实现各地区均等化,上级政府会有一定的转移支付补助。表1-1给出了主要公共服务分别由哪级政府负责提供的概念分类。

表1-1　主要公共服务的各级政府支出职能划分的概念基础

公共品	服务职能	服务的提供	备注
国防	F	F	全国性公共服务
外交	F	F	全国性公共服务

---

① 宏观经济研究院课题组:《公共服务供给中各级政府事权、财权划分问题研究》,《宏观经济研究》2005年第5期。

续表

公共品	服务职能	服务的提供	备注
国际贸易	F	F	全国性公共服务
环保	F	S,L	全国性公共服务
货币银行	F	F	全国性公共服务
国内贸易	F	F	全国性公共服务
移民	F	F	全国性公共服务
失业保险	F	F	全国性公共服务
航空/铁路运输	F	F	全国性公共服务
工农业	F,S,L	S,L	区域性外溢效应
教育	F,S,L	S,L	某种程序上存在收益转移
保健卫生	F,S,L	S,L	某种程序上存在收益转移
社会福利	F,S,L	S,L	某种程序上存在收益转移
警察	S,L	S,L	地区性公共服务
高速公路	F,S,L	S,L	部分属地方性公共服务
自然资源	F,S,L	S,L	促进统一市场

资料来源:瓦克斯(1999)表4-12①。其中 F=联邦或全国政府,S=州/省级政府,L=地方政府。

《义务教育法》从法律上明确了义务教育学校"以县为主"的管理体制。县级政府在义务教育上的责任主要有两类,一是财政责任,政府有义务对教育提供财政支持并进行相关管理,县级政府是义务教育的办学主体,县级政府财政要独立担负行政区域内中小学以及公立幼儿园的教职工工资以及设施的建设。二是管理责任,即政府需要对义务教育中的办学标准、师资建设等问题承担起管理责任,以保证义务教育的质量"底线"。②

县级政府在医疗上的公共服务主要是在初级医疗保健,包括地方病的防治,公立医院以及乡镇卫生院的医疗补贴。我国当前的医疗保险体制主

---

① 转引自冯兴元:《我国各级政府公共服务事权划分的研究》,《经济研究参考》2005 年第 26 期。
② 杨娟、刘亚荣等:《"以县为主"政策中县级政府责任探析》,《教育发展研究》2009 年第 12 期。

要是"三横三纵":横向上分为三个层次,分别是基本医疗保险体系、城乡医疗救助体系和补充医疗保障体系,其中的基本医疗保险体系是我国医疗保障体系的主体层次,这一主体层次中又纵向分为三种主要制度,即"三纵"指的是定医疗保险的主体,包括城镇居民医疗保险、城镇职工医疗保险和新型农村合作医疗保险三项。作为基层政府,县级政府承担基本医疗保险的主要管理责任。在财政上,县级政府要对城镇居民医疗保险提供一定的补助,同时也要担负城乡医疗救助。

县乡政府在养老保障上主要承担管理责任。张楠(2012)[1]通过对全国31个省市的基本养老保险政策进行分析得出,省级政府主要负责统一分配基本养老保险中的中央财政补助资金和省级财政补助资金,以及统一管理省级调剂金和基本养老保险个人账户基金;市级政府主要负责当地基本养老保险统筹基金的收入、支出及平衡。除了少数省份县级政府需要补贴基金缺口,其他大多数省份的养老保险财政责任主要集中在省级政府和市级政府。

第二节 县乡基本公共服务供给与财政支持

地方财政分权体制作为地方各级政府间进行地方财政资源配置的一种制度设计,需要在地方各级政府的范围、规模及相应的成本费用在各级政府之间进行合理界定、划分和分摊。同时,需要设计出为履行某一级政府职能及相应的事权所需要的本级财政收入在各级政府间进行分配的制度及办法,并且,上级地方政府对本级政府地区间的财政收入与财政支出之间的纵向不均衡和横向不均衡需要确立好协调制度和措施等。

---

① 雷晓康、张楠:《养老保险全国统筹与政府责任分担》,《中国社会保障》2012 年第 10 期。

一、财政的职能与财政体制

（一）财政职能

公共财政是指在市场经济条件下国家提供公共产品或服务的分配活动或分配关系。公共财政主要是为履行政府公共职能，弥补市场失灵提供财力和制度支撑，目标和着眼点是解决公共问题，满足社会公共需要。马斯格雷夫关于财政职能的梳理是目前学界最为广泛认同的观点，马斯格雷夫将现代市场经济国家的财政职能界定为资源配置、收入分配和稳定经济三大职能。

资源配置的最终目的是为了实现资源利用效率的最大化。在市场经济体制下，市场会利用价格和数量的相互制衡机制自发地形成资源配置的最优状态。但是市场并非万能，市场机制同样存在固有缺陷。当市场出现失灵时需要政府这只"看得见的手"来弥补市场的不足。财政的资源配置职能首先是由于公共产品提供中的市场失灵，即市场机制提供公共产品存在无效或者低效现象，无法供给或不能足量供给典型公共产品或非典型公共产品，需要由政府承担起提供公共产品的责任；其次，财政的资源配置职能是由于市场不能解决外部性问题，需要由政府将市场上某些产品或服务产生的外部性问题内部化；再次，财政的资源配置职能是由于信息不对称所导致的市场缺陷或市场不存在，需要借助政府组织的力量获取信息以产业政策等方式弥补市场缺陷；最后，财政的资源配置职能还由于市场垄断势力的存在所带来的市场不完全，需要借助政府补贴等手段引导有效竞争市场格局的形成。总之，财政配置资源的机制和手段有很多，财政要根据公共需求，确定财政收支占 GDP 的合理比重；优化财政收支结构，提高结构效率；合理安排政府投资的规模和结构，通过各项财政政策促进民间投资，调整产业结构等。

收入分配的核心目的是实现公平分配。财政履行收入分配职能主要是由于市场机制框架内缺乏以公平分配为目标的再分配机制以调节收入分配差距日益扩大的问题，因此必须依靠政府的力量来调节收入再分配。目前衡量收入分配的指标主要有洛伦兹曲线以及以此为基础的基尼系数。财政实现收入分配职能的机制和手段主要包括:划清市场分配与财政分配的界限和范围;规范工资制度;加强税收调节;通过转移性支出维持社会成员最起码的生活水平和福利水平。

稳定经济职能包含充分就业、物价稳定和国际收支平衡等多重含义。财政履行稳定经济职能则是由于单靠市场机制的自发调节作用,经济不可能自动平稳发展,必然要求政府发挥平衡社会总供给、推动经济持续发展的积极作用,其中财政的作用尤为重要。财政实现稳定经济职能所依托的财政政策可以划分为两大类:一类被称为相机抉择政策,目的是为了实现社会总供给和总需求的大体平衡,另一类是自动稳定器政策,指的是通过财政的制度性安排自动地促进总供给和总需求的平衡,包括政府税收的自动变化(累进税率制度)和政府支出的自动变化(转移支付制度)。

(二)财政体制

财政体制是划分中央与地方政府之间,市与区、县各级政府之间财政收支范围和管理权责的一项基本制度,是经济管理体制的重要组成部分。不同社会制度下财政体制各不相同。从财政体制的概念界定里可以看出,一国在特定时期所实施的财政体制中包含两个特定内容:一是中央与地方及地方各级政府之间财政收支范围的划分,二是中央与地方及地方各级政府之间财政管理权限的划分。二者一方面体现的是财政关系的内容,另一方面体现的是政府间职能分配的内容。

从财政关系角度,财政管理体制的具体内容包括以下几方面:第一,财政的分级。中国政府间财政级次与国家政权设置基本一致,即一级政权对应一级财政,整个财政体制共分为五级,包括中央级、省级、市级、县级和乡级五级财政。第二,财政收支范围的划分。财政收支范围的划分是财政体制的核心内容,是要确定中央与地方政府之间财政收入的归属和财政支出的责任,以对应事权匹配的相应财政支出责任机制推动各级政府履行政府职能,各司其职。第三,财政管理权限的界定。正确划分收支范围、科学界定管理权限、适当调整各级财政间分配关系,是充分发挥财政职能和作用的关键。针对当前中国现实情况,减少财政管理级次,适当集中财力,方能发挥财政的支持与保障作用。尤其是对县乡地区社会发展和经济建设而言,只有集中有限财力才能发挥财政对县乡供给公共服务能力的支持与保障作用,才能促进整个社会的协调与均衡发展。按中国 2014 年新修订的预算法规定,一级政府一级预算①,但是,完全执行五级财政的管理办法,预算级次过多会导致各级政府间财政收支不均衡现象的出现。因此,并非一级政府相应地配置一级财政管理权限。浙江省一直以来坚持的预算内资金由省财政与县财政结算,预算外各种费用由省与市结算的省管县财政体制结算,对浙江地区社会经济发展起到了非常有效的保障作用。浙江省还几次下放审批权,赋予县级政府大部分经济管理权限,强县扩权,实践证明都非常成功而有效。而且,世界上很多国家也并未做到一级政府一级财政的管理权限,如德国,行政管理层次与财政权限划分并未匹配:德国的财政体系由联邦、州、市镇组成,但德国行政管理层次并非全部为三级,而是全部 16 个州中有 8 个州由四级行政体制构成,即联邦、州、行政专区和地方(县、乡镇),有 5 个州是三级行政体制,即联邦、州和地方。但在财政体制设置上行政专区并不单独设立财政层级,州以下只有市镇一个财政层次。第四,转移支付制度的建立。为了适应中央与地方政府上下级之间纵向调节的需要,为了尽可能地实现各地区的财政均衡发展的需要,为了支援和保障国家特定方针政策贯彻执行的需要,任何一个国家无论在何种财政体制下都会建立和实施不同形式的转移支付制度。

从政府立场出发,财政管理体制的主要内容可以分为三个方面:第一是政府间职能的分配,即财政的三大职能,包括稳定职能、分配职能、配置职能。财政稳定职能主要由中央政府来承担,因为宏观经济的稳定主要依靠货币政策和财政政策来实现,因此,其政策的制定与实施非中央政府莫属。

① 《中华人民共和国预算法》第 2 条。

如果由地方政府来实施,地方政府缺乏对全国形势的判断,难以作出正确的调节决策,必将会导致货币过量发行和财政收支难以平衡等一系列问题。财政分配职能的政府间职责划分有两种观点,一种观点认为以分权的形式由各个地方政府进行收入再分配,有利于社会福利的稳步提升,有利于实现地区相对公平的目标。另一种观点则认为,收入分配公平是一个全国性的目标,在劳动和其他要素具有充分流动性的条件下,地方政府很难实施收入再分配,因此此项职能宜由中央政府来承担。财政配置职能实质上就是指政府通过其所掌控的公共资源及其合理配置提供公共服务,推动地区发展的过程。根据公共服务的外溢性,如果一项公共服务是在全国范围内受益则由中央政府来承担,如果一项公共服务仅受益于一定区域范围内则由地方政府来承担,如果一项公共服务受益范围存在交叉,那么其财政配置职能在政府间配置上倾向于以地方政府为主、中央政府为辅的原则进行划定。第二是政府之间收入与支出的界定。收入划分主要依据分税制确定的税种划分而划定。世界通用的税种划分一般分为三类:中央税、地方税以及中央与地方共享税。世界各国一般都将主要税种、收入比重较大的税种划归中央政府,因为无论是西方发达国家还是发展中国家,无论是福利型国家还是市场化国家,都需要维护与确保其政权的合法性与稳定性,都需要一定的财力确保其国家机器的有序运转。从社会民众角度看,也唯有取得相应的财政收入,中央政府才有能力以社会福利支出等方式返还民众,从民众长远利益角度帮助民众构筑起工作与生活的保障机制,调节地区之间财政能力差异,实现地区间均衡发展与公共服务水平的趋同化。第三是财政补助。中央财政取得较多的财政收入,但其直接支出却经常小于其收入。地方政府由于税种划分的原因,一般而言,其财政收入因为没有税源稳定的税种而无法保障,但是由其担负的事权却很多,因此经常处于财政收不抵支的状态。所以事实上各个国家无论实施何种制度,在其财政体制中都会包含财政补助这一必不可少的重要构成部分。财政补助大体上可以分为一般补助和条件补助。一般补助是对总体财力的补助,提供补助的中央政府或其他层级政府对资金使用没有作出规定,接受补助的地方政府可以自主支配;条件补助是对某项公共事业提供的补助,分为专项补助和配套补助两类。提供补助的中央政府或其他层级政府对资金使用有着明确规定和一定条件,接受补助的各层级地方政府只有在满足条件的情况下才能申请到补助,并且必须按照制度要求进行资金的使用与调配。

(三)财政职能定位与财政体制调整间的关系

财政职能是财政制度的基础,是财政体制确定和调整的先决条件。一个国家随着社会发展和所处不同历史时期的社会要求变化,财政职能定位也会发生变化,财政制度下的各项具体体制、机制安排也就会相应作出很大调整。

当前处于经济转型过渡期,整个社会结构面临调整,民众需求层次在发生变化,这对整个财政职能定位提出了诸多新要求。具体而言,首先,伴随经济结构转型要求财政职能也应该进行结构性调整,需要由传统上的总量投入为主转变为结构调整型,注重寻找与确定财政需要发挥作用的重点领域和重点环节,注重通过财政资金的直接投入引导和带动社会资金的广泛参与,发挥财政资金的溢出效应;综合运用税收、补贴、直接支出等财政政策手段和工具,通过市场机制对社会资本进行激励和引导。其次,伴随新时期对政府提出的建设服务型政府的新要求,需要政府在新时期既要兼顾经济发展,又要以社会需要为导向提供基本公共服务。由此决定了财政应兼顾经济发展职能与公共服务职能,并且要更侧重于公共服务职能的发挥,因此,财政必须提供充分资源以保证基本公共服务,缩小收入分配差距,使公众普遍分享经济增长的成果。最后,伴随民众社会需求层次的不断提升,需要政府在新时期注重社会均衡发展目标的推进与实现,由此,财政应推动基本公共服务均等化,实现社会公平正义,使低收入阶层获得基本生产与生活保障。

综上所述,如果我们把马斯格雷夫对财政职能的一般性定位,即财政的宏观调控、资源配置、收入分配三大职能根据中国实际情况进行具体职能界定的话,从财政支出角度,中国的财政职能基本有四个方面:一是国家维护;

二是经济发展与调控;三是社会发展与协调;四是公共服务供给。这四大职能在不同历史时期排位不同,侧重点不同。现阶段及未来一段时期内,结合国家发展方针战略,财政职能依其重要性可以排列为:一国家维护;二公共服务供给;三经济发展与调控;四社会发展与协调。与党的十六大之前的财政职位排位相比较,其中一个重要职能定位调整是公共服务职能开始超越经济发展与调控而上升为第二位,这主要是为了顺应贯彻落实科学发展观、全面建设小康社会的国家发展战略而作出的调整。这一职能定位调整说明在惯常国家维护的基础上,经济发展与调控虽然仍非常重要,但是,与经济增长相比较,社会均衡发展更为重要,为此,只有发挥财政的资源配置作用更好地把资源向落后地区、农村地区进行倾斜,尽力通过政府的财政支持构筑起公共服务充足供给的保障机制,实现城乡基本公共服务均等化,才能逐步促进区域和城乡协调发展,才能最终实现国富民强,政权稳固。

伴随财政职能定位的调整,相应地各级政府间财政职能分工和财政关系也需要适时进行调整与重构。首先,五级财政层级不适应构建新型公共财政制度的要求,需要简化财政层级,以集中财力为县乡经济发展和公共产品建设提供必要的政府财力保障。因为如前文所述,地方性受益的公共服务理应由地方政府承担主要供给职责,此时若不重构地方财政体制,很可能会由于地方政府财源有限、财力不足而不能正常履行一级供给主体的供给职责。其次,社会均衡发展与协调发展目标必然会要求各级政府间的协同分工与合作,因此对于交叉职能领域需要重新划定各级政府的财政职能和职责权限,而且要注重构筑财政整体作用发挥所不可缺少的各项条件,尤其需要根据多级政府框架下财政职能在各级政府间的划分应相对集中的要求而调整财政管理体制,尽量集中财力发挥资金的整体效应与规模效应。之所以如此是因为,各级政府都应履行公共服务职能,公共服务职能应按照受益范围在中央、省级和县乡政府之间进行合理分工。其中的基本公共服务作为民众基本生存权和发展权的保障需要在全国范围内实现均等化供给目标,为此,需要率先由中央政府制定全国统一最低标准和确定相应的中央财政应承担的基本财力,在此基础上,省级政府要依本地区发展阶段和社会情况制定本省的基本公共服务标准,并由省级财政承担由于标准提升或标准不同而带来的相应支出;县乡这一最基层政府也可依本地情况和财力状况而调整基本公共服务供给标准,由县乡承担全部标准不同所带来的财力保障,当然县乡也可依据本地情况只履行公共服务供给的执行责任。总之,根据财政职能定位不同而带来的相应事权与财政支出责任的变化都必然会带来财政体制的调整与变化。

二、财政分权理论与财政分权下财政转移支付的形式

(一)财政分权理论

不论是中央政府还是地方政府,在提供公共服务时都必须有其经济支持,或曰财政支撑。一般而言,多层级政府体制下,财政资源是按照一定方式进行分配的,西方学者在对公共财政和政府供给公共服务的研究过程中逐步形成了财政分权理论,在西方国家也被称为财政联邦主义(Fiscal Federalism),主要利用公共品、税收和公债影响的理论、政治过程的公共选择理论以及区位理论的各种观点,对联邦国家中产生的具体财政问题进行分析。一些学者指出,经过多年的发展,目前已形成第一代财政分权理论(First Generation Fiscal Federalism)和第二代财政分权理论(Second Generation Fiscal Federalism)。

第一代财政分权理论以蒂布特、斯蒂格勒和奥茨等为代表,其研究的核心是地方政府存在的必要性及政府职能应如何在中央政府和地方政府之间分工。在蒂布特的"用脚投票"的模型中[1],居民可以通过"用脚投票"来选择自己满意的公共产品组合,从而可以对地方政府形成激励,增强地方政府之间的相互竞争,并且提高公共产品的供给效率。从财政角度看,"用脚投

---

[1]　Tiebout Charles Mills,"A Pure Theory of Local Expenditure",*The Journal of Political Economy*,Vol. 64,Issue5,Oct. 1956.

票"同时也引出地方税设置的一系列问题,如税率和主体税种的设计等都应考虑居民的流动性问题,也为地方税竞争理论打下了基础。

斯蒂格勒①论证了地方政府效率优势的来源。斯蒂格勒认为,一方面,地方政府比中央政府更接近于自己的公众,也更加了解它辖区内选民的效用与需求;另一方面,不同地区的居民对公共服务的数量与种类都有不同的需求,通过投票,地方政府更有能力达到资源配置优效。因而,在某种程度上,地方政府可以比中央政府更有效地提供公共服务。

现代财政学之父马斯格雷夫提出了著名的财政三职能说,即现代政府的财政具有资源配置、收入分配和经济稳定三大职能。② 马斯格雷夫以实现供给效率为目标,通过分析指出中央和地方分权是可行的,中央与地方分权的原则是:地方政府应当根据当地居民的偏好实施不同而合意的资源配置政策;分配与稳定政策则主要归中央一级政府负责。③

第一代财政分权理论的假设前提是政府是公利的,其运作目的是推进社会福利最大化,与之相对,第二代财政分权理论引入了公共选择理论和委托代理理论的一些假设前提,承认在政府有其自利性的一面。第二代分权理论的研究核心就是在非对称信息条件下,如何设计对地方政府的激励机制,从而能够找到一种使地方公共产品的配置得以实现,同时不失财政公平的最佳财政分权机制。代表人物是钱颖一、温格斯特④等。

①　George J.Stigler, *The Tenable Range of Functions of Local Government*, Washington.D.C.: Joint Economic Committee.Subcommittee on Fiscal Policy, 1957.

②　理查德・A.马斯格雷夫、佩吉・B.马斯格雷夫:《财政理论与实践》,中国财政经济出版社 2003 年版。

③　Richard Abel Masgrave, "A Brief History of Fiscal Doctrine", A.J.Auerbach and M.Feldstein (eds): *Handbook of Pulic Economics*, Vol. 1, Amsterdam: Elsevier, 1985.

④　Qian, &Weingast, B, "China's Transition to Markets: Market-preserving Federalism. Chinese Style", *Journal of Policy Reform*, 1996.

Qian, &Weingast, B., "Federalism as a Commitment to Preserving Market Incentives", *Journal of Economic Perspectives*, 1997(1).

（二）财政分权的内涵

根据财政分权理论的产生与发展,本书认为从经济学概念角度界定的财政分权(Fiscal Decentralization)是指中央政府给予地方政府一定的税收权力与支出权力,并且允许地方政府在一定程度上自主决定其预算收入与支出的规模和结构。财政分权的核心是地方政府被赋予了一定的财政自主权,因而能够自由选择其所需要的支出结构,并自主制定政策。从公共管理的视角来看,财政分权属于财政管理制度,其管理的客体即是财政资源的分配问题。具体而言,财政分权主要涉及财政支出、财政收入以及财政转移支付三项基本内容。

1.财政分权下的财政支出

财政分权体制下,公共支出包括中央公共支出和地方公共支出,区分和划定二者的原则有许多,这里采用巴斯特布尔(C.F.Bastable)于其《公共财政学》①中所提出的三原则作为划分中央和地方公共支出所应遵循的基本原则。

第一,受益原则。受益原则是指公共服务由谁提供是根据公共服务的受益范围和受益对象所决定的。凡政府所提供的服务,其受益对象是全国民众的,则支出应属于中央政府;凡受益对象是地方居民的,则其支出应属于地方政府。从政府投资的角度说,基础设施投资应由受益的那一级政府来承担。有些情况下,基础设施的受益范围很难明确界定,跨地区效益的基础设施的投资应该划给更高一级的政府。

第二,行动原则。为了政府公共服务的实施便利性,应该将不同的公共服务支出和管理权限划归到不同层级的政府。凡政府公共服务的实施在行动上必须统一规划的领域或财政活动,其支出应属于中央政府;凡政府公共活动在实施过程中必须因地制宜的,其支出应属于地方政府。从地方政府的角度看,支出职能的下放使得地方政府可以更为有效地提供基础设施,因

---

① Charles F.Bastable,*Public finance*,Macmillan,1892.

为它们比中央政府更加了解当地的需求。

第三,技术原则。凡政府活动或公共工程,其规模庞大、需要高水平技术才能完成的项目,则其支出应归中央政府,否则应属于地方政府的公共支出。

世界各国在确定中央和地方的公共支出时,大体上都遵循了上述原则,但是由于各国具体国情不同,实施起来还是有很大差异。

2.财政分权下的公共收入

由于公共收入的主体为税收,大约占到公共收入总额的 80%—90%,因而关于中央与地方财政收入理论争论的焦点还是在于分税制税种的划分问题。关于中央与地方收入的划分原则,比较著名的有马斯格雷夫的税收原则、塞利格曼(E. R. A. Seligman)的三原则和大卫·金(David·King)的三原则。

著名经济学家马斯格雷夫认为,在中央和地方的税收划分时,中央应该掌握的税收包括①:①以收入再分配为目标的累进税,因为实现公平的目标应该是全国性的,该种税收权属于中央政府才能保证全国范围的调节;②作为稳定经济手段的税收,稳定经济是全国性的职责;③地区间分布不均的税源,若各地区独立征收该项税种会引起地区间税收收入不平衡;④流动性生产要素的税收,若地方课征流动性的资源的税收,如财产税,会引起资源在地区间的流动,扭曲资源在地区间的优化配置。地方政府应该掌握的税种有:①非流动性生产要素的税收,因为这不会引起资源在地区间的流动;②受益性税收及收费对各级政府都适用。马斯格雷夫的划分方法与其财政三大职能的思想一致,但是这种划分法单纯地从经济学角度进行分析,而并没有从政府构成的政治学和行政管理学学理等方面进行分析,是其理论的一大缺陷所在。

---

① 〔美〕马斯格雷夫等:《财政理论与实践》,中国财经出版社 2003 年版,第 498—499 页。

　　塞利格曼为税收划分提出了三个原则[1]：效率原则、适应原则和恰当原则。效率原则是以征税效率高低为划分标准，若一项税种由中央征收更加容易实现，则由中央执行，反之则由地方执行。适应原则是以税基的广狭为划分标准，税基广的税种归中央政府，税基狭的税种归地方政府。恰当原则是以租税负担分配公平为划分标准。可以看出，塞利格曼的划分税制的主要目标是提高税收行政效率，它有利于政府实现财政收入目标和公平目标，但缺乏对资源优化配置和稳定经济这些核心目标的关注。

　　大卫·金提出了课税三个原则[2]：①中央以下政府不应课征税基在各地区间流动性很大的税种。例如，某个地区为了满足提供高水平服务所需的资金而设置很高的公司税率，这无疑会迫使资本离开本地区。同样地，某个地区如果把销售税的税率定得很高，最终会发现人们都到其他地区购买商品。②中央以下政府不应课征那些大部分税收归宿转嫁给非居民的税种。这意味着应该用非居民的"补贴"来使得支出增加。这一观点反对中央以下政府征收公司税，因为任何一个地区的公司税都至少有部分归宿将转嫁给非居民的所有者、工人和顾客。这一观点也反对中央以下政府开征销售税，因为销售税也至少有部分归宿将转嫁给非居民的顾客和生产者。③中央以下政府不应开征那些其负担不能被地方居民察觉的税种。这种观点反对中央以下政府开征销售税和公司税，因为纳税人很难测量这些税种的真实负担。

　　综合以上分析，结合现代国际的实际情况，本书认为中国政府间税收的划分应该遵循以下四原则。

　　受益原则。受益原则是指如果纳税人缴纳的某种税收与政府提供的某种公共产品之间存在较为明确的受益关系，且如果此种公共产品由中央政府提供，那么作为此种公共产品成本的税收就应该缴纳给中央政府，该税种

---

① ［美］塞利格曼：《累进课税论》，商务印书馆1935年版，第575—583页。
② ［英］彼德·M.杰克逊：《公共部门经济学前沿问题》，中国税务出版社2000年版，第211页。

应该确定为中央税;相反,若此种公共产品是由地方政府供给,则作为此种公共产品成本补偿的税收应该划归地方税。

资源优化配置的效率原则。这一原则可以体现在多方面,在税种划分方面应该有利于资源的优化配置,或者要至少不损害资源的优化配置,如果以上两个方面都难以达成,那么也要至少是尽量减低损害资源优化配置的原则被奉为税种确定和划分的理念。因此,一般情况下,如果对资源本身进行征税或者是对资源运用所产生的税源进行征税,若资源是可以轻易流动转移的,则应将此税种划归中央税,并且对税种在全国范围内确定统一的税收政策和税收负担,以免由于各地征与不征,或征多征少、税负轻重而导致资源的非合理流动,损失效率。

体现政府职能分工原则。与财政的收入分配职能和稳定经济职能主要由中央政府财政来承担相适应,体现收入分配职能和政府用于调控宏观经济的税种应划归中央税。

税务行政管理效率原则。税收收入的征集、税收政策的贯彻都需要通过税收征收管理工作来实现。从极端的角度讲,如果不惜成本代价,那么无论哪一种税,无论划归哪一级政府,总是可以足额地征收。但是税种科学划归以后,就可以用较少的成本来有效地征收。所以实行分税制,划分税种还必须遵循税务行政效率原则。应该将税源遍布全国且又是大宗性税收,征管环节比较集中,容易征收的税种划归中央税,而将税源比较分散零星,而且具有地区差别,征收难度比较大的税种划归地方税。

3.财政分权下的转移支付

转移支付是指公共部门无偿地将一部分资金的使用权转让给他人形成的支出。转移支付包括政府作为一个整体对于个人或者组织的转移支付,也包括政府内部的政府间转移支付。由于我们这里讨论的是财政分权,着眼点是政府之间的关系,因此,仅在此讨论政府间的转移支付问题。

政府间转移支付主要包括两种形式即横向转移支付和纵向转移支付。横向转移支付主要是指同级政府之间的资金转移,纵向转移支付是指上下级政府之间的资金转移。其中,纵向转移支付是政府间转移支付的主要形式。

(三)财政分权下财政转移支付的形式与必要性

政府间转移支付形式多种,类别多样,综合起来大致如图1-5所示。

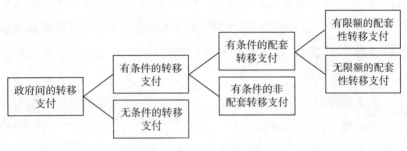

图1-5　政府间的转移支付形式

财政转移支付包括无条件的转移支付和有条件的转移支付。无条件的转移支付是指中央政府对地方进行转移支付时,不规定该项资金的用途,地方政府可以自主地决定如何使用这些资金。有条件的转移支付是指中央政府向地方进行转移支付时,附加一定的限制条件,或者要求地方政府提供配套资金,或者指定了资金的用途,或者两者同时指定;地方政府只有满足这些条件时才可以或能够使用这笔资金。有条件的转移支付又分为有条件的配套性转移支付和有条件的非配套性转移支付。这里的配套,指的是地方政府是否需要提供相应的配套资金,因而配套性转移支付指的是中央政府要求地方政府必须提供相应比例或者数额的配套资金,反之则不需要。另外,根据中央政府向地方政府进行配套转移支付时是否具有最高限额,又分为有限额的配套性转移支付和无限额的配套性转移支付。有限额的配套性转移支付是指中央政府对配套性转移支付资金规定一个最高限额,该项目超过该限额,中央将不再拨付资金。无限额配套性转移支付则不受限额的约束。

财政分权下,各级政府之间的财政收入和财政支出都应该有较为明确的规定,那么,为什么要实行转移支付来进行财政资源在政府内部之间的调配?

一是加强中央对地方的宏观调控。转移支付是对实行分税制后的财政收入分配格局的再次调整。财政分权后,地方政府虽然掌握了一定的财政收入权,但不一定足以平衡财政支出。中央有意识地使地方财政收入与支出存有一定缺口,而后通过财政转移支付的形式给予弥补,这样能够保证中央通过对地方财政的控制来实现中央宏观政策的目标,保证中央政府的政治权威。

二是实现政府间纵向财政平衡。财政平衡的前提是政府的事权与财政支出责任对等。在分税制下,地方政府提供公共产品的作用日益重要,但在收入划分方面中央集中了大量收入,中央财政收入能力远远大于支出需求,而地方财政收入能力难以满足支出需求,这样就形成了财政上的纵向不平衡。为了消除这种纵向的财政不平衡,中央政府一般会采用转移支付的方式。

三是实现政府间的横向财政平衡。由于各地区的自然和社会条件不同,各地方政府的财政收入能力也不尽相同,有时甚至差异悬殊,这导致各地方政府提供公共服务的能力相差悬殊,客观上又会加剧各地的经济不平衡,这种循环效应会造成诸多社会问题。公共服务均等化是现时期中央政府及各地方政府摆在首位的重要职责,为此,需要由中央政府采取一定手段或工具进行地区间财政资源的调配以实现其发展战略所确定的均衡目标,这其中最重要最为经常使用的是财政的政府间转移支付手段。

四是外部效应。地方政府供给的公共产品或者服务,其受益范围超过了本地区,使其他地区的居民在不承担任何成本的情况下受益,即形成了所谓的外部效应。由于地方政府只对本辖区范围内居民负责,并不需要综合考虑其行为的最终影响效应,因此,外部效应的存在会导致地方政府对某些公共服务丧失供给动力,导致这些应该供给的公共服务供给水平低于其最佳供给水平,而对某些显性公共服务的供给热情比较高涨,并导致其供给量过剩现象存在。正反两方面最终导致公共资源配置的不合理与不优化现象成为常态。为此,也需要中央政府通过财政预算约束与监管有效协调与约束各个地方合理配置公共资源提高公共服务供给效率,同时综合运用财政转移支付等手段保证某些具有溢出效应的公共服务能够有效供给。

五是规模经济。基本公共服务包含内容比较丰富,其中有些公共产品和服务,如供水、供电等公共产品和相应服务的供给,具有规模经济效应,使用者越多,影响范围越广,其人均成本越低,越趋于经济合理。因此需要其在建设与供给时具有规模性,以实现供给的规模经济。但此时如果仅依托地方政府一己之力,由某级地方政府独立供应,往往会由于地方政府的财力有限而难以达到合理水平。因此具有规模经济效应一类的基本公共服务供给也需要各级政府和各级财政的协同合作,需要通过中央政府统领与协调,需要通过中央政府的政府间转移支付手段等刺激与激励地方政府采取适宜方式进行供给,优化资源配置效率,最终实现基本公共服务供给水平的提升,最大化的满足基层民众的生产与生活所需。

三、地方政府债务、财政困境与财政支持

（一）财政分权下的地方政府债务

西方国家对财政分权下的地方政府债务问题的形成和关注是与其债务问题的出现相伴随而生的,时间较早。对于地方政府债务持积极肯定态度并认为可以实现政府合理管控的学者有蒂布特（1956）[1]、马斯格雷夫（1959）[2]和奥茨（1972）[3]等人,他们立足于财政联邦理论框架,研究财政分权下的地方政府负债,认为通过多层级的政府体系能够更好地推动公共支

---

① 　Charles M.Tiebout,"A Pure Theory of Local Expenditures",*The Journal of Political Economy*,1956(64),pp.416-424.

② 　Richard Abel Musgrave,"Voluntary Exchang Theory of Public Finance",*The Review of Economics and Statistics*.1959(36),pp.387-389.

③ 　Wallace E.Oates,"An Essay on Fiscal Federalism",*Journal of Economic Literature*,1972(9),pp.387-389.

出的合理发展,中央政府应赋予地方政府合法的自行举债权等权力。如果单纯依靠中央政府的政策法规去安排地方事务,难免会出现脱离实情、资源浪费或重复建设等现象。况且,因为种种缘由,地方政府现金流出现短期内收支不平衡情况时有发生,让更加了解自己真实需求与自身特点的地方政府自行举债筹集资金,合理投资,则可以化解阶段性财政赤字或财政盈余的尴尬,这种方法更为经济,也更为合理。保罗·斯威尼茨(Paweł Swianiewicz,2004)①认为,理性的地方政府举债是可以有效降低政府公共服务营运成本的。相较于封锁地方举债权力,仅使用财政收入作为公共支出资金来源,也不符合代际公平原则。最初,联邦主义理论的观点仅限于财政学者用来分析联邦制国家的财政分权体制,但目前,此种理论已被许多国家作为探讨自身财政体制改革的理论支撑之一。

与这种态度不同的是,还有一些学者从风险角度出发认为应该限制地方政府的举债权限。乔治·马丁内斯巴斯克斯(Jorge Martinez-Vazquez)②鲍德威和特伦布莱(Boadway & Tremblay,2005)③等人立足于政府间财政不平衡和预算软约束的角度,探讨财政分权下的地方政府负债问题。乔治·马丁内斯巴斯克斯(Jorge Martinez-Vazquez,2001)认为由于政府间自身的经济发达程度及地理环境原因,各自所拥有的生产资源、人均收入及公共支出成本存在差异,所以当地方政府面临财政困难时自行举债筹资的能力水平不一,应该限制地方政府的举债权力,统一借助中央政府的转移支付手段去纵向弥补地区间的财政差异。但是,这种做法易导致各地方政府为获得中央资源展开激烈竞争,或是靠项目质量胜出,或是因巨额赤字而迫使中央进行资金援助。鲍德威和特伦布莱认为一旦中央政府采取措施去弥补地方政

---

① Paweł Swianiewicz, *Local Government Borrowing: Risks and Rewards*, Open Society Institute, 2004, p.434.

② Jorge Martinez-Vazquez, *Fiscal Decentralization and Economic Growth*, Georgia state University, Andrew Young School of Policy Stixlies, 2001.

③ Robin Boadway and Jean-Francois Tremblay, *A Theory of Vertical Fiscal Imbalance*, Queen's University Press, 2005(6), pp.165–167.

府的财政缺口,则会导致软预算约束的问题。与此相伴随,过度的地方政府债务必然构成地方政府债务风险。

预算软约束理论是指上级未能够坚持原资金计划向下级拨付款项,使下级的实际可支配资源超出了当期收益。经济学家科尔奈(Kornai)在其1979年发表的《资源约束型与需求约束型体系》和1980年发表的《短缺经济学》中指出社会主义国家政府与国有企业之间会因为血缘关系而随时得到新的资金帮助,致使国有企业具有重产出轻效率,忽略市场,资源浪费的顽疾。在这一理论出现后的几十年中,软预算研究已经从社会主义国家扩散至全世界范围内。古德斯皮德(Goodspeed,2009)[1]认为,软预算约束的现象在地方政府的经济运行中之所以不可避免,是因为在地方政府的实际运作过程中,中央政府为保障经济有效运行,并不能始终坚持硬预算约束。而如果地方政府面临软预算约束环境,势必容易诱发非理性举债以及不谨慎的过度投资,为政府财政赤字风险埋下隐患。姜长云(2004)[2]和周黎安(2007)[3]等人在分析地方政府负债原因及解决对策时,认为财政体制、干部晋升制度等是地方债务风险的主要成因。马骏、周雪光、平新乔等人从预算约束的角度,分析地方政府负债风险的成因。平新乔(1998)[4]认为,软的预算约束是经济均衡过程中的次优解产物,马骏和周雪光则从逆向软预算约束角度,解释了地方政府负债风险的成因。马骏(2005)用"逆向软预算约束"理论解释了中国地方政府主动累积负债的原因[5]。周雪光(2005)则从组织分析角度探讨了"逆向软约束"式举债之所以无法遏制的原因。[6]

---

① Goodspeed,Timothy J.,Bailouts in a federation,*International Tax and Public Finance*,2009(9),pp.409-421.

② 姜长云等:《县乡财政风险及其防范机制研究:以欠发达地区为重点的考察》,《农村经济问题》2004年第5期。

③ 周黎安:《中国地方官员的晋升锦标赛模式研究》,《经济研究》2007年第7期。

④ 平新乔:《"预算软约束"的新理论及其计量验证》,《经济研究》1998年第10期。

⑤ 马骏:《中国预算改革的政治学:成就与困惑》,《中山大学学报》2007年第3期。

⑥ 周雪光:《"逆向软预算约束":一个政府行为的组织分析》,《中国社会科学》2005年第2期。

(二)财政困境与财政支持

1.财政困境

我国当前社会各界聚集的财政困境问题主要存在于县乡政府,尽管不同学者对财政困境的具体内涵见解不同,但几乎所有学者都认为财政困境首先表现为财政收支缺口,即存在一定的财政赤字,而且在财政困境下的财政赤字表现为一定的持续性。但财政困境并不完全等同于财政赤字,财政赤字仅仅是指在金融意义上的政府收支不平衡。而财政困境不仅仅表现为这种收支不平衡,其更深层的意义在于由于政府财政收支不平衡或者说财政赤字造成的政府在履行其公共职能中所面临的一系列问题。因此,本书认为财政困境是指持续一定时间的政府财政收不抵支形成的财政赤字,并且由于政府财政缺口引起的政府在履行公共职能时所面临的一系列问题。通常具有以下特征。

(1)财政困境首先表现为财政赤字

这种赤字是持续较长时间的。财政赤字是财政困境的最直接表现,也是导致政府履行职能受阻的最直接原因。财政能力是地方政府履行职能最为根本的保障,财政资源的缺乏导致了政府履行职能上能力的弱化,持续较长时间的财政赤字也就形成了财政困境。

(2)从发展趋势上看,当一个政府处于财政困境中,这种财政赤字往往会不断扩大

从财政收支的角度来讲,财政困境中的财政赤字会呈现为一个不断累积的过程,每年都会不断地产生新的赤字,再加上往年旧账,形成了政府财政积贫积弱的状态,且这种状态还在不断持续,在可预计的未来,赤字会不减反增。

(3)财政困境往往具有不平衡性

这一点特指在财政分权制国家中,由于财政权力逐级分化,不同层级政府的财政权力不同,因而出现财政困境时,不同层级政府所表现出来的困境情形不同。一般而言,高层级政府拥有更大的财政权力,也就能够优先保证

本级政府的财政需求,因而,往往是财权最小的一级政府面临财政困境的可能性更大。

(4)财政困境的产生原因往往是多元的

其中最重要的一个原因就是事权与财政支出责任的不对等,政府需要办的事情很多,但没有相应的财力保障,因而只能够通过借债的方式弥补缺口,或者只能履行部分职能,在满足公共需求时采取打折扣的办法。此种情况持续下去会导致政府的财政缺口越来越大而且其履行公共职能的效果越来越差。

(5)财政困境的后果是政府不能有效履行其公共职能

财政资源是政府能有效履行其职能的保障,当政府没有足够的财力,在履行职责时就不能完全按照规定来进行,而是有选择性的,或者是只履行部分职能,或者提供的服务质量下降,而这样做的后果是损害公共利益和侵蚀政府公信力。

2.财政支持

所谓财政支持,是指包括财政资金支出、财政法律法规、财政政策、财政管理体制等在内的一系列为某项事业发展提供支持的财政内容的综合。对于某项事业而言,财政支持是一个综合的体系,囊括涉及公共财政支持的各个方面。一般来说,财政支持主要包括以下四个方面的内容:一是政府的直接财政资金支持。这项内容主要是指政府对某项事业的直接财政投入,包括政府的财政拨款、财政投资和融资、转移支付、政府设立的专门的基金等。政府的直接财政资金支持是政府为发展某项事业提供的最为重要的资源之一。二是政府的间接财政资金支持。除去政府的直接资金支持之外,有些政府投入是隐形的或者间接的,但从本质上来说,还属于政府利用财政资金投入,比较重要的手段就是为了某项事业的减免税收。三是政府的财政政策。财政政策是指政府为了实施某项活动或履行某项职能而颁布的与财政相关的政策。政府的财政政策主要包括两方面的内容,即收入政策和支出政策。其中,收入政策主要是指政府的税收政策;支出政策主要包括政府的购买性支出政策和转移支付政策。四是政府的财政管理体制。财政管理体制是指财政管理部门的结构以及其内部权力关系。政府的财政管理部门和相关人员是财政政策实施的执行者,是财政活动的直接参与人。因而,政府的财政管理体制将对政府的财政活动有重要作用。

四、县乡基本公共服务供给的政府治理与财政支持分析

（一）治理与公共治理

英语中的治理一词源于拉丁文和古希腊语,原意是控制、引导和操纵。自 20 世纪 90 年代以来,西方政治学和经济学家赋予 Governance 单词以新的含义,它不再只局限于政治学领域,而被广泛用于社会经济领域。全球治理委员会发表研究报告,认为治理是各种公共的或私人的个人和机构管理其共同事务的诸多方式的总和,它是使相互冲突的或不相同的利益得以调和并且采取联合行动的持续的过程。它既包括有权迫使人们服从的正式的制度和规则,也包括各种人们同意或以为符合其利益的非正式的制度安排。[1] 罗茨(R.Rhodes)认为治理标志着政府管理含义的变化,指的是一种新的管理过程,或者一种改变了的有序统治状态,或者一种新的管理社会的方式。格里·斯托克(Gerry Stoker)归纳了关于治理的五种观点:其一,治理意味着一系列来自政府但又不限于政府的社会公共机构和行为者;其二,治理意味着在为社会和经济问题寻求解决方案的过程中存在着界限和责任方面的模糊性;其三,治理意味着参与者最终将形成一个自主的网络;其四,治理意味着办好事情的能力并不仅限于政府的权力、仅限于政府的发号施令或运用权威;其五,治理这一概念本身明确肯定了在涉及集体行为的各个社会公共机构之间存在着权力依赖。[2]

综上所述,本书从政治学视角出发,认为治理是政治管理的过程,指在

---

① 全球治理委员会:《我们的全球伙伴关系(*Our Global Neighborhood*)》,牛津大学出版社 1995 年版,第 2—3 页。

② 格里·斯托克:《作为理论的治理:五个论点》,《国际社会科学》1992 年第 2 期。

既定范围内的运用权威维持秩序以满足公众需求的过程,是在各种不同的制度关系中运用权力引导、控制和规范公民的各种活动的过程,包括政治权威的规范基础、处理政治事务的方式和对公共资源的管理三个内容。

根据治理的内涵,公共治理是由多元公共管理主体组成的公共行动体系,由政府部门和非政府部门共同构成的多元主体而构建。其中政府部门包含有中央政府、地方政府和其他公共权威组织,这些权威组织交叠共存,共同构成了多层级、多元的决策体制;非政府部门主要指在社会上行使权力并得到公众认可的一些私营部门和第三部门,它们亦可成为社会治理主体。这些参与公共活动的各类政府部门和非政府部门都不拥有充足的能力和资源来独自解决一切问题,因此必须相互依赖、依存互动,以共同目标为联结进行谈判和交易,最终建立起多元化合作关系。

(二)县乡公共产品供给的财政支持分析理论模型

借鉴学者蔡冬冬(2007)的模型[1],我们将县乡级政府公共服务的提供水平作为因变量,以影响地方公共服务供给的各种财政因素作为自变量,建立了县乡级政府公共服务供给的理论模型:

$S = f(A, B, C, D, E)$

其中:

S 表示县级政府某种公共服务的供给水平或者整体县级政府公共服务的供给水平。

A 表示县级政府的财政分权度,县级政府的财政分权度大体上可以用县级政府与上级政府的人均财政支出比较来衡量,主要目标是为了考量县级政府与上级政府(或者县级以上政府)之间的财政能力。

B 表示县级政府的财政自给能力,用县级政府的财政支出与财政收入比来衡量。

---

[1] 蔡冬冬:《中国财政分权体制下地方公共物品供给研究》,硕士学位论文,辽宁大学2007年。

C 表示县级政府的财政负担率,财政负担率为每万元财政收入负担的财政供养人口。

D 表示上级政府对县级政府人均财政转移收入的总和。

E 表示其他随机变量。

判定县级政府基本公共服务是否达到有效供给程度,应当在相应的财政因素上有如下的标准。

财政分权度是否张弛有度。在财政分权度上,建立有效的财政分权体制,保证县级政府与上级政府之间分工明确。衡量分权是否合理的最重要因素就是事权与财政支出责任对等。县级政府是政府层级中处于较低层级的政府,承担的公共服务职能内容较多,事项比较繁杂,应当有与其事权相对应的财政支出责任来支持其公共服务职能的行使。

财政自给能力是否基本满足支出需求。财政自给能力是在财政分权基础上能够进一步度量县级政府财政情况的一个指标。县级政府应当拥有稳定可靠的收入来源,来满足本地区的财政支出需求。

财政负担率水平高低。随着政府部门职能的扩大和退休职工的增多,财政供养的人口逐渐在增多,这是难以避免的趋势,但是这种趋势直接导致了财政支出增长过快。为此,县级政府应当注意控制财政供养人口的增加,保持财政合理负担率水平。

政府间转移支付总和大小是否弥补收支缺口。县乡政府是与民众联系最密切的政府,县乡政府作为基层政府,承担了较多上级政府下压的职能,但是县乡政府的财政收入能力有限,在财政收入上没有太多的主动权。这种情况下,为了保证能够有效供给公共服务,所以上级财政的转移支付对于县级政府的正常运转非常重要。尤其是在一些经济较为落后地区的县级政府,一方面为了发展本地经济需要在基础设施建设上投入较多的支出,另一方面,经济较弱,财政收入较少,此时县级政府的财政收支矛盾就更加凸显,而且容易陷入恶性循环。为了打破这种循环,切实提高当地公共服务供给水平,改善当地的经济状况,政府间转移支付就成为解决问题的关键所在。

随机变量涉及的因素很多,如社会发展阶段、政府政策导向、自然环境影响因素等,因为不是本书讨论的重点,因此在这里不做深入探讨。

(三)县乡政府公共服务供给影响机理研究

前文构建了财政对县乡政府公共服务供给影响的模型,这里根据这个模型构建的分析框架来分析财政对县级公共服务供给产生影响的机理。根据上述模型的四个自变量,从制度、体制和机制三个层面对财政的影响进行分析,如图1-6所示。首先,从地方财政分权体制制度设计层面,即县级政府与上一级财政的分权程度,这个层面决定了县级政府的事权范围。其次,从地方财政分权、分配体制层面,即县级财政的财政自给程度,这反映了县级财政的充裕程度,并考察人均转移支付收入对县级财政自给率的影响。最后,从地方财政分权体制管理机制层面,即县级财政负担率,这个指标反映了县级财政中用于行政管理费和人口供养对县级公共服务供给的影响。①

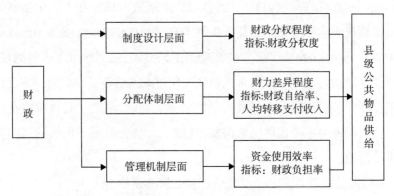

图1-6　财政对县乡公共服务供给影响机理分析

1.制度设计决定了县乡公共服务供给范围

地方财政分权体制作为地方各级政府间进行地方财政资源配置的一种

---

① 舒成:《中国地方财政分权体制下的地方公共品供给——理论与实证》,硕士学位论文,江西财经大学2010年。

制度设计,其基本内容可概括为:地方各级政府的事权(各自应承担的支出职责);地方各级政府间事权范围、规模及相应的成本费用在各级政府之间进行合理界定、划分和分摊的依据及标准;为履行某一级政府职能及相应的事权所需要的本级财政收入在各级政府间进行分配的制度及办法;上级地方政府对本级政府地区间的财政收入与财政支出之间的纵向不均衡和横向不均衡的协调制度和措施等。

"分税制"改革对各级地方政府的事权进行了划分,省级和省级以下政府主要承担本地区政权机关运转所需支出以及本地区经济、事业发展所需支出。然而,这种划分是一种原则性划分,在由省级主导制定的地方财政分权体制安排下,一些单纯归属地方政府的职责如城市维护建设、环境保护、城市供水和社区服务等,由于地域性因素较强,被直接指派给地级、县级和乡镇级政府。而在一些中央与地方政府共享职责上,由于地方多级政府同时负有责任,而又没有明确的指导方针对这些地方公共产品和服务的融资、供给或规制责任进行明确划分,这样就为上级政府往往在不提供足够资金支出的情况下向下委派支出任务提供了空间。县乡政府是处于多级政府层级中的较低层次的一级政府,在职能层层委派中往往被强加了大量的任务,无资金保障的行政任务和问责性的缺失反过来又诱使县乡政府千方百计增加预算外、制度外收入,并形成大量的债务。同时,阻碍了县乡政府在提供地方公共服务时未考虑居民的需要,造成了县乡公共服务供给的结构偏差和供给低效。

2.分配体制设计左右了县乡政府公共服务供给能力

在经济发展水平既定的条件下,县乡政府财政收入能力和增长潜力取决于财政体制。"分税制"改革是中央在"提高两个比重"的意见下出台的。这种思路在省级政府主导下的地方财政分权体制中也体现出来。即,与中央政府与省级政府分权时普遍出现的财权上移中央政府一样,省级政府主导制定的地方财政分权体制的制度安排,使得地方财政分权体制中出现了财权上移、事权下移的情况。这就造成了处于基层的县乡政府事权与财政支出责任不匹配。一个相对科学的财政体制,一方面应有利于合理划分地方各级政府间财力,保证地方各级财政收入能够满足地方政府机构运转和提供公共服务的支出需求;另一方面也应有利于较高层次地方政府提供跨区域的地方公共服务的财力需要和宏观调控能力。如果一种地方财政分权体制剥夺了县级政府财政收入的主体地位但又没有从转移支付上进行财力均衡,就会使县级政府财政收入大幅度下降,降低县级政府发展地方经济、提供县级公共服务的能力和积极性,导致县级政府财政沦为仅仅能维持机构运转和工资发放的"吃饭财政"。

3.管理机制影响了县乡级政府财政资金使用效率

改革开放以来,我国原实行的相对严密的集中控制和集中决策的财政管理体系被打破。虽然名义上财政管理决策权仍相对集中,但从总体上看,预算管理制度改革并未对传统财政管理决策模式的内核做实质性改变,财政管理决策还是以理性为主导的渐进主义。财政管理决策实际上由无数个"分中心"作出,原来由计委集中的资金分配权逐渐被各个部门肢解,财政资金分配权呈现一种"碎片化"格局。当前在地方财政资金管理中,对县级政府公共服务供给行为起主要作用的不是该地区居民的需求,而是自上而下的行政命令。甚至为了满足决策者的政绩和利益需求,县级公共服务供给往往缺乏科学的决策机制和监督管理机制,有限的财政资金没有发挥有效的作用,县级公共服务供给效率低下。同时,在县级财政资金使用中,大量的财政资源在"养人"中消耗掉了,无力提供高质量的地方公共服务。特别是一些涉及多部门分担供给职责的县级公共服务,往往存在资金渠道和部门政策缺乏系统性和整体协调性,资金投入分散,政策之间相互掣肘等问题。县级财政资金使用中还存在制度外财政收支账证不全,监督成本很高,地方公共服务供给的中间环节太多,财政资金被层层"过滤"和挪位,财政资金使用透明度不高,暗箱操作等问题,严重降低了县级公共服务供给效率。

第二章　县乡基本公共服务供给
状态与筹资方式变化

第一节　县乡基本公共服务供给状态变化

我国的基本公共服务体系自新中国成立后逐步开始建立并发展。1949—1978 年是我国基本公共服务体系的建立和发展阶段。这一阶段主要是以马克思理论为指导思想，以平均导向为原则，逐步建立以社会保障、基础教育、医疗卫生等为主要内容的公共服务体系。鉴于新中国成立之初的计划经济体制，公共服务在农村的提供主要依托人民公社为主体组织实施，在城市则以机关、工厂、学校等企事业单位为主体组织实施，这就必然导致在发展过程中逐渐形成了与城乡二元机构相对应的城乡二元公共服务供给体制。由于正处于新中国成立初期，百废待兴，生产力水平较低，经济发展处于逐步恢复阶段，所以，此时全社会基本公共服务水平整体偏低，公共服务供给以平均导向为指导思想，公共服务覆盖范围较广，受益面较大。

一、平均导向下县乡基本公共服务供给

1949—1978 年三十年的时间里，我国城乡公共服务水平经由初步探索、成长阶段后逐步进入快速发展阶段。根据社会主义的建设与发展史可以把这一时期城乡基本公共服务的发展划分为两个阶段：第一阶段为

1949—1957 年过渡时期的县乡农村基本公共服务初步探索与成长阶段。这一阶段也是中国农业经济发展的探索时期,农村公共服务供给在这一时段开始兴起并在短时期内得到迅速发展,凸显了其对当时农业发展的支撑与基础服务作用。但是,此时由于国家百废待兴,因此农村公共服务领域的国家财政资金投入非常有限,而且用于发展基本公共服务的有限投入基本上来源于农户本身。第二阶段为 1958—1978 年人民公社时期县乡农村基本公共服务的快速成长阶段。1958 年 8 月,中共中央发布《关于在农村建立人民公社的决议》,决定在全国范围内构建与推广新型农村基层组织——人民公社。人民公社体制的建立使农村基本公共服务的集体提供具备了制度基础和制度保障。首先,人民公社"三级所有,队为基础"的管理体制,使农村集体经济组织享有生产资料的所有权和经营活动的绝对支配权;其次,人民公社体制下的分配制度,为以集体为单位组织且提供公共服务提供了制度上的保障。当然这种以制度为基础的基本公共服务供给体制到 1978 年农村家庭联产承包责任制推行以后,随着人民公社制度的瓦解而逐步解体。

（一）过渡时期县乡基本公共服务供给的萌芽

1.新中国成立后县乡基本公共服务供给的萌芽与社会主义改造时期县乡基本公共服务供给的缓慢增长

1950 年 6 月 30 日《中华人民共和国土地改革法》颁布,明确规定土地改革的根本目的是将封建土地所有制变更为农民土地所有制,以解放农村生产力,为国家工业化开辟广阔的道路。这标志着农民获得了比较完整的土地所有权,以家庭为单位的农村个体经济开始出现。1953 年 2 月 15 日又通过了《关于农业生产互助合作的决议》,并于当年 3 月 26 日公布,农村的互助合作运动由此逐步展开。截至 1954 年,参加互助组的农户已经超过了总农户的一半,达到 58%[1]。而在实际推进过程中,截至 1952 年上半年

---

[1]　陈吉元、陈家骥、扬勋:《中国农村社会经济变迁(1949—1989)》,山西经济出版社 1993 年版,第 121 页。

的农业生产互助组合作运动的发展比较健康有序,但是自 1952 年下半年开始,各地区不同程度地开始出现"急躁冒进和强迫命令"的现象,改革逐渐偏离原来目标,改革结果渐渐适得其反。再加之 1953 年 11 月 23 日颁布并实施《关于实行粮食的计划收购和计划供应的命令》,到 1957 年政府开始对数十种农产品进行统购统销,农产品流通和农民自主权受到很大影响,导致农民生产积极性日渐降低。这一切反映在农业生产结果上就是 1953—1957 年农业生产总值年均增长速度比较缓慢(见表 2-1)。

表 2-1 1953—1957 年农业生产总值年均增长速度

年份	农业生产总值指数(上年 = 100)
1953	100. 7
1954	102. 9
1955	110. 9
1956	105. 2
1957	102. 9

资料来源:国家统计局:《新中国五十年统计资料汇编》,中国统计出版社 1999 年版,第 31 页。

这一时期,虽然社会剩余很少,但社会还是开始投入资金对农业生产所需的基础设施等进行投入和建设,农村的公共服务供给逐渐萌芽并处于缓慢发展状态。一方面,农村公共服务供给总量在不断增加。表现在全国财政用于支援农村生产支出和各项事业费支出的总和从 1950 年的 1. 99 亿元增加到 1957 年的 7. 99 亿元,主要支出项目包括农村生产支出和农林水利气象等部门的事业费。农业基本建设支出从 1952 年的 3. 84 亿元增加到 1957 年的 10. 93 亿元,其间的 1956 年曾达到 13. 63 亿元。在此期间,全国财政用于抚恤和社会福利支出总额从 1952—1957 年 5 年间累计达 28. 51 亿元,其中用于农村社会救济福利支出为 2. 86 亿元(见表 2-2)。在这段期间内,由于财力不足,尽管并不能保证每年对农村社会救济福利支出均有一定程度的增长,但是每年都有一定的投入。总之,这一时期政府对农村公共服务相当重视,部分投入增幅很快,而且可以保证持续性的投入。

表 2-2　1950—1957 年全国财政支出结构　　（单位:亿元）

年份	支援农村生产支出和各项事业费	全国财政用于抚恤和社会福利支出	农村社会救济福利费
1950	1.99		
1951	3.67		
1952	2.69	2.95	0.16
1953	2.99	3.62	0.13
1954	3.98	6.04	0.54
1955	5.82	4.94	0.58
1956	7.7	5.67	0.79
1957	7.99	5.29	0.66
合计	36.83	28.51	2.86

资料来源:国家统计局:《新中国五十年统计资料汇编》,中国统计出版社 1999 年版,第 11—17 页。

另一方面,农村公共服务供给项目显著拓宽。新中国成立初期,公共服务供给着重于生产力的建设,财政投入主要集中于农村土地生产项目,随着供给总量的增加,供给项目也得以增加,主要有"赈灾济民、垦荒、农田水利、道路建设、病虫防治、技术推广、气象预报、农业机械和农村教育等"[1]。与此同时,国家对农村基本公共服务供给的财政投入也极大地推动了农业的发展,1952 年农业产值为 395.95 亿元,到 1957 年增长到 443.93 亿元。全国农业生产条件逐年改善,耕地面积、灌溉面积、粮食种植面积逐年增加。尽管如此,在除了农业生产方面的公共服务提供外,其他方面的农村公共服务供给相当薄弱。主要因为土地改革后个体农业生产对农村公共服务的依赖性加强,而国家财政有限,政府无力也无暇供给全面的公共服务,而土地改革造成的农户生产资料的平均化使得农村公共服务的私人供给无法继

---

[1]　韩小威:《中国农村基本公共服务供给的制度模式探析》,中国社会科学出版社 2012 年版,第 77 页。

续,所以,农村公共服务的供给主体只能是政府,在经济基础薄弱,财政收入低下的条件下,供给方向和供给层次自然有限。

2.与城市相比较县乡基本公共服务供给水平已呈现不平衡状态

新中国成立后,区别于农村以土地和个体经济、集体经济为基础开展的公共服务供给,城市基本公共服务是以机关、工厂、学校等企事业单位为主体而组织实施的。城市逐步建立了以国有、集体经济为基础,以国家财政为保障,以机关、事业单位、企业劳动者为保障对象的教育、医疗、卫生的基本公共服务供给体系。

我们选取医疗卫生为典型案例说明当时城市基本公共服务供给状况。如表2-3所示,新中国成立以后至1957年,全国各类卫生机构数逐年增加,表中数据明确显示,县级以上医院的数量即是全国医院和卫生院的数量,这说明当时农村卫生院建设几乎为零。从1956年开始,全国各类卫生机构数量明显增加,城市居民享受的医疗卫生待遇逐步改善。

表2-3 1949—1957年全国各类卫生机构数　（单位:个）

年份	总计	医院、卫生院		疗养院、所	门诊部、所	专科防治所、站
			县级以上的医院			
1949	3670	2600	2600	30	769	11
1950	8915	2880	2880	60	3356	30
1951	16181	3150	3150	120	8934	89
1952	38987	3540	3540	270	29050	188
1953	52038	3580	3580	520	38987	255
1954	56610	3658	3658	678	42840	265
1955	67725	3740	3740	822	51600	287
1956	107305	3903	3903	799	86866	637
1957	122954	4179	4179	835	102262	626

注:"私人办诊所"不计入门诊部、所中。

资料来源:国家统计局:《新中国五十年统计资料汇编》,中国统计出版社1999年版,第107页。

（二）人民公社时期县乡基本公共服务供给水平呈现低水平增长态势

过渡时期,农村有限的公共服务投入,沿袭惯例,基本上来源于农户本身。互助合作组织成立后,部分公共服务逐渐开始由互助组织自愿承担起来。随即,受社会主义、共产主义意识形态偏好的影响,也为了化解农民个人所有制与工业化之间的尖锐对立,阻止农村两极分化现象重现,政府强制性推动乡村治理模式进行制度变迁。① 即,在土改和合作化运动的基础上,中央于 1958 年 8 月作出《关于在农村建立人民公社的决议》,在各地区构建和推广新型农村基层组织——人民公社。人民公社的乡村治理体制直到 1978 年农村家庭联产承包责任制推广开后才逐步解体,因而,这一时期通常被称为"人民公社时期"。

人民公社时期县乡农村基本公共服务供给稳步增长,尤其是满足农业生产所需的生产类基础设施建设获得保障,这可以从表 2-4 中的数据得到验证。

表 2-4　1958—1978 年农村公共财政支出结构　（单位:亿元）

年份	支援农村生产支出和各项农业事业费	支援农村生产支出和农、林、水利、气象等部门的事业费	农村社会救济福利费
1958	9.34	43.86	0.63
1959	22.05	58.23	0.65
1960	33.73	90.52	1.12
1961	31.01	54.88	1.15
1962	19.29	38.23	1.21
1963	22.19	55.6	1.54
1964	20.92	67.16	1.43
1965	17.29	54.98	1.65
1966	19.11	54.39	1.45

① 林万龙:《中国农村社区公共服务供给制度变迁研究》,中国财经出版社 2003 年版,第 35—39 页。

续表

年份	支援农村生产支出和各项农业事业费	支援农村生产支出和农、林、水利、气象等部门的事业费	农村社会救济福利费
1967	16.12	45.82	1.32
1968	12.89	33.47	—
1969	14.87	48.03	—
1970	15.91	49.4	—
1971	19.65	60.75	—
1972	25.1	65.13	—
1973	35.49	85.17	1.72
1974	38.23	91.21	1.74
1975	42.53	98.96	1.75
1976	46.01	110.49	1.9
1977	50.68	108.12	2.06
1978	79.65	150.66	2.45

资料来源:国家统计局:《新中国五十年统计资料汇编》,中国统计出版社1999年版,第11—17页。

与城市基本公共服务供给水平相比较,此时县乡农村基本公共服务供给水平依然比较低下。对于人民公社时期的城乡基本公共服务供给情况,这里依然选取城乡公费医疗制度作为典型项目加以阐明。但是,这一时期中国人民口中所言和极力追求的"公费医疗"并不是全国国民都能享有的国家供给的医疗制度,而是特指针对国家机关、事业单位工作人员实行免费治疗和疾病预防的专项福利制度。

1952年,政务院①发布《关于全国各级人民政府、党派、团体及所属事业单位的国家工作人员实行公费医疗预防的指示》,明确规定:全国各级人民政府领导的卫生机构,按照单位人事编制进行统收统支医疗费用,对全国

① 政务院是1949年10月21日至1954年9月27日期间中华人民共和国"国家政务最高执行机关",是中央人民政府内设机构,其规模和职权要远远小于1954年后的中华人民共和国国务院。

各级人民政府、党派、共青团和妇联等团体以及文化、教育、卫生、经济建设等事业单位的国家工作人员和革命残废军人实行公费医疗制度,门诊、住院所需的诊疗费、手术费、住院费和药费,均由医药费拨付。

表 2-5 1958—1978 年全国各类卫生机构数 （单位:个）

年份	医院、卫生院		
		县级以上医院	县级以下医院、卫生院
1958	48580	4949	43631
1959	35535	5730	29805
1960	32333	6180	26153
1961	38611	6498	32113
1962	34379	5300	29079
1963	32706	5242	27464
1964	36744	5355	31389
1965	42711	5445	37266
1966	42156	5588	36568
1967	52055	5713	46342
1968	57041	5837	51204
1969	57988	5839	52149
1970	64822	6030	58792
1971	62766	6660	56106
1972	63050	6974	56076
1973	64583	7361	57222
1974	65258	7570	57688
1975	62425	7757	54668
1976	63184	7952	55232
1977	63952	8550	55402
1978	64421	8841	55580

资料来源:国家统计局:《新中国五十年统计资料汇编》,中国统计出版社 1999 年版,第 11、107 页。

1953 年,卫生部在《关于公费医疗的几项规定》中将公费医疗预防制度实施范围扩大到高等学校在校学生及乡干部。1955年9月17日财政部、卫生部和国务院人事局联合发布《关于国家机关工作人员子女医疗问题》，制定并实施了国家机关工作人员子女的医疗统筹制度。该文件指出由于国家机关工作人员已全部实行工资制，国家机关工作人员的子女，每人每月按公费医疗规定的医疗规定数额缴纳医疗费，由机关统一掌握，参加统筹子女的医疗费，从统筹费内开支；对于实行统筹有困难的单位，子女医疗费由本人自理，对确有困难的，从机关福利费内予以补助。1956年《关于办理各国在华专家公费医疗预防的几项规定》《国家机关工作人员退休后仍应享受公费医疗待遇的通知》《关于高等学校工作人员退休后仍应享受公费医疗待遇的通知》等一系列法规、规定又相继发布与实施，使公费医疗实施范围进一步扩大。公费医疗制度内容规定，除挂号费、营养滋补药品以及整容、矫形等少数项目由个人自付费用外，其他医药费全部或大部分由公费医疗经费开支。费用支付方式采取按服务项目支付门诊和住院所需的各项检查费、药品费、治疗费、手术费、床位费、计划生育手术医药费，以及因公负伤、致残的医药费用等，而住院期间每日所需的膳食费和就医路费等需由个人自行担负。公费医疗所需经费来源分为两类：国家机关及全额预算管理单位的公费医疗经费来源于各级财政拨款；差额预算管理及自收自支预算管理的事业单位的公费医疗经费则从提取的医疗基金中予以开支。由各级政府设立公费医疗管理委员会，并在卫生或财政部门下设办公室，负责调节医疗服务单位与就医单位的协作和联系、审核、监督经费的使用。

自1953年起，中直机关在各地方的派出单位人员的公费医疗预防经费由中央财政直接拨发改为由当地卫生机关负责上报人数统一办理，增加列入地方卫生事业费预算内统一拨付。享受公费医疗的人员在指定的医疗机构就诊、住院，符合规定的医疗费用，在公费医疗经费中实报实销。医疗费核准定额，1961年以前国家规定机关工作人员每人每年18元，以后进行过多次调整，逐步提高为20元、22元、25元、30元，1979年提高为70元。关于患病期间的生活待遇，政务院于1952年9月12日颁发了《关于各级人民政府工作人员在患病期间待遇暂行办法》,之后又于 1954 年 7 月 24 日和 1955 年 12 月 29 日做过两次修改。修改后的待遇规定为:病假连续在 1 个月以内的,照发工资;1—6 个月的,发给本人标准工资的 70%—100%(工作年限满 10 年的为 100%);6 个月以上的,为 50%—80%。

1981 年 4 月 6 日,国务院又修改发布了《国家工作人员病假期间生活待遇的规定》,提高国家机关工作人员的待遇标准:病假连续在 2 个月以内的,照发工资;2—6 个月的,按工作年限长短发给本人工资的 90%—100%;6 个月以上的,按工作年限长短发给本人工资的 70%—80%。这样,以国家机关、事业单位人员为对象的公费医疗制度,与以企业职工为对象的劳保医疗制度,组成了城镇职工的免费医疗制度。

从表 2-5 中可以看出,与过渡时期相比较,人民公社时期县乡以下医院、卫生院开始兴建,数量增长,但与城市医院比较,医疗水平还比较低下。

二、差异导向下县乡基本公共服务供给

1978 年,党的十一届三中全会确定改革开放的经济体制改革目标后,农村家庭联产承包责任制推广开来。紧随农村土地制度与经营体制的变革之后,城镇亦于 1984 年迈出国有企业改革的步伐。国有企业改革先后经历了放权让利、利改税、转换经营机制和建立现代企业制度几个阶段。农村家庭联产承包责任制的普遍推行宣告了以人民公社为组织形式的集体经济形式的解体,国有企业改革特别是国有企业破产制度的确立,预示着不再有"长生不死"的国有企业单位组织的存在,从而直接动摇了城乡原有社会生产和民众生活赖以建立的经济基础和制度基础。

1993 年 11 月,党的十四届三中全会《关于建立社会主义市场经济体制的若干问题的决议》,确立了建立社会主义市场经济体制的改革目标,计划经济体制开始向市场经济体制转变。在这一背景下,城乡社会领域也逐步开始对改革开放前的集体化、单位化体制进行变革,逐步开启社会化的改革进程。2004 年 1 月 1 日国务院在其向全社会公开发布《中共中央国务院关于促进农民增加收入若干政策的意见》(中发〔2004〕1 号)中的第十八款提出"逐步降低农业税税率,今年农业税税率总体上降低一个百分点,同时取消除烟叶外的农业特产税"。这标志着从 2000 年开始的农村税费改革要彻底废除农业税及农民所有费用与劳务负担。农村税费改革直接调整和规范了国家、农村基层政权和农户之间的分配关系,对进一步减轻农民负担,促进农民增收、农业发展和农村社会稳定,推动整个国民经济持续、健康、快速发展具有重大的政治、经济和社会意义。然而,税费改革对农村公共服务供给也有一定的负面影响:由于镇村收入的减少,农村低保、五保户供养及优抚对象政策的落实陷入了前所未有的困境;农村低保覆盖范围窄,保障标准低,保障人数少;农村水利建设、修路架桥、植树造林、村容村貌整治等公益事业建设只有通过"一事一议"的办法来解决。在实际操作中,由于受农民认识水平和固有的"绝对平均主义"的观念影响,议事水平不高,资金筹集困难,最终导致事难议、议难定。

随着农村家庭联产承包责任制度的推行,在中国延续了二十多年的人民公社制度逐步解体,1982 年 12 月 4 日第五届全国人民代表大会通过了《中华人民共和国宪法》,宪法中明确规定废除人民公社体制,建立乡政权。但是自 1979—2004 年县乡基本公共服务供给的差异化倾向明显。

(一)1979 年后县乡经济体制变革与基本公共服务供给筹资制度变迁

1949 年后的中国社会经济发展并非一帆风顺,由于饱受各类天灾人祸的影响,农业生产遭受极大打击,农业生产力水平回落。截至 1976 年,全国约有 1.4 亿农村人民处于半饥饿状态。[①] 农业生产长期发展缓慢,农民长期处于贫困状态,为了寻求生存与发展的出路,1978 年,安徽、四川两省部分农民群众冒险开始试行包产到组、包产到户的农业生产责任制。1980 年 9 月,中央下发 75 号文件,即《关于进一步加强和完善农业生产责任制的几

---

① 肖冬连:《崛起于徘徊——十年农村的回顾与前瞻》,河南人民出版社 1994 年版,第 22 页。

个问题》,开始默许各地区用包产到户的办法解决农业生产力低下的问题。1982年1月1日,中共中央发布一号文件,即《全国农村工作会议纪要》,正式肯定了农业家庭承包经营制度。至此,发端于农民的自下而上的家庭承包制取得了官方的正式认可。随后,"包干到户"模式在全国获得了广泛推广。家庭联产承包责任制让农民的劳动与收益直接挂钩,农民获得了农业生产剩余控制权,极大地调动了农民生产积极性,农业生产率大幅度提升,农民收入开始增长,农村社会呈现一片繁荣景象。

可是,家庭承包制的实施虽然极大地促进了农业生产的迅速发展,但是,以一家一户为单位的个体生产,在缺少组织和规划,缺少整个社会协调管理的社会现实背景下,逐渐凸显了其制度的不足——在农村公共服务供给方面——家庭承包制存有制度性劣势。时至今日,农业家庭联产承包责任制在优化农业生产方式的基础上,由于未能统筹规划和整体构筑农村社会的政治与社会体系作为其配套制度,因此,在短时期解决农民温饱和农业基本生产效率问题后,逐步陷入阻滞状态。并且这一制度在一定程度上让刚刚开始构筑起来的农村公共服务供给的制度环境发生了逆转。

人民公社时期的公共服务供给体系是依托于高度政社合一的组织体系建立起来的。在这一体制下,人民公社可以把农村有限的资源统一使用,保证了在当时国家财政资金投入有限、农村普遍贫困的情况下,农村公共服务供给得以在一定程度上予以保障,并普遍受惠于民。然而,家庭联产承包责任制的推进,却彻底打破了这一集体经济的力量,国家权力在农村不断退出,以至集体经济逐渐瓦解。由于集体经济的瓦解,乡村集体对农民生产和生活的控制能力大大削弱,农民不再依靠集体生活,村民委员会成为群众性自治组织,原来高度组织化的农民重归分散状态。1979年后以家庭联产承包责任制为主的个体农业经济体制从根本上改变了1978年以前原有公社制度的政治关系、经济关系和生产关系,改变了公社制度的内核,农村公共服务供给所依托的制度基本不复存在,农村公共服务供给水平也自然大打折扣。

1994 年进行了"分税制"财政体制改革,此次改革主要是在中央与省级政府之间进行了财政支出责任与事权的划分,而对于省以下如何分配并没有作出规定,只是规定原则上主要参考中央与省级财政间的划分办法而进行财政支出责任与事权的分配。可在实践操作中,由于没有明确的改革办法,省以下四级财政间逐渐造成了事权层层下放,财权层层上移现象的出现。如在财权分配模式中,分税制仅明确了中央政府和省级政府的收入分配机制,而省级以下的收入分配由省级政府自行安排。省级政府按照传统的级次观念,也仅确定了其与地市级政府之间的收入分配模式。相应地,地(市)级政府自行决定与县级政府之间的收入分配模式。县级政府和乡镇政府之间也如此。事权分配同样如此,由于乡镇政府处在中国政府结构层级最低端,不能把来自上级行政安排的事务再次下移,可是又面临财权被上级层层截留,无财力保障无法开展事务的窘境,财政支出责任与事权严重不对等。乡(镇)政府为了自身生存和应付上级政府名目繁多的升级、达标任务,不得不把目光投向农民,在正税之外,又设置了各类名目繁多的"费",最终出现了"费大于税"的"三乱"局面。制度外财政再度成为乡(镇)政府维持自身财政和提供公共服务的最佳选择,利用制度外筹资方式来提供农村公共服务成为这一时期农村社会真实的写照。

综上所述,我们不难发现,以制度外筹资方式保证农村公共服务供给成为农村社会一脉相承的特点,这种社会现实的形成虽然表面上看是由于集体经济体制的瓦解,农村社会管理体制的不同而造成的,实质上与人民公社时期制度外筹资方式形成原因是相同的,均是缘于国家财政投入的严重缺位和不足。有研究表明,在税费改革之前,乡(镇)政府制度外财政收入主要来源有四个:一是乡镇企业和村办企业上缴的利润和管理费;二是乡(镇)五项统筹以及乡镇政府按国家规定征收的其他收入;三是各种集资、摊派、捐款收入;四是各种罚没收入。其中,除了第一项外,其他三项主要是面向农民的强制性筹资方式。

（二）1979—2004 年县乡基本公共服务供给总量不断增长，供给结构失衡

这一时期，农村社会经济体制和经营方式发生了根本性变革，以家庭联产承包责任制为主体的经济体制改革全面推广开来，农业经营方式以农户个体经营为主导。在这一农村社会背景下，县乡农村基本公共服务供给面临组织主体经济能力弱化、供给主体供给动力不足等新的问题，人民公社时期就存在的老问题——公共财政制度缺位——这一时期依然没有得到多少缓解，国家对农村发展依然整体投入不足。但是，这一段时期的农村公共服务在供给总量上还是实现了增长。截至 2000 年，全国农村有 95% 以上的行政村通了公路，比 1995 年提高 6 个多百分点，设有邮电局、所的乡镇比重由 1995 年的 78.1% 提高到了 2000 年的 79.8%，提高 1.7 个百分点；80% 以上的行政村通了电话，农村电话用户 2000 年比 1995 年提高了 2 倍；95% 以上的行政村通了电。① 当然，这种总量上的增长并无法规避中国人口多导致的"大分母效应"，相对于需求而言，农村公共服务依然相对短缺。

首先，农业基础设施建设严重不足。国家用于农业基础设施建设的投资占国家基本建设总投资的比重不仅相当低，而且呈递减趋势。统计数据②显示，这一比重在 1978 年为 13.4%，1990 年下降为 9.98%，到 2000 年则降为 7.75%；2001 年地方支持农业支出和农业综合开发支出为 358.56 亿元，占全国地方财政支出的比重仅为 2.73%。由于国家财政对农业的投入减少，农村基础设施建设只能经由乡镇政府向农民统筹、农民"两工"和摊派、集资等方式自行解决。这导致农村道路交通、电力、通信建设落后，农业科技、信息等公共服务大大滞后，严重制约了农业生产的发展和农民收入水平的提高。尤为突出的社会问题是，农业投入减少使较大规模的农业基

---

① 国家统计局：《中国农村居民生活进一步改善》，中国统计信息网，2001 年 3 月 26 日，见 http://www.stats.gov.cn/tjfx/ztfx/jwxlfxbg/t20020530-20838.htm。

② 国家统计局固定资产投资统计司：《1950—1985 中国固定资产投资统计资料》，中国统计出版社 1988 年版，第 103 页。

础设施建设长期处于停滞状态,农村社会抗灾能力整体下降。

其次,农村社会义务教育方面的县级财政依然不堪重负。1995—2000年,国家对中西部农村教育实施了第一期"国家贫困地区义务教育工程",其中,中央财政投入转款 39 亿元,地方配套资金 87 亿元,共计 126 亿元,中央财政拨款占 30.95%。而这些资金要由 22 个省(市、区)的 852 个县共享。1997 年,全国农村义务教育经费预算内拨款为 430 亿元,占当年农村义务教育经费总投入的 54.8%。① 中央财政预算内拨款给义务教育 89 亿元,即使这些全部都划归农村,也只占全部农村义务教育经费总投入的 11%。但事实上 89 亿元中相当多的部分,其实是拨给了城市。另根据国务院发展研究中心《县乡财政与农民负担》课题组 2001 年发表的调查结果:此阶段,农村义务教育的资金投入,中央财政只负担 2%,省地负担约 11%,县财政负担约 9%,乡镇一级的负担高达 78%左右。倘若考虑到县级财政收入的一部分仍来自乡镇财政的上缴,实际上,最终由农民负担的义务教育投资约占到农村义务教育总投资的 80%—90%②。按照现代政府公共职能的要求,农村学生应该与城镇学生一样享受九年义务教育,但在实际操作上农村与城镇有很大的差别。城市中小学教育由国家投资,资金需要通过国家财政预算满足,农村中小学教育则以统筹、集资、摊派等方式由农民自己掏腰包解决。义务教育的国家责任最终转移为农民自我承担成为农民的义务。据统计,税费改革前我国预算内农村在校学生人均教育经费只相当于城镇的 72%,而且其中只有 60%—70%由财政预算内给予解决,其余经费由农村捐资和农民集资途径来解决。

再次,在农民医疗卫生和社会保障方面的公共服务几近弱化为零。自20 世纪 80 年代经济体制改革开始,人民公社时期构建起来的覆盖全部农

---

① 教育部就义务教育和教育经费投入等答记者问,2003 年 11 月 3 日,见 http:www. southcn.com/edu/xinwenbobao。

② 江野军:《基于新公共管理理论的义务教育发展研究》,硕士学位论文,天津大学 2004 年。

村人口并且曾被联合国誉为发展中国家典范的农村合作医疗制度,由于失去了集体经济的财力支撑而逐渐瓦解,数以亿计的农民重新陷入几乎没有任何医疗保障的境地。截至20世纪80年代末,获得过合作医疗服务的农民仅占农村人口的4.8%。虽然1993年中国政府曾尝试重建农村合作医疗体制,但除部分试点地区和城市郊区之外,由于资金不足,农村合作医疗并没有像预期的那样恢复和重建。据卫生部第二次国家卫生服务调查显示,1998年全国农村居民得到某种程度医疗保障的人口只有12.56%,其中合作医疗的比重仅为6.5%。[①] 2000年的农村卫生技术人员1026244人,每千人农业人口拥有农村卫生技术人员仅为1.81人。[②] 占全国60%以上的农村居民未能纳入城镇居民享受的包括公费医疗、医疗保险、失业保险、养老保险和最低生活保障的社会公共保障体系之中。农民来就业时自谋生路,失业时无人问津,生老病死只能在家庭范围内自行承担,不仅如此,农民还要缴纳乡优抚费和村公益金,为政府分担补助救济农村五保户和烈军属的责任。

最后,农村生态环境日益恶化。各地农村地区存在不同程度的土壤肥力减弱、水资源匮乏、旱涝灾害频繁、环境污染严重等生态环境恶化现象。虽然近年来,国家采取了一系列的措施,如退耕还林、退牧还草等,但大部分农村地区仍缺乏政府保护环境的政策、措施和资金投入,一些地方政府为追求短期经济发展,甚至鼓励经济效益好但污染严重的企业扩大规模,把环保的责任留给下一任政府,给农村可持续发展带来严重危害。

与城市基本公共服务供给状况相比,县乡农村基本公共服务水平极端低下。改革开放的前十五年时间里,虽然县乡农村基本公共服务水平由于集体经济的弱化而呈现回落现状,但是这一时期正是城市改革全方位展开

---

① 中国统计信息咨询中心:《2004—2005年中国国民经济和社会发展统计资料汇编》,中国统计出版社2005年版。

② 国家统计局农村社会经济调查司:《2006年中国农村统计年鉴》,中国统计出版社2006年版。

的时期。为了顺利实现城市社会的制度变迁,城市经济社会的全面发展与进步,确保国民经济高速增长,国家依然采取的是城乡不对等的倾斜政策,财政更多地用于支持城市建设和城市全面改革工作,而没有更多地意识到和顾及农业发展和农村建设同样需要财力支撑这一重要现实问题。乡镇一级公共事业建设、一些涉农项目投资比重下滑严重,国家财政划拨给乡镇政府的有限财力也只能满足乡镇政府人员开支等行政经费需求。很多县乡政府成为名副其实的"吃饭财政",绝大多数的基层政府没有充足财力去履行基本公共服务建设职能,有的乡镇政府甚至行政性经费开支也无法保障,只能由乡镇政府自行筹措。于是和人民公社时期一样,通过制度外筹资来弥补开支不足的现象就成为基层政府努力的方向。

三、均等导向下县乡基本公共服务供给

改革开放以来,中国通过社会主义市场经济体制的改革与完善基本解决了私人产品供给问题,实现了初步小康的发展目标。但当历史的车轮行进到新旧世纪交替的伟大时刻,如何应对全社会公共需求全面快速增长的严峻挑战成为新时期摆在中国政府面前的重大攻坚课题。由此,加快建立社会主义公共服务体制,已经成为我国新时期改革攻坚的基本目标之一。如果说改革开放初期我国社会面临的主要矛盾是人民群众日益增长的物质文化需要与落后的社会生产之间的矛盾,那么,经过二十多年改革开放的洗涤,整个社会矛盾已经发生了深刻变化。到21世纪初期,整个社会矛盾主要表现在两个方面:一是经济快速增长同发展不平衡、资源环境约束之间的突出矛盾;二是公共需求的全面快速增长与公共服务不到位、基本公共产品短缺之间的突出矛盾。要解决第一个矛盾,必须继续坚持市场化改革,进一步完善社会主义市场经济体制;要解决第二个矛盾,其根本途径是加快建立社会主义公共服务体制。以党的十六届六中全会为标志,对包括这一问题在内的和谐社会的研究已从意识形态层面上升到制度层面。其中,和谐社会创建的制度安排,一个很重要的内容就是要逐步形成惠及全民的基本公

共服务体系。这一带有普世性的基本公共服务体系的建立需从我国现阶段国情出发逐步实现。

（一）公共服务供给的制度内财政主渠道投入依然无法满足需求

近年来，随着经济和财政收入的持续快速增长，我国各级政府对公共服务的投入力度不断加大，"逐步形成了教育、科技、文化、卫生、就业与社会保障和国防等全方位的公共服务体系，公共服务总量有了较大增长"①。然而对比与我国经济水平相近的其他国家，我国政府提供的公共服务总量远远不足，尤其是社会保障、教育、卫生医疗、就业、社会救助等社会性公共服务事业严重滞后，远远不能满足人民群众快速增长的需求和经济发展的需要。当前住房、看病、上学三个问题被老百姓称为"新三座大山"，这是公共服务供给总量严重不足，不能满足人民群众需求的典型写照。

从公共教育来看，目前世界公共教育投入占各国 GDP 的平均水平约为 7% 左右，其中发达国家达到了 9% 左右，经济欠发达的国家也达到了 4.1%。我国公共财政对公共教育支出占 GDP 的比重：2009 年为 3.59%，2011 年为 3.93%，2012 年第一次超过 4% 的标准，达到 4.28%，2013 年达到 4.3%。②虽然此时我国教育经费历史性地实现了财政性教育经费占 GDP 比重 4% 的预定目标，但是若与我国同等发展程度，同样是人口大国的印度相比较，这一与我国经济社会发展具有诸多相似点的国家在 2003 年就已经达到了 5%。教育公共投入不足必然导致教育资源短缺，与国际上印度以外的其他发展中国家相比我国也属于较低水平。教育资源的短缺，加大了家庭教育基金的投入比例，从而加重了家庭在教育方面的负担。

从社会保障领域观察，由于世界各国社会保障开展项目不同，因此各国社会保障的统计范畴也有所不同，就已有资料所呈现的统计数据而言，世界

---

① 夏杰长：《提高公共服务均等化供给水平的政策思路——基于公共财政视角下的分析》，《经济与管理》2007 年第 1 期。

② 教育部、国家统计局、财政部：《关于 2013 年全国教育经费执行情况统计公告》（教财〔2014〕4 号），2014 年 10 月 31 日公布。

各主要国家的社会保障支出占当年公共财政支出的比重基本都在 30% 以上。而我国社会保障支出占当年财政支出的比重历年基本在 11% 左右,相对而言,明显偏低①,见表 2-6。

表 2-6　世界主要国家社会保障支出占财政支出比重(2002 年)

(单位:%)

国家 项目	发达国家					转轨国家			发展中国家	
	英国	瑞典	德国	日本	美国	俄罗斯	捷克	匈牙利	印度	中国
比重	32.4	35.4	31.3	24.4	33.6	35.8	35.4	31.2	4.5	12.3

注:1.俄罗斯数据是 2001 年的;2.印度数据是 2000 年的;3.中国数据是 2002 年的,该数值在《中国统计年鉴(2005)》上是 13.54%,但在《中国统计年鉴(2006)》中由于删去了"行政事业单位医疗"项目而调整为 12.33%。
资料来源:国际劳工组织;《中国统计年鉴》。

我国社保支出占财政支出相比较其他国家比重偏低的原因,主要是因为各国对于社会保障资金的筹措方式不同,统计口径不一样所致。当前世界各国对于社会保险的资金筹措方式有"税"和"费"两种,其中以"社会保险税"模式筹措的资金统一纳入财政收入统一进行财政支出安排,而以"社会保险费"模式筹措的资金收支则不属于财政收支不会归属财政统一安排,因此以"税"的形式安排的收支所占比重相对较高,以"费"形式安排的社会保障收支所占比重相对较低。当前实行社会保险费模式的国家主要有德国、日本和中国等。因此,不同模式下的各国数据并不具有直接的可比性,需进行调整方具有参考价值。林义、张维龙(2008)以社会保险费模式为准,对社会保险税模式进行调整,将社会保险税模式下的"财政支出"和"社会保障支出"分别扣除"社会保险支出",结果见表 2-7。

① 林义、张维龙:《我国财政社保支出占财政总支出比重的初步探索》,《社保财务理论与实践》2008 年第 2 辑。

表 2-7　世界主要国家社会保障支出比重——调整后(2002 年)

(单位:%)

国家＼项目	社会保险税模式国家					社会保险费模式国家		
	英国	瑞典	美国	捷克	匈牙利	德国	日本	中国
比重	19.4	13.6	17	9.2	8.2	31.3	24.4	12.3

注:"比重"是以"社会保险费"模式为基准进行调整后的比重,即将"社会保险税"模式国家的"社会保障支出"和"财政支出"中都扣除"社会保险支出",然后二者相比得出比值。

中国数据是依据《中国统计年鉴(2006)》的数据,剔除了"行政事业单位医疗"项目。

资料来源:国际劳工组织;《中国统计年鉴》。

社会保障概念较为宽泛,各国包含范围不一,统计口径有很大差别,例如美国社会保障分为社会保险和公民服务两个部分,范围比我国相对要宽,这也是造成各国间差距的主要原因。但是,相比较与我国实行同样资金筹措模式的德国和日本等国,我国社会保障支出占财政支出的比重依然偏低。《劳动和社会保障事业发展第十个五年计划纲要》[①]中提出的"逐步将社会保障支出占财政支出的比重提高到 15%—20%"的目标,为此中央财政开始加强社会保障资金的筹集和管理,调整财政支出结构,增加社会保障支出,但是从图中数据可看出 2004—2006 年社会保障支出占财政支出的比重仍然很低,基本稳定在 11%—12%。

而此时的主要发达国家社会保障支出总体呈上升趋势。据欧盟统计局发布的数据显示,欧盟社会保障支出占 GDP 比重总体呈上升趋势,2007 年占比为 26.1%,2009 年为 29.6%,2010 年为 29.4%。2007—2010 年,欧盟社会保障支出名义总额年增长率约为 10%,而 GDP 基本保持不变。绝大多数的保障支出(退休金、健康医疗等)均上升约 10%。从国别来看,社保支出占 GDP 比重高于 30% 的国家依次是法国(33.8%)、丹麦(33.3%)、荷兰

---

①　劳动与社会保障部:《劳动和社会保障事业发展第十个五年计划纲要》(劳社部发〔2001〕5 号),2001 年 4 月 24 日。

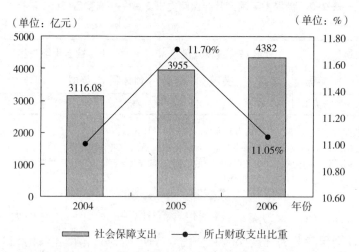

图 2-1　社会保障支出占财政支出比重（2004—2006 年）

资料来源：《中国统计年鉴 2007》。

（32.1%）、德国（30.7%）、芬兰（30.6%）以及奥地利和瑞典（均为 30.4%）。①

　　在整体上的财政渠道投入不能满足社会需求的同时，我国城乡社会保障所获取的财政投入还有着天壤之别，对农村社会保障资金的投入与城市相比严重偏少，城市人均享受的社会保障费约是农村人均的几倍之多，两者差距之大已超过世界上任何一个国家。所以，要完善农村社会保障体系，相应的财政投入必须增加。目前，我国开展农村社会保障工作的任务实际上是落在了县、乡两级政府的头上。从基层干部考核制度来看，经济发展、财政收入、招商引资等经济指标一直是对地方领导考核的主要内容，而农村社会保障工作并未被纳入考核的范围。因此，地方政府对农村社会保障工作相对不够重视也就成为一种必然的现实，而这又直接导致了农村社会保障财政投入的相对不足。

---

　　①　数据来源于欧盟统计局：亚太财经与发展中心网（Asia-Pacific Finance and Development Center）2015 年 10 月 6 日发布。

（二）县乡基本公共服务供给非均等化状态显著

长期以来,中国经济社会发展存在典型的城乡二元格局,城市经济以现代化大工业生产为主,而农村以典型小农经济为主;农村人口众多,农村人口向非农产业和城市的转移存在着体制性障碍,农民与城市居民收入差距较大;农村各项公共服务与水平与城市公共服务水平相比有天壤之别。农村公共服务供需矛盾突出,满足农业生产和广大农民生活需求的基本公共服务供给大多处于缺位状态,有些贫困地区的农民连最基本的生存和发展问题都难以解决。公共服务供给的城乡差别既是城乡二元结构的主要表现之一,又是城乡二元结构的成因之一。下面主要选取与民众生活联系最为密切的农村教育、公共卫生医疗两项基本公共服务作为典型代表,以其发展的相对滞后性对城乡公共服务不均等现状作简要描述。

以义务教育为例,如表2-8所示,2011年我国农村普通小学教育学杂费总投入为223509万元,而同年度小学教育学杂费为1141006万元,显而易见,农村普通小学教育学杂费投入仅占全部同类投入经费的19.59%。

表2-8　2002—2011年城乡小学义务教育的国家财政投入

（单位:万元）

项目 年份	小学学杂费	普通小学 学杂费	农村普通 小学学杂费	普通初中 学杂费	农村普通初 中学杂费
2011	1141006	1141006	223509	1222954	173901
2010	896042	896042	166854	996880	144594
2009	760280	760280	158898	897480	142380
2008	767626	767626	107332	856040	117345
2007	989097	988689	85598	1317701	112389
2006	—	—	—		
2005	1525971	1525781	952223	—	—
2004	1450088	1449915	899874	—	—
2003	1283907	1283797	804892		
2002	1156260	1156107	743639		

数据来源:表中数据根据中华人民共和国国家统计局数据整理,见 http://data.stats.gov.cn/workspace/index? m=hgnd。表中带横线的为相应数据未查到。

　　这种城乡分割二元教育体制所带来的二元投入体制已经为中国整体教育发展带来了很大弊端,并成为教育质量提升的掣肘。为了全面提升教育质量和实现教育公平目标,近些年教育部和财政部等部委制定和出台了许多政策,力促义务教育均衡发展目标的实现。2011年以来的中央财政不断加大支持力度,计划用4年时间投入6000亿力促义务教育均衡发展。①这些财政支持在保证基本面投入的同时着力弥补农村中小学义务教育发展上的短板,以实现城乡间义务教育阶段的公平目标和提升中国中小学阶段的教育质量。2011—2013年,中央财政累计安排义务教育转移支付资金4194亿元,2014年预算安排1653亿元。这些财政预算安排与投入的预期目标为健全义务教育经费保障机制,重点保证农村义务教育经费投入,主要政策包括四个方面:一是全部免除农村中小学生学杂费。免费提供教科书,并对中西部地区家庭经济困难的寄宿生补助生活费。目前,除全面免除农村中小学生学杂费外,中央财政全额承担农村义务教育阶段学生的免费教科书经费,小学生均达到90元,初中生达到180元,并对部分课程推行教科书循环使用制度。此外,还将中小学生字典纳入免费教科书保障范围。同时,中西部地区家庭经济困难寄宿生补助标准已经达到小学生每年1000元,初中每年1250元;困难学生比例由各地根据实际情况确定,中央与地方财政按5:5的比例分担经费。二是不断提高农村中小学公用经费保障水平。到2013年年底,农村中小学校生均公用经费经过6次提高标准后已经达到中西部小学560元、初中760元,东部地区小学610元、初中810元。2014年标准再次提高40元。同时对寄宿制学校适当提高了补助标准,并要求地方在分配资金时向寄宿制学校、规模较小学校和教学点等薄弱学校倾斜,并从2010年起执行"对不足100人的农村小学教学点按100人核定公用经费"的政策。三是健全农村中小学校舍维修改造长效机制。在校舍安全工程结

---

　　① 陆纯:《中央财政4年投入6000亿　力促义务教育均衡发展》,《北京青年报》2014年8月20日。

束后,中央财政将校舍安全工程支持内容并入农村中小学校舍维修改造长效机制,学校校舍维修改造单位面积补助标准已经提高到中部地区每平方米 600 元,西部地区每平方米 700 元,在此基础上,对校舍维修改造成本较高的高寒等地区进一步提高了单位面积补助标准。四是巩固和完善农村中小学教师工资保障机制。中央财政通过加大一般性转移支付力度,保障农村中小学校教师工资按时足额发放。在城市义务教育经费保障方面,中央财政给予城市义务教育免学费补助经费支持。中央财政对已经整体免除城市义务教育阶段学生学杂费的省份给予适当奖励。2008—2013 年,中央财政安排免学杂费补助资金 195 亿元。除保障义务教育基本面目标以外,财政预算安排与资金投入还积极向历史沉积亏欠领域以及发展过程中出现的新问题重点倾斜,例如从 2010 年起启动实施农村义务教育薄弱学校改造计划,中央财政从 2010—2013 年共支出约 657 亿元,截至 2014 年 8 月,财政已经下拨资金 310 亿元进行项目启动;从 2011 年启动实施“农村义务教育学生营养改善计划”,中央财政按每生每天 3 元、全年 200 天的标准为连片特困地区安排营养膳食补助,并对地方试点工作给予奖补,从 2011—2013 年中央财政累计支出安排营养膳食补助资金 301.9 亿元。

　　城乡公共卫生服务资源也相差甚远。如表 2-9 所示,从总体上来看,农村卫生经费和农村人均费用都在不断增长,然而远低于全国和城市人均卫生费用水平,并且这种差距呈现日益拉大的趋势。如表 2-9 所示,截至 2013 年年末,农村居民人均医疗卫生费用为 1274.44 元,占城市居民人均医疗卫生费用 3234.12 元的 39.4%。与 2003 年相比较,农村居民人均卫生费用占城镇居民人均卫生费用的 24.8%,十年间增长了 14.6 个百分点,但是依然不到城市居民人均卫生费用的一半。表 2-10 显示农村居民每万人拥有病床数也远低于城市,不到城市居民每万人拥有的病床数的二分之一。根据我国 2014 年国民经济和社会发展统计公报数据显示,2011 年年末全国大陆总人口为 136782 万人,比上年年末增加 710 万人,其中城镇人口为 74916 万人,占总人口比重的 54.77%。城市居民享受公共卫生资源的比例显而易见,由于大量优质医疗卫生资源过分向城市和大医院集中,城乡之间医疗卫生服务差距较大,广大农民群众不能在当地方便地享受到安全、有效、方便的医疗卫生服务。再加上医疗卫生事业体制的市场化改革,削弱了基础公共医疗的保障力度,进一步加深了城乡间公共卫生服务不均等的程度。

表 2-9 2002—2013 年城乡人均卫生费用   (单位:元)

项目 / 年份	城市人均卫生费用	农村人均卫生费用
2013	3234.12	1274.44
2012	2999.28	1064.83
2011	2697.48	879.44
2010	2315.48	666.3
2009	2176.63	561.99
2008	1861.76	455.19
2007	1516.29	358.11
2006	1248.30	361.89
2005	1126.36	315.83
2004	1261.93	301.61
2003	1108.91	274.67
2002	987.07	259.33

数据来源:表中数据根据中华人民共和国国家统计局数据整理,见 http://data.stats.gov.cn/workspace/index? m=hgnd。

表 2-10 2007—2013 年城乡每万人拥有病床数 (单位:张/万人)

项目 / 年份	2013	2012	2011	2010	2009	2008	2007
城市每万人医疗机构床位数	73.58	33.45	62.44	59.35	55.35	51.65	49
农村每万人医疗机构床位数	68.84	31.14	27.98	25.95	24.13	22.05	20.0

数据来源:表中数据根据中华人民共和国国家统计局数据整理,见 http://data.stats.gov.cn/workspace/index? m=hgnd。

第二节　县乡基本公共服务筹资方式演变

一、平均导向下的农民自我累积制

人民公社体制下的县乡农村公共服务筹资渠道主要有两个：一是财政渠道，也称为制度内财政渠道，二是集体经济组织渠道，也称为制度外渠道。双重渠道本应构筑起县乡农村基本公共服务需求供给的双重保障，但在实际社会运转过程中，双重渠道并未发挥双重保障作用，国家财政渠道严重投入不足，县乡农村公共服务需求的满足更多需要依赖农村的自我累积，公共服务供给状况取决于农村当年的经济增长和实际产出情况，当年收支平衡，是一种公共服务供给筹资机制上的自我累积制。

（一）县乡农村公共服务供给的制度内财政投资严重不足

新中国成立初期整个社会处于百废待兴、工业化起步、资金匮乏的阶段，为快速恢复和发展壮大国民经济，中国制定并施行工业化立国、重工业优先发展的赶超型经济发展战略。无论是发展工业，还是重工业优先发展必须依托大量资本投入方可支撑。而当时的中国社会背景是工业自身发展极其落后，难以依靠自身积累筹集到足够资金，又无法获得国际外援。因此，农业自然成为国家工业化原始积累的重要来源。自社会主义改造伊始至以后相当长的时间，包括整个人民公社期间，国家不仅通过农业税，而且还利用工农业产品价格剪刀差等形式将大量的农业生产剩余转向了工业。据资料显示，1952 年到 1978 年间，无论是从总量还是从其所占国民收入积累额的比重来看，中国工业化汲取农业剩余的规模都是非常大的。

在这种特定的政策背景和经济环境下，人民公社提供公共服务所耗资金，无法更多地指望来自上级国家财政制度内的财政拨款支持，只能主要依托所辖区域内部来筹措。而且更为严峻的现实是，即便是公社内部筹资也不可能过多地依赖制度内渠道，而是需要结合农户的自我筹资，例如用义务出工、工分扣留等方式共同支撑农业生产和农民生活所需公共基础设施等的筹资与兴建事业。因为尽管人民公社体制下的公社基层政权组织表面上掌握着农村最主要的经济资源,但是,由于国家严控,并不存在真正意义上的或者说是独立的公社财政。国家对公社收支管理采取"统收统支"的办法,即公社所征收的农业税、屠宰税等财政收入,除农业税附加留给公社一部分财力以外,其余金额要统统上缴县财政,公社一级的各项政务支出均由县财政审核拨付。财政不负责大队和生产队一级的支出项目。

(二)县乡农村公共服务供给实质是农民自我筹资与自我供给

人民公社体制下的县乡公共服务供给的制度外筹资方式的采用,相当部分是与"工分制"结合在一起的。工分制是人民公社体制下的独特收入分配制度。工分是农民参加集体劳动应得现金报酬的计算依据。集体组织将全年所得毛收入扣除折旧费、生产资料费、管理费、税收和粮食认购部分、储备基金、公积金和公益金等各种费用后,再把剩余部分以工分为权数来分配给社员。当需要进行农田水利建设等公共投入时,公社预先留存的公积金部分即可拿来作为购买物质材料的财力来源。同时,还需要社员在人民公社的统一安排下共同出工,共同劳动,冲抵供给公共服务过程中的人力资源投入部分。当然,对于这些参加劳动的社员,既有无偿劳动性质的,也有凭工记分给予报酬的。但是即便是凭工记分给予报酬的劳动投入,也是和种田养殖等农事劳动的工分合在一起,要等到年底依出售农产品盈利状况统一进行分配。由于许多公共服务只是具有服务性质,比如农田改造、水利建设、道路建设等,只是为了创造良好的农业生产条件,本身并不能出售直接获取收益,其带来的好处也不仅仅限于当年受益。那么,在每年农业劳动产出不变或增加不多的前提下,增加总工分数,就意味着平均工分价值的减少。所以,这无疑是利用工分制又将公共服务投入的成本隐蔽地转移给了农民一部分。另外,由于在工分制条件下,工分总量的膨胀几乎不受约束,所以,当时常常采用尽可能多地使用劳动力进行公共建设,用人力成本大量替代物资成本。这样做的结果也意味着通过降低平均工分分值将公共服务投入成本间接地转移给了农民。总之,改革开放前的农村公共服务供给资金,来自国家财政制度内的额度非常有限,也可以说是额度非常小,来自国家财政制度外的筹资额度占较大份额。制度外筹资部分,表面上是人民公社集体出资提供,但实质上相当部分是由农民自己提供的,主要是继续沿袭历史上传统的自我供给体制。人民公社只是起到了组织作用而已。

综上所述,县乡农村公共服务供给过程中的制度外筹资是资金来源的主要渠道,占极为重要的位置。1952—1978年,国家通过工农业产品剪刀差积累了几千亿元,农民每年向国家上缴的农业税在27亿—32亿元,还有农村的其他各项税收和社办企业的利润上缴,累计几百个亿。但如上文所述,所有资金积累主要用来支持工业化建设,而并非投入农村基本公共服务的提供上。人民公社时期的农村公共服务供给实行以人民公社为主体的单一政府供给制度,但政府供给制度与一般的公共服务供给制度有所不同:一般的公共服务政府供给制度是指政府供给和政府供给过程中的财政资金筹措和财政投入机制;而人民公社时期的农村公共服务政府供给制度则是政府虽然掌握着农村公共服务的供给决策权,但却不在公共财政范围内承担农村公共服务的供给成本,表现为农村公共服务制度内决策,但制度外筹措供给资金的特殊模式。所以,人民公社时期农村公共服务的政府供给制度实质上是一种以支援工业为目标,以政府供给为名义,以农民合作供给为实质的供给制度,是传统农村公共服务合作供给制度与高度集权的计划体制的结合。

二、差异导向下的制度外筹资

人民公社时期,公社几乎包揽了全部的公共服务供给,其经费主要是通过人民公社内部财务核算和财务管理来实现,不需要使用财政手段,也没有建立起真正的公社一级财政。随着公社解体,乡镇政府的建立,乡镇一级财政也随之建立。自此开始至2004年,我国农村公共服务筹资渠道由人民公社时期的政府财政、人民公社双重渠道转变为国家财政和乡镇收费这一新双重渠道。

（一）县乡基本公共服务供给的财政支持渠道拟实现制度化

随着家庭联产承包责任制的不断推进和人民公社体制的解体，党和政府于 1983 年 10 月发布了《关于实行政社分开，建立乡政府的通知》，恢复乡镇级人民政府为农村基层政权，根据一级政府一级财政的原则，乡镇财政正式建立。并在 1985 年财政部颁布的《乡（镇）财政管理试行办法》中，对乡镇财政的构成与支出做了具体规定。其中，乡镇村财政收入由国家预算内资金、预算外资金和自筹资金构成。预算内部分主要指上级划归乡镇的各种正式的专项税收，包括农业税、农业特产税、乡镇企业所得税、屠宰税、城市维护建设税、集体贸易税、牲畜交易税、车船使用牌照税、契税和其他收入。预算外收入部分包括上级划归乡镇的农业税附加、农村教育税附加、乡镇企业上缴的利润、行政事业单位管理的预算外收入，以及按国家规定征收的公共事业税附加。自筹部分包括乡镇政府按照国家政策规定征收的自筹收入，即乡统筹，但不得随意摊派。对乡镇财政收入的获取，主要有三种方式：一是上级政府制度内划拨。划拨数额一般与征税部门从该乡镇征税额相连带。因此，这如同通过征税机构间接地从本乡镇提取乡镇财政收入。二是乡镇政府依所有权获得的经济剩余，如租金、利润等，属于制度外收入。三是乡镇政府直接征收，其所得直接进入乡镇财政。部分预算外收入用这种方法取得，同时它也是自筹收入的一种获取方式。①

（二）县乡公共服务供给的制度内实际投资弱化

乡镇政府机构及相应一级财政的建立，预示着县乡公共服务的供给具备了制度性财政渠道。前文曾经定义国家财政制度内筹资对公共服务进行财政支持主要是指通过上级财政拨款以及本地财政制度内筹款来实现。然而，1983 年建立乡政府之际，由于国家处于社会转型时期财政困乏，政府农业政策虽然是要确保社会稳定和解决长期以来农业生产效率低下和消费品

---

① 李彬：《乡镇公共物品制度外供给分析》，中国社会科学出版社 2004 年版。

贫乏的被动局面,但是,国家财政用于农业的总投资却呈波动下降趋势。1978 年年末改革开放方针出台之际,政府本来决定以后逐年将预算中用于农业的财政支出从当时的 13%增长到 18%,但是,实际操作中的农业支出份额却仅增长了一年,1980 年以后受农村改革成功并带动农业显著增长的影响,国家财政支援农业建设支出份额开始急剧下降。[①] 这可以从表 2-11 中清楚地看出。

表 2-11 1979—2005 财政用于农业支出份额及其比重（单位:亿元）

年份	合计	占财政支出总计的百分比（%）	支援农村生产支出和农林水利气象等部门的事业费	农业基本建设支出	农业科技三项费用	农村救济费	其他
1978	150.66	13.43	76.95	51.14	1.06	6.88	14.63
1979	174.33	13.6	90.11	62.41	1.52	9.8	10.49
1980	149.95	12.2	82.12	48.59	1.31	7.26	10.67
1981	110.21	9.68	73.68	24.15	1.18	9.08	2.12
1982	120.49	9.8	79.88	28.81	1.13	8.6	2.07
1983	132.87	9.43	86.66	34.25	1.81	9.38	0.77
1984	141.29	8.31	95.93	33.63	2.18	9.55	—
1985	153.62	7.66	101.04	37.73	1.95	12.9	—
1986	184.2	8.35	124.3	43.87	2.7	13.33	—
1987	195.72	8.65	134.16	46.81	2.28	12.47	—
1988	214.07	8.59	158.74	39.67	2.39	13.27	—
1989	265.94	9.42	197.12	50.64	2.48	15.7	—
1990	307.84	9.98	221.76	66.71	3.11	16.26	—
1991	347.57	10.26	243.55	75.49	2.93	25.6	—
1992	376.02	10.05	269.04	85	3	18.98	—
1993	440.45	9.49	323.42	95	3	19.03	—

---

① 林毅夫:《再论制度、技术与中国农业发展》,北京大学出版社 2000 年版,第 174 页。

续表

年份	合计	占财政支出总计的百分比(%)	支援农村生产支出和农林水利气象等部门的事业费	农业基本建设支出	农业科技三项费用	农村救济费	其他
1994	532.98	9.2	399.7	107	3	23.28	—
1995	574.93	8.43	430.22	110	3	31.71	—
1996	700.43	8.82	510.07	141.51	4.94	43.91	—
1997	766.39	8.3	560.77	159.78	5.48	40.36	—
1998	1154.76	10.69	626.02	460.7	9.14	58.9	—
1999	1085.76	8.23	677.46	357.00	9.13	42.17	—
2000	1198.88	7.75	766.89	414.46	9.78	40.41	—
2001	1456.73	7.71	917.96	480.81	10.28	47.68	—
2002	1580.76	7.17	1102.70	423.80	9.41	44.38	—
2003	1754.45	7.12	1134.86	527.36	12.43	79.80	—
2004	2337.63	9.67	1693.79	542.36	15.61	85.87	—
2005	2450.31	7.22	1792.40	512.63	19.90	125.38	—

注:1998年开始"农业基本建设支出"包括增发国债安排的支出。

数据来源:国家统计年鉴(2006),见 http://www.stats.gov.cn/tjsj/ndsj/2006/html/H0806c.htm。

表2-11显示实行家庭联产承包责任制后,虽然国家财政用于农业支出的总绝对额不断上涨,似乎预示着传统的取予格局发生了一定松动。但是,从相对数来看,国家财政实际上用于农业支出的比重却并未同向增长,农业支出点财政总支出的比重历年均在8%—11%上下波动。另外,从横向比较来看,与其他国家同口径比例相比较,无论是发达国家还是发展中国家,我们均处于较低水平。有资料显示,1996—2000年,我国农业支持总量分别占当年农业总产值的4.9%、5.3%、7.4%、7%和8.8%。按照同口径,发达国家的支持水平为30%—50%,巴基斯坦、泰国、印度、巴西等发展中国家约为10%—20%[①]。此外,1993年颁布实施的农业法中规定,国家财政每

---

① 陈锡文:《中国农村公共财政制度》,中国发展出版社2005年版,第116页。

年对农业总投入的增长幅度都应高于国家财政经常性收入的增长幅度。但是,实际执行中的大多数年份都未达到这一法律规定比例,国家财政支援农业投入额度长期处于低水平状态。

(三)县乡政府事权与财政支出责任不匹配,财政制度内筹款多依托税外手段实现

预算内收入是乡镇财政的主体,主要由农业税、工商税及国债收入组成,纳入乡镇财政预算,统收统支,用于支援农村生产支出、农村水利气象等部门的事业费、文教科卫事业费、抚恤和社会福利救济费与其他支出等。由于自1960年开始国家即逐步推行农业税轻税政策,因此,乡镇财政通过农业税收等制度内渠道获得的财力十分有限,很多农业县市的乡镇政府财政收入仅够行政事业开支。但是,受中国行政体制影响乡镇政府承担的事权却非常复杂而繁多,单凭税收等制度内财政所筹资金远远无法满足事权需求。

改革开放后的乡镇政府所承担的事权不仅没有随着集体经济的弱化而解体,相反还呈现进一步加强的态势。特别是1984年开始试点、1988年正式推广、1993年在全国全面完成的将乡镇农技站等涉农机构的人、财、物全部下放到乡镇政府的管理体制改革,更是加剧了乡镇政府事权与财政支出责任不对等的矛盾。这一管理体制变革实质上是自上而下决定的强制性制度变革,是上级财政的甩包袱行为。改革的具体内容是:将这些机构所需事业费以当年划拨额为基数,捆绑下拨给乡政府,以后逐年减拨,同时加大财政包干指数。由于与上级相关业务部门关系发生断裂,所以这些机构运转经费在改革后日益紧张。如20世纪90年代后期,我国乡镇农机推广机构的事业费平均为0.97万元,占所需全部经费的比重仅为17.6%。

而开始于1994年的分税制改革则使得农村公共服务提供机制陷于更加拮据的境地。分税制改革的初衷是通过划分中央政府与地方政府的财权、事权,以改善中央政府的财政状况,明晰各级政府责、权、利关系。但是,实行中央与省级财政的分税制财政管理体制之后的实践证明,中央财政状

况的确大为改善,改变了分税制实施之前的财力与财权过于分散的局面,增强了中央财政宏观调控能力,初步形成了财政收入分配中"中央得大头"的分配格局(稳定在 50%左右)。但是,由于分税制财政体制的改革设计上对事权的划分过于模糊,且缺乏法律上的严谨性,这也就为经济转轨过程中的上级部门为减负而把事权向下转移创造了条件。即,由于省级财政可以决定地市财政的支出划分,地市财政可以决定县级财政的支出划分,县级财政可以决定乡镇财政的支出划分,下级财政的支出责任掌握在上级财政手里,这样省市级财政必然会产生将更大比重的事权转移至基层财政的事权分配冲动,而将更多的财力据为己有。因为分税制改革的初衷之一即是提升中央政府在改革开放后逐渐弱化的财政集中能力,因此分税制改革必然会使地方财力集中能力受到限制,但是地方事权并没有因此而减少。为了在有限财力基础上维持原有事权甚至更多的事权需求,于是,各省级政府必然会效仿中央政府,也将会通过与下面各地市级政府分税来集中有限财力,如调整"两税"的增量返还比例或部分截留上级政府的税收返还款等,使省级政府的财力集中度由 1994 年的 16.8%提高到 2000 年的 28.8%。同样地,地市级政府也会想方设法地向下级政府抽取资金,使处于其下级的县、乡政府成为最终的利益损失者。据数据①显示,2000 年地方财政净结余为 134 亿元,但是,县、乡财政却连年出现赤字增加趋势。层层截留后的有限县乡财政根本无力承担层层下压的事权,但是却受到行政级别更高的公共支出责任的逼迫,为了生存和政绩,县乡一级唯有选择进一步向下转嫁公共支出责任,这最终必然会落在辖区内居民头上,加重辖区内居民负担。

三、均等导向下的城乡均衡化发展

党的十八大报告中首次提出了"基本公共服务均等化"要求,在人民生

---

① 贾康、白景明:《基层财政难在哪里》,中国会计网,2008 年 7 月 17 日,见 http://www.canet.com.cn/wenyuan/czlw/czll/200807/18-16083.html。

活水平全面提高的目标中,首先强调的是"基本公共服务均等化"总体实现,这标志着基本公共服务均等化成为社会建设的总体目标。为了推动基本公共服务均等化目标的实现,近几年中央财政政策选择主要着力点集中在以下五个方面。

(一)通过改革继续放权以理顺中央和地方关系

中国基本公共服务不均等的现状和中央与地方关系不协调直接相关。因此理顺中央和地方的关系,使之权责明确、规范运行,直接关系到基本公共服务均等化改革的落实。在如何理顺中央和地方关系上,近几年的财政举措可以归结为三个方面。

一是集权和放权的平衡。中国是幅员辽阔的单一制国家,为了实现基本的公共服务均等化的目标,保持基本的、必要的事权集中以便缩小地区间由于经济发展水平、财力差异等因素造成的公共服务水平差异是必要的。但是由于历史积淀的因素和经济发展不平衡的影响,东、中、西部地区以及城乡之间差异巨大。因此,为了能够更加有效地推动实现基本公共服务均等化,客观上需要放权给地方政府较多的自主权,以便因地制宜地管理辖区事务。与此同时,为更加充分调动地方政府的积极性,中央相关部门在坚持自上而下配置事权的基础上,一直在努力探索与实践集权和放权平衡的职责分担体制。

二是在厘清中央和地方责任边界方面进行探索与实践。实现中央和地方的有效协作,避免基本公共服务提供的越位、缺位和错位现象,中央财政部门和相关权力机构在理论与实践上进行了多方探索,尽可能清晰地界定中央和地方责任的具体边界,这一点从前文均等化导向下基本公共服务供给制度的内容上可以看出,对于中央财政和地方财政在诸如教育、社会保障等方面的相关责权利,均做了比较具体的规定。

三是强化事权配置方面的立法工作。目前基本公共服务均等化实现过程中存在的政府间权责不清、职责不明确问题,主要是因为中央和地方政府责任边界的法律缺位现象比较严重。因此,近几年相关部门一直在推动完善法律法规工作,只有通过立法程序将权责义务关系界定清楚,中央和地方政府在提供公共服务时方做得到有法可依、各司其职。

理顺中央与地方的关系,目的是实现"以基本公共服务均等化为导向"的根本性转变,推动公共资源在各级政府之间达到优化配置。针对这一中央政府在历史上一直处于缺位的现实,需要中央财政在改革进程中,在制度构建与政策变迁中更加注重其在义务教育、医疗、社保、中西部贫困地区、农村等方面的责任认定和相匹配资金的注入。并且财政政策应努力配合整个国家发展战略调整需求,响应国家经济结构调整和注重民生需求的改革目标,在财政投入方向和财政投入力度上,努力使得财政在义务教育、医疗、社保方面的投入稳定增长,并且其增长速度应快于财政收入的增长速度。

(二)通过合理划分事权财力提升县乡政府公共服务供给能力

财政是一个"以政控财、以财行政"的分配体系。我国的财政体制是以分税制为基础的分级财政体制,中央和地方各级政府均需要合理清晰地规定其事权即支出职责。这里的事权指的是政府在基本公共服务中应该承担的任务和职责。事权划分的关键,一是合理划分投资权,即应在中央政府有限介入大型、长周期、跨地区重点建设项目的同时,使地方政府从一般竞争性投资领域退出,收缩到公益性公共工程和公共服务领域,从而理清多年来中央、地方投资权上的纠葛,形成各级政府间的事权分工明细单。二是以"省直管县"等改革推行财政层级的扁平化,拉动"减少行政层级"的改革,从而有效降低行政成本,促使扁平化后的各级政府事权在合理化、清晰化方面取得实质性进展。各级政府为履行好事权,必须解决好财力来源和财力使用效率问题,财力与事权相匹配,才能使各级政府都能提供本层级应提供的公共产品和服务,这也是合理构建分税分级财政体制的实质性内容①。这里所说的财力指的是政府取得财政收入和决定财政支出的能力。在实行单一财政管理体制的国家,通常存在财力层层上移,而事权逐级下移的倾

①　贾康:《关于财力与事权相匹配的思考》,《光明日报》2008 年 4 月 22 日。

向,出现中央"请客",地方"埋单"的现象,因此完善省以下财政体制,增强基层政府,尤其是县乡政府提供公共服务的能力,合理划分中央和地方基本公共服务的财力和事权是实施基本公共服务均等化的重要前提。这也是分税制改革创新的核心理念,否则很难实现"财力与事权匹配"的合理局面。如果不能清晰划分政府间的财力事权或者划分与配置不合理,那么必然会影响到基本公共服务均等化的实施。中央和地方政府财力事权配置不合理是导致地方政府,尤其是县乡基层政权提供基本公共服务乏力的重要体制性原因,从而阻碍了基本公共服务均等化目标的实现。

基于此,我国当前主要致力于进行合理的财权配置调整,通过税种选择、税率调整,房产税试点改革等举措进行税基配置;通过调整专项转移支持、扩大一般性转移支付等制度调整发达和欠发达地区间的财力水平;同时致力于规范地方政府公债制度建设等方面的改革。这些都是基于上述理论而进行的现实性探索。

(三)通过省直管县改革的深入推进省以下分税制财政体制改革

县乡基层政权是提供公共服务的主体之一,其提供基本公共服务能力高低决定着实现基本公共服务均等化的程度,因此,完善省以下财政体制,提高基层政府提供公共服务的能力,方可奠定实现基本公共服务均等化的物质基础。

加快省以下财政体制改革,国务院及相关改革部门近几年主要进行了以下几个方面的政策调整:一是增强省政府调节市、县财政分配的责任意识,加强指导和协调,加大省以下一般性转移支付的力度,逐步形成合理的纵向和横向财力分布格局,提高基层政府提供基本公共服务的能力。二是通过试点取得经验并逐渐推广,探索和推进"省直管县"的财政体制模式。缩减管理层次,提高财政资金使用效率,缓解县乡财政困难。三是推进县乡财政管理体制改革,增强基层财政保障能力。县乡财政管理体制同样要体现财力和事权的匹配,以事权定财力,以责任定财力,体现财力向公共服务和基层倾斜,增强乡镇政府履行责任的意识和提供基本公共服务的能力。

四是完善财政奖励补助机制,加大省政府对县乡的财政转移支付力度,建立并完善支出绩效评价体系。如果普遍爆发的县乡基层政府的财政困难无法缓解,就无法保障其提供基本公共服务的财力,因此需要推动省直管县财政体制改革的继续深化,需要省政府加大向县乡财政转移支付的力度,建立和完善县乡政府支出绩效评估体系,加大财政资金支出的监管力度。五是推进乡镇机构改革,突出基层政府的公共服务职能。改革在力求稳定的前提下推展,改革的核心是逐渐精简乡镇机构,整合不同部门职能,在减轻乡镇负担的同时让乡镇基层政府更好地服务于社会。

(四)通过整合转移支付制度加大财政支持力度

转移支付制度是政府间财政关系的重要组成部分,是调节收入分配的重要手段。转移支付方式大致分为两大类:一是均衡拨款,也称为一般性转移支付或无条件转移支付,它不规定具体用途,由接受拨款的政府自主使用,目的是促使基本公共服务均等化及早实现。二是专项拨款,也称为条件转移支付。此类转移支付有附加条件,规定资金的使用范围,它是以政府间支出责任划分为依据,对承办应由上级政府承担的事务的基层政府给予一定的转移支付。具体又划分为委托事务拨款、共同事务拨款和鼓励或扶持性拨款。随着经济发展和财政收入的增长,一般性转移支付规模逐年扩大。

1.进一步完善转移支付制度

优化转移支付制度的外部环境,科学规范转移支付制度设计。必须明确划分各级政府的职责,合理划分各级政府的收入以及推进必要的政府机构改革。优化转移支付结构,强化转移支付调节地区间财力差距的作用,严格把关专项拨款的立项,建立和完善更严格的专项拨款项目准入机制。清理、压缩现有的专项转移支付项目。取消现有专款中名不副实和到期的项目,合并重复交叉的项目,严格控制和压缩专项转移支付规模。归并目前特定性政策目标的工资性转移支付等财力性转移支付项目,把年度支出稳定且预期将长期存在的项目列入体制补助、缓减地方财政体制上的困难。随着公共财政框架和民生财政的逐步推进,中央财政需要加大对义务教育、社会保障等基本公共服务的投入,尤其是中央政府面对来自欠发达地区及部门要求专项补助的压力,因此急需清理、整合专项转移支付。完善以奖代补政策,建立激励约束机制与监督评价体系。中央财政继续加强对地方政府转移支付的力度,优化调整一般性转移支付结构,同时,安排一部分资金作为奖励和补助,与省对县乡的转移支付工作实际挂钩,引导和激励省政府将自身财力以及中央转移支付资金分配落实到基层财政,完善省以下转移支付制度。逐步建立监督评价体系,目前主要是完善专项转移支付资金的国库集中支付、政府采购试点,加强专项转移支付的监管,注重跟踪问效。对于难以单独监督的财力性转移支付,逐步推进对接受转移支付的地方政府进行整体监管和考核。研究建立地方政府财政支出绩效评价体系,确保转移支付资金专款专用于基础教育、医疗卫生等基本公共服务领域。

2.加大因素法在转移支付中的比重

因素法是指在计算转移支付中通过公式计算来分配资金的一种形式,相对比较规范,目前大多在一般性转移支付中采用,近年来为了进一步加强资金管理、提高资金效能,在专项资金分配中也逐步引入了因素法。转移支付目标以实现基本公共服务均等化财力保障为目标,用"因素法"逐步替代"基数法",合理确定转移支付额。同时,将人口、经济、财力和支出标准等因子纳入指标体系作为修正指标,通过科学合理的指标体系测算"标准支出"和"标准收入",并设置一般均等化转移支付项目和纵向、横向指标,有利于从制度上缩小地区、城乡间差距,推动实现各地区间的基本公共服务均等化目标。

(五)以资金精细化管理提升各级财政资金使用效率

一是健全财政法律制度体系。推进修订预算法与实施条例。积极推动财政转移支付管理暂行条例、金融企业国有资产监督管理条例、财政资金支付条例、政府采购法实施条例、国有资本经营预算条例、政府非税收管理条例等行政法规的立法进程。规范财政工作运行机制,完善财政行政审批程序,进一步简化行政审批事项。

二是强化预算管理。继续完善政府收支分类体系。规范部门预算编制程序,提前预算编制时间,细化预算编制内容。努力提高年初预算到位率。深入推进预算编制与行政事业单位资产管理有机结合,研究制定行政事业单位资产配置和更新标准。积极发挥财政投资评审服务项目支出预算管理的作用。狠抓预算执行管理,强化部门预算责任,加快预算支出进度,加强分析和动态监控,完善评价体系,增强预算执行的均衡性。

三是狠抓增收节支。依法加强税收征管,严格控制税收减免,制止和纠正越权减免税收,严厉打击偷骗税等违法活动,确保应收尽收,努力实现财政收入稳定增长。严格非税收管理,逐步取消预算外资金,建立健全非税收政策体系。保障重点支出需要,严格控制一般性支出。

四是强化财政监督。继续开展重大财税政策执行情况专项检查,加强对政府投资的监督检查,进一步强化事前、事中监督,坚决查处财政违法行为。充分发挥专员专办就地监管的优势,逐步推进对中央基层预算单位的监管全覆盖。切实推进预算支出绩效评价,探索建立绩效评价结果公开机制和有效的问责机制。逐步细化报送内容,积极推动部门预算公开和省以下预算公开工作,逐步建立系统、规范的预算公开机制。

五是积极推进财政管理信息化建设。紧紧围绕预算编制、预算执行和财政监督等关键环节,提升信息化对科学化精细化管理的保障能力。完善网络基础设施建设,强化信息安全保障体系建设,加快建立运行维护体系。抓好数据中心建设,深化信息资源开发与利用。

第三章 地方财政体制概况与县乡财政困境形成

第一节 地方财政体制的建立

探索如何有效供给县乡基本公共服务时要结合地方财政体制问题，是因为财政体制是正确处理不同政府层级、不同地区、不同部门、不同群体利益关系，实现社会公平的重要工具。财政体制问题首先是中央与地方政府之间的集权与分权问题，过分集权会导致低效；过度分权会造成地方保护，阻碍全国统一市场的形成。由于消费者偏好一般具有明显的地域性。所以，提供同样的公共产品和服务，地方政府比中央政府更有效，进而层级较低的地方政府比层级较高的地方政府供给更为贴近消费者偏好。我国地方财政体制自新中国成立以来至今经历了多次调整。改革开放前，在集权和分权间经历了多次反复，中央与地方间财权分配大起大落。改革开放后总体上沿着分权化的道路在前进。

一、分税制改革前的地方财政体制

（一）新中国成立后至改革开放前的财政体制

1. 1950—1953 年：高度集中统收统支的财政体制

新中国成立初期，全国一片废墟，百废待兴，经济面临严重困难，由于财

99

政管理上收支脱节,出现了较为严重的财政赤字。1950年,国家为了扭转这种困局,对财政管理实行了高度集中的统收统支办法。在1950年3月政务院发布的《关于统一国家财政经济工作的决定》中规定:第一,国家财政管理权限统归中央政府,税收制度、国家预算、行政人员编制和供给工资标准等均由中央财政部统一制订,并报中央政府批准后实施。第二,除批准征收的地方税外,各地征收的公粮、关税、盐税、货物税和工商税等一切收入均归中央政府统一调度使用。第三,清理仓库物资、战争缴获物资、没收的财产、新解放城市接管之金银外钞等均归中央政府统一管理使用。第四,一切财政开支统一由中央财政部拨付,地方的收入和支出基本上不发生联系。第五,建立统一的预决算、审计会计制度和严格的财政监察制度,一切财政收支都要纳入国家预算。①

1951年3月,中央政府为了加强地方财政建设,又颁布了《关于1951年度财政收支系统划分的决定》,规定:第一,自1951年起,国家财政收支系统采取统一领导分级负责的方针,实行三级管理,即中央、大行政区、省(市)三级财政,专署和市(县)的财政列入省财政内。第二,财政支出按企事业的性质隶属关系和业务范围划分为中央支出和地方支出。第三,财政收入划分为中央收入、地方收入及中央与地方分成收入。第四,地方收支数额每年由中央核定一次,首先以地方收入抵补地方支出,超出部分由中央核定,酌留一部分归地方,不足部分由中央补助。②

总的看来,这段时期的财政体制属于高度集中型统收统支的管理体制。1951—1952年,虽然开始实行各级财政的初步的分级管理,但从实质上看,仍然采用的是统收统支的办法。

2. 1953—1957年:划分收支,分级管理的财政体制

为了充分调动地方的积极性,"一五"时期,国家将地方财政的大行政

① 财政部综合计划司:《中华人民共和国财政史料(第一辑)——财政管理体制(1950—1980)》,中国财政经济出版社1982年版,第31—36页。

② 财政部综合计划司:《中华人民共和国财政史料(第一辑)——财政管理体制(1950—1980)》,中国财政经济出版社1982年版,第45—48页。

区和省两级体制改为省、县两级,实行中央、省(市)、县三级财政体制。在实行三级财政体制的同时,又实行分类分成的办法,力求做到中央和地方的收支范围和责任明确。具体方法:第一,将财政收入分为中央财政固定收入、地方财政固定收入、固定比例分成收入和调剂收入四个部分,分成比例一年一定。第二,财政支出基本上按照行政、企事业单位的隶属关系划分。第三,按照收支办法,地方财政以固定收入和分成收入弥补其经常性支出,如果年终结余,则不再上缴中央财政,而由地方财政留在下年度使用。如果不足,则差额由中央划给收入进行弥补。第四,地方超额完成收入预算的,仍按原定比例分成。1957年,为了进一步扩大地方的管理权限,使地方能因地制宜调剂和安排各类支出,取消了分类分项条条下达预算的办法,实行总额控制的办法。

总的看来,这一时期地方财政体制变化的总趋势是逐步加大地方财政的管理权限,逐步健全统一领导、分级管理的地方财政体制。

3.1958—1966年:"以收定支、五年不变"与"总额分成、一年一定"的财政体制

1958年,中央对各省、市、自治区实行了"以收定支、五年不变"的地方财政体制。具体方法为:第一,在财政收入方面,将地方财政收入划分为地方固定收入、企业分成收入、调剂分成收入和中央专案拨款收入四种。第二,在财政支出方面,将地方财政支出划分为正常支出和中央专案拨款解决的支出。第三,以1957年预算数作为基数,原则上五年不变。第四,地方可以在划定的收支范围内,根据收入情况,安排支出。1958年的地方财政体制原定五年不变,但实际上只实行一年。1959年,又开始实行"总额分成、一年一定"的地方财政体制,即地方财政负责组织的总收入与其总支出实行挂钩,以省、市、自治区为单位,按照收支总额测算出地方财政总支出占地方财政总收入的比例,以此作为地方总额分成的依据。地方当年的财政收支指标、分成比例或补助数额由中央每年核定一次,一年一变。1958年的地方财政体制改革调动了地方增收节支的积极性,但由于这一改革处于

"大跃进"的历史时期,受"左"倾错误思想的影响,过多地下放了中央管理的企业,扩大了地方和单位的财权,从而过分地分散了国家财力,使这次改革最终并没有达到预期目的。这种"总额分成、一年一定"的地方财政体制试图通过"一年一定"的办法改变财力分散和宏观失控的问题,但由于"左"倾思想泛滥,决策失误,难以奏效。

从 1961 年开始,中共中央提出对国民经济进行"调整、巩固、充实、提高"的方针,在经济工作中强调统一领导、统一政策、统一计划、统一行动,在地方财政体制上实行了加强集中统一的措施。具体内容包括:第一,国家财政权主要集中在中央和省、市、自治区两级,专区、县(市)、公社的财政权适当缩小。第二,中央对省、市、自治区财政,继续实行"收支下放、地区调剂、总额分成、一年一变"的方法。第三,国家预算从中央到地方,实行上下一本账,坚持收支平衡。因此,可以说 1961—1966 年的财政体制的特点是"集中当中有分散,集中得合理,分散得适度"。因此,收到了较好的成效,国民经济逐步恢复了生机。

4. 1967—1970 年:"统收统支"和"收支挂钩,总额分成"的财政体制

1967 和 1968 年,受"文化大革命"运动影响,生产受到严重破坏,整个社会收益递减,不少地方正常开支都难以保障。为了保障正常开支,暂时实行收入全部上缴中央,支出全部由中央拨付的收支两条线办法。1969 年,经济有了一定的发展,又恢复实行了"收支挂钩,总额分成"的办法,将财政管理权限层层下放,收支指标分解为中央、省、县三级管理,扩大了地方财政收支在国家预算中的比重。

5. 1971—1976 年:"收支包干""收入按固定比例留成,支出按指标包干"和"定收定支,收支挂钩"的财政体制

1971—1973 年,实行收支包干制度,即中央对省级"定收定支、收支包干,保证上缴、结余留用、一年一定"。地方则对地(市)、县(市)两级财政实行收支包干管理体制,县财政可以对县级国营"五小"企业的利润中分成 50%—60% 作为县机动财力。这种方法扩大了地方的财政收支范围,地方

的机动财力可随超收节收而大量增加。

1974—1975 年,开始实行"收入按固定比例留成,支出按指标包干"的体制。这是一种"旱涝保收"的办法,使地方有一笔比较稳定的机动财力,但由于收支不挂钩,不利于调动地方财政增收节支和平衡预算的积极性。

1976 年,除了各省、市、自治区财政核定一定数额的机动财力以外,实行"定收定支,收支挂钩,一年一定"的办法。即每年由中央分别核定各省、市、自治区的收入任务和支出总额,按照支出占收入的比例,作为地方分成比例。在执行中,要求地方自求平衡。这种方法虽然在给予地方一定好处的同时,强调地方的责任,但由于当时的客观条件不具备,使得实施效果不够理想。

总的看来,这一时期的国民经济遭到严重破坏,为了满足地方各级政府的需要,在财政体制方面基本上采取的是维持的办法。

6. 1977—1979 年:"增收分成、收支挂钩"的财政体制

从 1977 年起,国家各项制度逐步走向正轨,并在地方财政体制方面进行了一些有益的探索。先是于 1977 年在江苏省进行固定比例包干的试点,继而于 1978 年在 10 个省市实行了"增收分成、收支挂钩"的办法。1979 年,除实行民族地区地方财政体制以外,其他地区实行"收支挂钩、超收分成"的办法,但对超收分成比例进行了小调整。

所有这些办法均为后来推进的地方财政体制改革做了某些方面的准备,积累了非常宝贵的改革经验。但由于这些办法本身存在着一些固有矛盾并没有得到彻底解决,另外又受到当时条件的限制和经济工作中"左"倾思想的影响,因此,很多即便是走向正轨的制度在运行过程中也是收效甚微。

（二）改革开放后至 1993 年的财政体制

1978 年,党的十一届三中全会的召开标志着中国进入改革开放的新时期,而传统的财政体制虽然历经多次调整,但依然属于以"中央集权为主,适度分权"的财政管理体制,地方预算收支管理权限很小,不能够构成一级

独立的预算主体。这种中央和地方各级财政同"吃大锅饭"、中央集权过度的局面严重地束缚地方经济的发展,必须随经济体制改革而同步进行改革。归结起来,从1978年至1993年之前,财政体制共经历了三次改革,但是这三次改革均有一个共同点,那就是均遵循了总的改革方向——贯彻和实行财政"包干"体制。

1. 1980—1985年:"划分收支、分级包干"的财政体制

1980年2月,国务院颁发了《关于实行"划分收支、分级包干"财政管理体制的暂行规定》(国发〔1980〕33号),决定从1980年起,实行"划分收支、分级包干"的财政管理体制(俗称"分灶吃饭")。"分灶吃饭"作为一种新时期的财政管理体制改革,是1980年在全国大部分地区实行的一种比较规范的分类分成的包干体制。主要内容是:第一,按隶属关系,以分类分成的方式,划分中央与地方财政的收支范围。中央所属企业收入、关税收入和其他收入为中央固定收入;地方所属企业收入、盐税、农牧业税、工商所得税、地方税和其他收入为地方固定收入。各地方划给中央直接管理的企业收入,为固定比例分成收入,其中80%归中央,20%归地方。中央的基本建设投资,中央企业的流动资金,企业挖潜改造资金和新产品试制费、地质勘探费、国防战备费、对外援助支出、国家物资储备费以及中央级农林、水利、气象事业费、工业、交通、商业事业费,文教卫生科技事业费、行政管理费属于中央财政支出。地方基本建设投资,地方企业流动资金,挖潜改造资金和新产品试制费,支援农村人民公社支出、农林、水利、气象事业费、工业、交通、商业事业费、城市维护费、城镇下乡人口经费、文教卫生科学事业费、抚恤和社会救济费、行政管理费等都属于地方财政支出。特大自然灾害救济费、特大抗旱防汛补助费、支援经济不发达地区资金,由中央专案拨款解决。第二,根据划给的收支范围,按1979年财政收支预算数字,在适当调整后,计算确定地方财政收支包干基数。地方财政支出由地方固定收入和固定比例分成收入抵补,多余者地方上缴中央,不足由调剂收入弥补,如三种收入总和仍不足抵补支出,则由中央按差额实行定额补助。在分级包干的各项指

标经中央核定下达后,原则上应保持稳定,五年不变。地方在规定的收支范围内,可自行安排支出。多收可以多支,超支自求平衡,中央在一般情况下,不做过多干预与调整。凡是涉及全国性的中央已有统一规定的重大问题,如税收、物价、公债、工资等,各地区、各部门均应按统一规定处理,不得未经批准而变动。①

总之,20世纪80年代实行的以"划分收支、分级包干"为主要内容的财政体制改革,是在适应新时期改革开放发展需要基础上的一次改革,是走向分级财政体制的重要一步。这一体制在保证中央财政必不可少的收入的前提下,增强了地方财力和自主权,由原来中央和地方"一灶吃饭"改为"分灶吃饭",承认了中央和地方财政各自的利益和地位,有利于加强地方责、权、利的紧密结合,调动了地方的积极性,焕发了地方经济发展的生机。同时,在补助数额和分成比例上,由过去的一年一变改为一经确定五年不变,这便于保持政策和制度的连续性。但在实施过程中,也暴露出很多局限性:统收的格局虽然经过这一制度调整后被打破,但统支的格局却没有完全打破,这无疑会增加中央财政负担,不利于增强中央财政对全局的宏观调控能力。而且在执行过程中,由于乱开减收增支的口子,给"分灶吃饭"体制的贯彻带来很多困难。

2.1985—1987年:"划分税种,核定收支,分级包干"财政体制

1985年3月21日,国务院发布了《关于实行"划分税种,核定收支,分级包干"财政管理体制的规定》(国发〔1985〕42号),根据第二步利改税的税制变化,重新划分了中央与地方财政的收支范围,并对有关问题作了相应的规定。其总的特点是在各项收入中,增加了税的成分。

在收入划分方面,将收入划分为中央固定收入、地方固定收入与中央和地方共享收入。中央财政的固定收入主要包括:中央所属国营企业上缴的

---

① 财政部综合计划司:《中华人民共和国财政史料(第一辑)——财政管理体制(1950—1980)》,中国财政经济出版社1982年版,第206—208页。

所得税、调节税、铁道部和各银行总行及保险公司上缴的营业税,中央军工企业和包干企业上缴的收入,中央经营外贸企业的亏损补贴和粮、棉、油超购加价补贴,关税和海关代征工商税,烧油特别税、海洋石油,外资、合资企业工商税、所得税和矿区使用费、国库券收入和其他收入等。此外,石油部、电力部、石化总公司、有色金属公司所属企业上缴的产品税、增值税、营业税的70%作为中央财政的固定收入部分。地方财政的固定收入主要有:地方国营企业上缴的所得税、调节税、承包费、集体企业所得税、农牧业税、车船使用牌照税、城市房地产税、屠宰税、牲畜交易税、集市贸易税、契税、地方企业包干收入、地方经营粮食、供销、外贸企业亏损补贴、税款滞纳金、补税罚款收入和其他收入等。此外,石油部、电力部、石化总公司、有色金属总公司所属企业上缴的产品税、增值税、营业税的30%部分归地方财政作为其固定收入部分。中央与地方共享收入主要包括:产品税、增值税、营业税(不含上述石油部等部门所属企业上缴的同种税)、资源税、建筑税、盐税、个人所得税、国营企业奖金税、外资和中外合资企业(不含海洋石油企业)缴纳的工商统一税、所得税等。

在支出划分方面,支出范围的划分基本保持原体制规定。同时,对某些不宜实行包干的专项支出不列入地方支出包干基数,由中央财政专项拨款,不列入地方财政支出的包干范围。

各省、自治区、直辖市在按照规定划分收支范围后,凡是地方固定收入大于地方支出的,收大于支部分,定额上缴中央;凡地方固定收入小于地方支出的不足部分,从中央地方共享收入中确定一个比例,留给地方。凡地方固定收入和中央地方共享收入全部留给地方还不足以抵补地方支出的,由中央定额补助。收入的分成比例或上缴和补助数额确定后,五年不变,地方多收可以多支,少收则少支,自求平衡。

"划分税种,核定收支,分级包干"的财政管理体制是我国划分税种的初步尝试,体现了"存利去弊,扬长避短"的原则。同时,在收入划分上,中央与地方的固定收入占财政总收入的比重都比较小,而中央、地方共享收入则在财政总收入中所占比重比较大,既适当集中财力,又照顾到地方的积极性。但是,由于此时整个国家的税制并不是很健全,中央与地方财政职责划分不清,税种划分不科学,因此,这一财政体制实施结果是给地方财政建设带来了诸多不利影响。

3. 1987—1993 年:财政包干体制

由于 1985—1987 年的"划分税种,核定收支,分级包干"的财政体制实施给地方财政带来了负面影响,因此,从 1988 年开始财政体制再一次进行调整,开始推行"财政包干体制"。具体包干办法规定,全国 39 个省、自治区、直辖市和计划单列市,除广州、西安市财政关系仍然分别与广东、陕西两省联系外,对其他 37 个地区分别实行不同形式的包干办法。

第一,收入递增包干。即根据地方支出基数和以前年度收入增长情况,确定收入递增率和留成、上缴比例。在递增率以内的收入按确定的留成、上缴比例实行中央与地方分成。超过递增率的收入,全部留给地方。第二,总额分成。即在核定地方收支基数基础上,以地方支出占总收入的比重,确定地方留成、上缴中央比例。第三,上缴递增包干。即确定上缴中央收入的基数后,每年按一定比例递增上缴。第四,定额上缴。即按核定的收支基数的收大于支部分,地方按固定数额上缴中央。第五,定额补助。即按核定的收入基数支大于收部分,中央按固定数额给予补助。

归结起来,1987—1993 年的财政包干体制的包干办法除总额分成外,其余包干分成办法均具有一个共同点,那就是地方可以从增收或超收中多留。这种增收超收留归地方的体制规定调动了地方组织收入的积极性,特别是上缴比例大的地区在组织收入上更具有极大的积极性。这一财政体制推行五年来,有力确保了中央和地方各级财政收入的稳步增长。

二、分税制后的地方财政体制

随着地方活力的不断释放和受各地方资源禀赋的影响,20 世纪 90 年代中期,各地区经济发展逐渐拉开差距,各地居民收入日渐呈现不平衡状态,地方财政受地区经济发展影响也呈现出不同状况,其直接表现之一就是各地方财政响应当地居民需求而供给地方公共产品的能力在拉大,各地方公共服务水平的差距也在不断扩大。同时,随着中央财政的不断放权和财政各类包干体制的试行,使得中央财政集中收入的能力在下降。中央财政集中度的下降导致其不可能也没有充足的财力来源去解决地区差距扩大问题。因此,改革开放以来探索实行的"分灶吃饭"体制面临新的变革需求。再加之1992年社会主义市场经济体制改革目标的明确,整个国家的财政体制也迫切需要重新构建,需要根据经济发展需求而构建适应社会主义市场经济体制需要的财政框架。

(一)1994年启动分税制改革

为克服财政包干体制的弊端,构建适应社会主义市场经济体制需要的财政框架,1992年,财政部选择了天津、辽宁、沈阳、大连、浙江、青岛、武汉、重庆和新疆9个地区进行分税制改革试点,为全面推行分税制做了必要的前期准备。1993年,党的十四届三中全会通过的《中共中央关于建立社会主义市场经济体制若干问题的决定》要求进一步深化财税体制改革,明确规定:"把现行地方财政包干制改为在合理划分中央与地方事权基础上的分税制,建立中央税收和地方税收体系。"根据这一精神,1993年12月15日国务院发布了《关于实行分税制财政管理体制的决定》(国发〔1993〕85号),规定从1994年1月1日起改革地方财政包干体制,对省、自治区、直辖市以及计划单列市实行分税制财政体制。

分税制是指一个国家通过对税种或税源以及税收管理权限在中央和地方之间的划分,以确立中央和地方政府间收入分配的一种制度。它是西方国家实行分级预算体制中普遍采用的划分各级预算收入的方法,其基本原则是:在合理划分各级政府事权的基础上,将税种和税权在中央和政府间进行划分,以确定各级政府预算收入,分设中央税制与地方税制。与之相适应地分设国税局和地税局分别征收管理本级税收,从而建立起各自相互独立、相互协调的中央和地方两套税收体系,并建立起相应的转移支付制度。

分税制改革的首要目标是要提升中央财政收入占全国财政收入的比重;其次是要实现政府间财政分配关系的规范化;同时,期望通过调节地区间分配格局,促进地区经济和社会均衡发展,实现基本公共服务水平均等化,实现横向财政公平。为此目标而构筑的分税制财政体制改革内容如下:税制改革;在划分中央与地方事权的基础上划分了中央和地方的财政支出;按税种划分中央和地方收入,中央和地方分设税务机构,分别收税和建立起相应的转移支付制度等。

1.税制改革

中国税制可以分为工商税制、农业税制和关税税制三类,其中的核心税制是工商税制。要实行分税制,就必须全面改革我国的工商税制。因为分税制要求按照事权与财政支出责任相结合的原则,按税种划分中央与地方收入,原有税制无法做到这一点。为此,新税制对原有工商税制进行了根本性变革,将原有的 32 个税种简化为 18 个税种。重新划归税种后的工商税制形成了以流转税、所得税为主体,多税种、多环节的复合税制。

2.按照事权划分各级财政的支出范围

中央财政主要负担国家安全、外交和中央机关运转所需经费,调整国民经济结构、协调地区发展,实施宏观调控必需的支出以及由中央直接管理的事业发展支出。具体包括:中央统管的基本建设投资,中央直属企业的技术改造和新产品试制经费,地质勘探费,由中央财政安排的支农支出、国防费、武警经费,外交和援外支出,中央级行政管理费,由中央负担的国内外债务还本付息支出,以及中央本级负担的公检法支出和文化、教育、卫生、科学等各项事业费支出。地方财政主要负担本地区政权机关运转以及本地区经济、事业发展所需的支出。包括地方统筹的基本建设投资,地方企业的技术改造和新产品试制经费,支农支出,城市维护和建设经费,地方文化、教育、卫生、科学等各项事业费和行政经费,公检法支出,部分武警经费,民兵事业费,价格补贴以及其他支出。

3.按"分税制"划分中央与地方收入

在合理划分中央与地方政府事权范围基础上,依照税种划分中央财政与地方财政之间的收入范围。"分税制"要求将维护国家权益,实施宏观调控所必需的税种划为中央税;将适合地方征管的税种划为地方税,并充实地方税税种,增加地方税收入;将同经济发展直接相关的主要税种划为中央与地方共享税。在划分税种的同时,分设中央和地方两套税务机构,分别征收。

具体来说,中央固定收入包括消费税,关税,海关代征的消费税和增值税,中央企业所得税,地方银行和外资银行及非银行金融机构企业所得税,铁道部门、各银行总行、各保险总公司等集中缴纳的收入(包括营业税、所得税、利润和城市维护建设税),中央企业上缴利润等;地方固定收入包括营业税(不包括铁道部门、各银行总行、各保险公司等集中缴纳的营业税),地方企业所得税(包括上交利润),城镇土地使用税,个人所得税,城市维护建设税(不含铁道部门、各银行总行、各保险总公司等集中缴纳的部分),房产税,车船使用税,印花税(不含证券交易印花税),屠宰税,农牧业税,农业特产税,耕地占用税,契税,土地增值税,国有土地有偿使用收入等;中央与地方共享收入包括增值税、资源税、证券交易税。增值税中央分享75%,地方分享25%。资源税按不同的资源品种划分,海洋石油资源税作为中央收入,其他资源税作为地方收入。证券交易税,中央地方各分享50%。由地方税务机构负责征收地方税,同时将屠宰税和筵席税的开征停征权下放给地方。

4.中央财政对地方税收返还额的确定

实行分税制财政体制,按照国务院《关于实行分税制财政管理体制的决定》,实行中央和地方的税种划分、支出划分,原属地方支柱财源的"两税"收入(消费税和增值税收入的75%,下同)上划到中央,成为中央级收入。这种税种划分办法及实施必然会大大减少地方财政收入,如果中央不采取相应补偿措施,必然影响地方的既得利益。为保证地方既得利益,分税制体制在税种划分基础上同时制定了税收返还制度及其返还办法。即以1993年为基期年,按分税后地方净上划中央的收入数额,作为中央对地方的税收返还基数,基数部分全额返还地方。为了尽量减少对地方财力的影响,国务院还决定,不仅税收返还基数全额返还地方,1994年以后还要给予一定的增长。

5.原体制中央补助、地方上解及有关结算事项的处理

为顺利推行分税制改革,1994年实行分税制后,原包干体制下的分配格局暂时不作变动,过渡一段时间再逐步规范化。原体制下中央对地方的补助继续按规定补助。原体制下地方上解收入仍按不同体制类型执行:实行递增上解的地区,继续递增上解;实行定额上解的地区,按原规定的上解额,继续定额上解;实行总额分成的地区和原分税制试点的地区,暂按递增上解办法,即按1993年实际上解数和核定递增率,每年递增上解。为了进一步规范分税制体制,1995年对上述办法进行了调整,规定:从1995年起,凡实行递增上解的地区,一律取消递增上解,改为按各地区1994年实际上解额实行定额上解。原来中央拨给地方的各项专款,该下拨的继续下拨。地方承担的20%的出口退税以及其他年度结算的上解和补助项目相抵后,确定一个数额,作为一般上解或一般补助处理,以后年度按此定额结算。

6.建立健全转移支付制度

分税制的平稳运行需要辅之以规范运转的转移支付制度为保障。因为只有通过转移支付制度调节各级政府之间的纵向以及同级政府不同地区间的横向财政不平衡,才能保障各级财政正常运行。为此,分税制改革根据中央与地方财政收入的重新划分和关于原体制中央补助、地方上解及有关结算事项的规定,相应地形成了多种形式并存的政府间转移支付制度。分税制改革后,形成了三种转移支付形式。具体是:第一,税收返还和体制补助转移支付方式。它是为维持既得利益而设立的。第二,财力性转移支付。包括一般性转移支付、调整工资转移支付、民族地区转移支付、农村税费改革转移支付、取消农业特产税降低农业税率转移支付、县乡政府机构改革转

移支付和结算补助及其他补助等。第三,专项转移支付。专项转移支付是中央财政为实现特定宏观政策及事业发展战略目标,以及对委托地方政府代理的一些事务或中央地方共同承担事务进行补偿而设立的补助资金。

(二)1998 年以后分税制的不断调整

1998 年,政府正式提出了"公共财政"的理念,并将其确立为今后财政改革的方向和目标。公共财政就是为满足社会公共需要而进行的财政收支活动模式,是与社会主义市场经济发展相适应的一种财政运行机制。在社会主义市场经济下,政府职能重心转向经济调节、市场监管、社会管理和公共服务,财政职能也应随之相应转换。围绕着公共财政框架的构建,一系列的财政改革由此展开。

1.农村税费改革

农村税费改革分两个阶段进行:第一阶段是清费正税。主要包括"三取消、两调整、一改革",即要取消过去长期执行的乡镇统筹、农村教育集资等专门面向农民征收的行政事业性收费和政府性基金、集资;取消屠宰税;取消统一规定的劳动积累工和义务工。调整农业税和农业特产税政策。改革村提留征收使用办法。第二阶段是取消农业税。在 2000 年对安徽全省进行农村税费改革试点的基础上,逐步扩大试点范围。2004 年,改革粮食流通体制,对农民实行直接补贴,全面取消了除烟叶外的农业特产税。2006 年,实现了在全国范围内取消农业税,这标志着几千年的"皇粮国税"终于成为历史。

2.预算管理制度改革

推行以深化"收支两条线"管理、部门预算和国库集中支付等为主要内容的预算管理制度改革,在规范财政支出程序、减少资金周转环节、提高资金使用效率、推动政府职能转化等方面发挥了积极的作用。

3.改革财政支出结构,解决"缺位"和"越位"问题

在合理控制财政支出总量的同时,优化财政支出结构。将那些不属于政府承担的事务逐步推向市场,与财政供给脱钩,财政支出逐步退出竞争性投资领域,通过压缩一般性项目投资,优先保证重点事业发展的需要。财政

增加对农业、能源、交通等基础产业和基础设施投资,在财政政策上支持国家支柱产业和高新技术产业发展,并增加对教育、科技等方面的投入,政府与市场的分工逐渐地在财政支出结构上显现出来。

4.深化税制改革

2003年,党的十六届三中全会明确提出了"分步实施税收制度改革"的任务,并提出了"简税制、宽税基、低税率、严征管"的改革原则。其主要内容为:第一,增值税由生产型改为消费型,将设备投资纳入增值税抵扣范围。增值税转型试点于2004年首先在东北老工业基地对八大行业进行增值税转型的试点,随后范围扩大到中部六省部分城市。第二,改进个人所得税,实行综合和分类相结合的个人所得税制。从2006年1月1日起,个人所得税工资、薪金所得费用扣除标准,从800元调整到1600元,其后又增加到2000元。2007年《企业所得税法(草案)》在十届全国人大五次会议上审议通过,从2008年1月1日开始,新税法正式在全国范围内实施,标志着中国结束了内外有别两套企业所得税法的历史,一个有利于企业公平竞争的税制环境正逐步建立起来。

5.按公共财政原则和国际惯例进一步完善财政管理体制

从2002年1月1日起,打破按隶属关系和税目划分所得税收入的办法,实施所得税收入分享改革,新成立企业的所得税由国家税务局负责征收管理。对2002年的所得税增量,中央和地方各分享50%;对2003年以后的增量,中央分享60%,地方分享40%。中央增收的收入主要用于对中西部地区的一般性转移支付,以缩小地区差距。按照党的十八大报告要求,今后一个时期健全财政体制的主要目标是:围绕科学发展主题,按照健全中央和地方财力与事权相匹配的体制的总体要求,进一步理顺各级政府间财政分配关系。合理界定中央与地方的事权和支出责任,优化收入划分和财力配置。健全统一规范透明的财政转移支付制度,优化转移支付结构,提高转移支付资金使用效益。建立完善县级基本财力保障机制,加强县级政府提供基本公共服务财力保障。

第二节　地方财政收支与财力状况

我国自改革开放以来,配合改革开放需要财政体制也进行了多次调整与体制上的根本变革,每一次的调整与变革都会相应地使各级政府财政收支以及相应财力状况发生变化,尤其是分税制改革更是改变了各级地方政府的财政收支情况及相应财力状况。这里我们主要依据体制变革标准划分为分税制前和分税制后两种不同财政管理体制而进行相应情况的梳理和分析。

一、分税制改革前地方财政收支情况分析

(一)分税制改革前地方财政收入情况

从表3-1可以看出,1981—1993年十三年间,地方财政收入占总收入的比重基本保持在60%—78%,比重相对较高。这主要是因为这一时期地方财政既包含有预算内收入,又包含有大量预算外收入在内。

表3-1　1981—1993年中央和地方财政收入情况

年份	中央财政收入 (亿元)	中央所占比重(%)	地方财政收入 (亿元)	地方所占比重 (%)
1981	331.07	26.5	864.72	73.5
1982	346.84	28.6	865.49	71.4
1983	490.01	35.8	876.94	64.2
1984	665.47	40.5	977.39	59.5
1985	769.63	38.4	1235.19	61.6
1986	778.42	36.7	1343.59	63.3
1987	736.29	33.5	1463.06	66.5
1988	774.76	32.9	1582.48	67.1

续表

年份	中央财政收入 (亿元)	中央所占比重(%)	地方财政收入 (亿元)	地方所占比重 (%)
1989	822. 52	30. 9	1842. 38	69. 1
1990	992. 42	33. 8	1944. 68	66. 2
1991	938. 25	29. 8	2211. 23	70. 2
1992	979. 51	28. 1	2503. 86	71. 9
1993	957. 51	22. 0	3391. 44	78. 0

数据来源:《中国财政统计年鉴(2012)》,中国统计出版社 2012 年版。

(二)分税制改革前地方财政支出情况

从表 3-2 可以看出,1981—1993 年十三年间,地方财政支出占总支出的比重呈现逐年上升趋势。地方财政支出占财政总支出的比重 1981 年为45.0%,1993 年时已经攀升到 71.7%,增长速率很高。地方财政支出占总财政支出比重不断上升的原因,主要是由于随着经济发展进程的加快,地方公共服务供给数量越来越大,质量要求越来越高,按此时中央和地方公共产品供给责权划分原则,地方政府承担着其中的绝大多数事责。在事权过快增长而地方财政收入增幅却较慢的情况下必然会出现财政赤字,并随之演化为地方债务问题。如果从这一时期地方总财政收入与总财政支出进行观察,可以看出,分税制改革以前地方本级财政收入与财政支出呈现基本持平或略有赤字格局。

表 3-2 1981—1993 年中央和地方财政支出情况

年份	中央财政支出 (亿元)	中央所占比重 (%)	地方财政支出 (亿元)	地方所占比重 (%)
1981	625. 65	55. 0	512. 76	45. 0
1982	651. 81	53. 0	578. 17	47. 0
1983	759. 60	53. 9	649. 92	46. 1
1984	893. 33	52. 5	807. 69	47. 5
1985	795. 25	39. 7	1209. 00	60. 3

年份	中央财政支出 （亿元）	中央所占比重 （%）	地方财政支出 （亿元）	地方所占比重 （%）
1986	836.36	37.9	1368.55	62.1
1987	845.63	37.4	1416.55	62.6
1988	845.04	33.9	1646.17	66.1
1989	888.77	31.5	1935.01	68.5
1990	1004.47	32.6	2079.12	67.4
1991	1090.81	32.2	2295.81	67.8
1992	1170.44	31.3	2571.76	68.7
1993	1312.06	28.3	3330.24	71.7

数据来源:《中国财政统计年鉴(2012)》,中国统计出版社 2012 年版。

二、分税制改革后地方财政收支情况

（一）分税制改革后地方财政收入情况

从表 3-3 可以看出,1994—2014 年的二十年间,地方财政收入占总收入的比重基本保持在 44%—54%。与 1981—1993 年这一段历史时期相比较,地方财政收入占总收入的比重呈现大幅度下降趋势。这主要是由于1994 年实行分税制之后,财权上收中央,中央对地方的财政转移支付幅度又很有限,所以造成地方收入的大幅度减少。

表 3-3　1994—2014 年中央和地方财政收入情况

年份	中央财政收入 （亿元）	中央所占比重 （%）	地方财政收入 （亿元）	地方所占比重 （%）
1994	2906.50	55.7	2311.60	44.3
1995	3256.62	52.2	2985.58	47.8
1996	3661.07	49.4	3746.92	50.6
1997	4226.92	48.9	4424.22	51.1
1998	4892.00	49.5	4983.95	50.5
1999	5849.21	51.1	5594.87	48.9

续表

年份	中央财政收入 （亿元）	中央所占比重 （%）	地方财政收入 （亿元）	地方所占比重 （%）
2000	6989.17	52.2	6406.06	47.8
2001	8582.74	52.4	7803.30	47.6
2002	10388.64	55.0	8515.00	45.0
2003	11865.27	54.6	9849.98	45.4
2004	14503.10	54.9	11893.37	45.1
2005	16548.53	52.3	15100.76	47.7
2006	20456.62	52.8	18303.58	47.2
2007	27749.16	54.1	23572.62	45.9
2008	32680.56	53.3	28649.79	46.7
2009	35915.71	52.4	32602.59	47.6
2010	42488.47	51.1	40613.04	48.9
2011	51327.32	49.4	52547.11	50.6
2012	56175.23	47.9	61078.29	52.1
2013	60198.48	46.6	69011.16	53.4
2014	64490.00	45.9	75860.00	54.1

数据来源：国家统计局，见 http://data.stats.gov.cn/workspace/index? m＝hgnd。

（二）分税制改革后地方财政支出情况

从表 3-4 可以看出，1994—2014 年二十年间，地方财政支出占财政总支出的比重，最高年份高达 85.4%，最低年份也达到 65.3%。与 1981—1993 年间相比，地方财政支出占财政总支出的比重稳中有升，地方财政支出任务并没有减轻。

表 3-4　1994—2014 年中央和地方财政支出情况

年份	中央财政支出 （亿元）	中央所占比重 （%）	地方财政支出 （亿元）	地方所占比重 （%）
1994	1754.43	30.3	4038.19	69.7
1995	1995.39	29.2	4828.33	70.8

续表

年份	中央财政支出 （亿元）	中央所占比重 （%）	地方财政支出 （亿元）	地方所占比重 （%）
1996	2151.27	27.1	5786.28	72.9
1997	2532.50	27.4	6701.06	72.6
1998	3125.60	28.9	7672.58	71.1
1999	4152.33	31.5	9035.34	68.5
2000	5519.85	34.7	10366.65	65.3
2001	5768.02	30.5	13134.56	69.5
2002	6771.70	30.7	15281.45	69.3
2003	7420.10	30.1	17229.85	69.9
2004	7894.08	27.7	20592.81	72.3
2005	8775.97	25.9	25154.31	74.1
2006	9991.40	24.7	30431.33	75.3
2007	11442.06	23.0	38339.29	77.0
2008	13344.17	21.3	49248.49	78.7
2009	15255.79	20.0	61044.14	80.0
2010	15989.73	17.8	73884.43	82.2
2011	16514.11	15.1	92773.68	84.9
2012	18764.63	14.9	107188.34	85.1
2013	20471.76	14.6	119740.34	85.4
2014	22570.00	14.9	129092.00	85.1

数据来源：国家统计局，见 http://data.stats.gov.cn/workspace/index? m=hgnd。

　　分税制改革以后地方政府本级财政收入增长速度加快，同时本级财政支出开始大于本级财政收入，出现明显的财政收支缺口。地方财政支出与财政收入间差额由 1993 年的-61.20 亿元变为 1994 年的 1726.59 亿元，2013 年有增无减达到 50729.18 亿元。截至 2014 年年底，全国一般公共财政收入 140350 亿元，一般公共财政支出为 151662 亿元，即全国一般公共财政支出比财政收入高出 11312 亿元。在 2014 年财政收入与支出中，其中的地方财政收入为 75860 亿元，地方财政支出 129092 亿元，二者间差额为

53232 亿元,相比较上一年度又增长了 4.9%。说明 1994 年分税制改革后,地方本级财政支出的增长速度要大于其财政收入增长速度,地方本级财政收支缺口呈扩大趋势。因此,分税制改革后地方政府财政收入与支出不对称,地方政府在提供公共服务时,面临资金不足的困境,这势必导致地方政府在供给公共服务过程中,无论是供给的数量还是质量都会因为无法得到充足的财力保障而有可能大打折扣。

第三节　地方财政体制的运行现状

一、地方财政体制运行成效

1994 年起,地方各级政府比照中央对地方的分税制框架,结合本地实际情况,陆续实行了分税制财政体制。在分税制财政体制下,地方各级政府间在财政支出责任、事权方面逐渐形成了相应的划分机制。这种财政体制和机制经过近二十年的运转,取得较大成效,促进了中央与地方财政收入的快速增长,增强了中央财政的宏观调控能力,转移支付制度逐步纳入规范化轨道。

（一）促进了市场经济的全面发展

1994 年之前,中国省以下财政体制还停留在包干制的发展阶段,这种财政体制与社会主义市场经济体制存在诸多的不适应。分税制财政管理体制改革结束了财政包干制下的中央与地方之间复杂而不稳定的财政分配关系,从而有效地调动了地方各级政府的积极性,有利于我国财政管理体制的长期稳定。分税制与市场机制能够较好地融合,为社会主义市场经济发展创造了良好的税收法制环境。虽然地方分税制还有不规范之处,存在一些问题,但毕竟形成了符合市场经济要求的分税制财政体制模式。这对于促进社会主义市场经济的全面发展有着积极意义。

（二）增强了中央宏观调控能力

分税制财政体制确定以后，从中央收入项目构成来看，与国内生产总值增长呈明显正相关关系的消费税、增值税上划中央或实行共享，形成了中央财政收入稳定增长的来源，为提高中央财政收入的比重提供了必要条件。1993年中央财政本级收入占全国财政收入的比重为22%，1994年这一比重上升为55.7%，1995年为52.2%，1999年为49%。相关数据显示，自2009年至2014年，中央财政收入合理度呈现持续下降，也就是说中央财政收入占全国财政收入的比重持续下降。对此，《中国公共财政建设报告2014（全国版）》主编之一、社科院财经院税收研究室主任张斌表示，这一数据目前已经低于一半，而较高的占比将更有利于推动公共服务均等化。一般认为，中央财政的合理度在60%，因为要均等化，中央政府集中财力更有利于推动（公共服务）均等化。现阶段，中央政府占比已经低于50%[1]，地方政府比重在上升。中央政府需要集中必要的财力推动公共服务均等化，同时规范转移支付，让地方政府能得到它应得的钱。中央财政收入比重的上升有利于中央政府强化对地方政府行为的控制与调节，改变了包干体制下中央财政支出依靠地方上解的被动局面。这种收入分配格局对保证中央支出需要、调节地区之间的财力差距都起到了积极作用。[2]

（三）促进了地方财政收入的持续而快速增长

由于地方分税制财政体制的实施明确了各级财政收入范围，避免了各级政府财政间的互相扯皮现象，从而大大调动了各级政府大力拓宽财源、组织收入的积极性，促进了地方财政收入的持续而快速增长。地方财政收入占全国GDP的比重由1994年的5.1%提高到了2014年的11.9%。据表3-5统计，1994—2014年，地方本级财政收入年平均递增约19%，不仅高于1988—1993年包干体制下的增长水平，而且高于同期经济增长水平。

---

① 国际在线：《中国中央政府财政收入占比低于一半 财政收支透明将提升》，2014年11月28日，见http://gb.cri.cn/42071/2014/11/28/5931s4783954.htm。

② 王卫星：《中国分税制财政体制及其运行情况》，《中国经贸导刊》2000年第12期。

表 3-5　1994—2014 年全国地方收入情况　　　（单位:亿元）

年份	地方财政收入	年份	地方财政收入
1994	2311.60	2005	15100.76
1995	2985.58	2006	18303.58
1996	3746.92	2007	23572.62
1997	4424.22	2008	28649.79
1998	4983.95	2009	32602.59
1999	5594.87	2010	40613.04
2000	6406.06	2011	52547.11
2001	7803.30	2012	61078.29
2002	8515.00	2013	69011.16
2003	9849.98	2014	75860.00
2004	11893.37		

数据来源:国家统计局,见 http://data.stats.gov.cn/workspace/index? m=hgnd。

（四）强化了地方各级政府自求平衡、自我发展的意识

地方分税制实施后,由于地方各级政府间分配关系得到初步规范,从而转变了地方政府的理财观念;强化了地方政府立足于自身发展、增加收入、控制支出、加强预算外资金管理的意识,促进了地方财政收支平衡。在财政机制方面,各地方政府都作了有益的探索,如四川实行了"奖励平衡,惩罚赤字,以奖代补,以惩促平"的动态补助;江西则实行了"促中间,补两头"的促进平衡办法等。这些方法都是试图建立起一套量化的衡量县级财政状况的指标体系,来更好地促进县域经济的发展。

（五）促进了地方税收征管,优化了理财思路

新体制调动了地方政府抓财政收入的积极性。税种划分为地方税后,地方税务部门加强了对小税种的征管,扩大了财源,减少了税收流失。地方主体税种——营业税占地方收入的比重,各级政府对税种征管日渐明确化、规范化,有力地促进了财政收入的增长。

在分税制下,地方政府理财积极性得到发挥。各地方政府会根据本地

区的实际情况,寻找新的经济增长点,积极培植新的财源。例如,很多地方政府减少了对国家产业政策限制发展的烟酒等行业的投入,小烟厂、小酒厂等盲目发展的现象得到遏制,相反,对各地区特色农业和服务业的投入与支持有所加强。这正反两方面的经济转向使得各地区产业结构和资源配置都在一定程度上得到优化。

二、地方财政体制的运行特点

每一次财政体制的变迁都是对财政制度的利益激励与约束机制的重塑,是为了减少制度交易成本,减少未来交易的不确定因素从而降低机会主义行为的可能性,保证制度本身及其运行机制的效率从而同时增进中央、地方和各微观经济主体的利益和社会效用(福利)的帕累托改进。财政体制变迁同时也表现为不同利益主体在改革选择集中利益互动的三元博弈行为或策略选择行为(杨瑞龙,2000)。① 分税制改革是财政体制变迁过程中的一次历史性变革,它不是在旧体制框架内的一种过渡性、临时性、非规范性制度安排,而是对中央和地方财政关系进行一次较为规范化和制度化的制度安排。这种规范化和制度化安排的最大优越性在于它的长期性、透明性、可预测性和统一性。分税制较好地克服了包干制必然带来的中央与地方间的谈判、纠纷以及由此产生的地方对中央的离心力和地方间的互相封锁倾向,较好地解决了财政资源和配置资源的权力自身在中央和地方间的配置问题,搭起了一座财政与市场经济体制沟通的桥梁,为中央、地方和企业等经济活动主体实现自身收益最大化提供了较大的制度空间和体制激励,使各主体经济活动效用内部化、成本外部化变为可能,体制的效率得到了平稳释放。

可是,在中国推展开来的分税制,依然是一个不彻底的利益妥协方案,带有很多计划体制的印痕,与国际通行的分税制模式还有较远的距离,与市

---

① 杨瑞龙、杨其静:《阶梯式的渐进制度变迁模型》,《经济研究》2000 年第 3 期。

场经济的要求也还存在差距,体制的运行效率还有待进一步发挥。首先,分税制比较明显的不足是并未能完全做到依据事权划分地方财政支出责任,地方政府事权过大而财政支出能力过小。地方税体系的建立滞后,地方政府只能在中央规定的税制范围内组织收入,没有设立新税种和调整税率的权力。税种划分欠规范,地方税大都是小额税种,零星分散,缺少独立支撑地方财政收入的主体税种。这种未能合理地根据事权来划分财政支出责任的分税制加重了地方政府特别是基层政府的负担,同时对中央财政也带来了一定的负面影响。这种税种划分上的不科学还直接导致地区间收入划分的不合理和地区间收入的不平等。其次,分税制实施以来并没有最终形成规范化的转移支付制度。完善的分税制是要有一个有效的财政调节制度,即中央通过转移支付形式调节各地方政府行政能力,确保地方政府行使必要的行政能力所需财力得到保障。但是无论是按 1993 年税收基数返还的做法,还是按照后来调整后的"基数加增长"的转移支付办法,与真正分税制所采用的零基预算相比,都显得不够规范,还未能完全克服转移支付的随机性和随意性。因为只要采纳基数法,就意味着将财政包干体制下形成的各地方财政负担不合理和财力分配不公平的状况固化下来,属于"保存量,调增量",这种保护既得利益的转移支付方式是不彻底的,不利于地区间公共产品和服务水平的均等化,不能真正起到调节地区收入差距的作用,而有可能演化成纯粹救济性支出,有违改革的初衷。最后,分税制实施过程中还存在省以下分税制体制不完善,少数地方仍然延续原"总额分成""收入增长分成"或递增上解体制。省以下政府间共享税的范围不断扩展,税种划分中普遍夹杂着大量的按行政隶属关系和行业分税现象。省级财政通过分税和截留中央对地、市、县的税收返还,下级财政起而模仿。于是省以下各级财政间越是上级政府越是能够通过这些办法集中了大部分财权和财力,越往基层财政组织收入的能力越是弱化,从而进一步加重了基层政府尤其是县乡政府的财政困难。

　　针对日益暴露出来的县乡财政困境,财政体制近些年在不断地进行着调整与改革,当前的县乡财政体制都处于改革与调整过程中。归纳起来,目前的县乡财政体制主要有以下几种模式。

(一)省管县和市管县财政体制并存

当前我国省以下财政体制实行的是省管县体制和市管县体制并存的格局。这两类省管县和市管县财政体制的具体实施情况各异。

省管县的财政体制具体模式有两种。其中之一是县级财政完全由省直管。采取这种模式的省市除四个直辖市外,还包括河北、山西、海南、辽宁、吉林、黑龙江、江苏、浙江、安徽、福建、江西、山东、河南等18个省份。其中之二是县级财政部分收归省财政直接管辖。县级财政收支范围和体制上缴补助数均由省政府核定,县级转移支付资金也由省级财政负责分配,市级财政只负责汇总报表、调度国库资金和进行业务指导。采用这种形式的省份有贵州、陕西、青海等。

市管县的财政体制模式具体也有两种。一种是省级财政只管辖市级,县级财政完全由市级管理。湖南、甘肃等省实行这种方法。另一种是县级财政的收支范围和上缴或补助数额由市负责审核,市财政也负责汇总报表和调度国库资金,但财政转移支付由省直接测算到县,市级财政一般不进行调整。广东、广西、内蒙古、四川和西藏采用这种形式。

(二)县对乡镇财政体制由多样化向"乡财县管"转变

1.分税制改革初期的县对乡镇财政体制实行多样化财政体制

分税制改革初期的县对乡镇财政体制采取了多样的管理模式。具体来说,主要有三种类型:第一,分税制型。在省和市分税制财政体制框架下,县对乡镇确定财政收支范围。依税种将收入划分为县级固定收入、乡镇固定收入和县乡共享收入,同时核定乡镇支出数额,实行县对乡镇的税收返还制度。第二,收支包干型。即县与乡镇按照税种划分收入,收支均由县财政核定,实行超收分成、短收不补的财政体制。第三,统收统支型。乡镇的所有收入都作为县级收入,县财政按照实际需要对乡镇的工资、公用经费和其他事业发展支出进行核定,保证乡镇人员工资和正常运转的最低需要。2006

年,这种多模式的乡镇财政管理体制逐渐统一,这主要是根据财政部的部署而实施的乡镇财政管理体制改革。

2.当前普遍实行"乡财县管"的财政体制

财政部自 2004 年起开始在安徽、黑龙江等省试点"乡财县管"的乡镇财政管理体制,并逐渐在全国其他省份陆续展开试点。试点两年时机逐渐成熟后财政部于 2006 年 8 月发布《进一步推进乡财县管工作的通知》,标志着"乡财县管"的改革工作在全国范围内全面展开。根据财政部部署,除经济发达、财政收支规模大并具有一定管理水平的乡镇不实行外,其余乡镇原则上全面推行"乡财县管"体制,对经济欠发达、财政收入规模较小的乡镇,可将财政收支全部纳入县级预算,由县财政统一组织实施。因此,到目前为止,全国绝大多数乡镇均实行了"乡财县管"体制。

(三)省以下政府间财政收入划分形式多样

在中央和省依据分税制分别划定各自的政府间收入以后,各省根据自身经济发展的情况,制定了多样化的政府间收入划分形式。目前,省以下政府间财政收入划分大致有以下三种。

一是将主要行业或支柱产业收入划归省级,市县一级政府不参与分享。例如,陕西省将电力企业(不含小水电)、金融保险业(含非银行金融机构)、全省高等级公路通行费等相关收入作为省级财政收入。

二是将多种固定收入的税种划归地市或县(市)。目前,划归地市或县(市)固定收入的税种主要有资源税、城建税、房产税、车船税、印花税、契税和土地增值税等小税种,但主体税种不足。

三是将收入规模较大,收入稳定的税种划为省与地市或省与县(市)共享收入。多数省份将收入规模较大,收入稳定的税种划为省与地市或省与县(市)共享收入。中央和地方共享的税种,省与市县也大都实行共享。

(四)省以下政府间财政转移支付制度初步建立

从 1995 年起,各省根据本地实际情况,逐步建立起省以下政府间的财政转移支付制度,并取得一定的成效。

1.大部分省以县(市)为财政转移支付主体

总的来看,基本上所有省都是通过省级、地市级两级同时对县(市)实施财政转移支付。之所以以县(市)为转移支付主体,一方面由于县级政权是中国各级政权的基础,另一方面,由于长期以来各省县级财政的困难程度比较突出。省以下转移支付制度是以省级以下政府间存在的财力差异为基础,以实现所辖地区公共服务水平的均等化为宗旨,通过特定的程序、方法和规则,调整省内政府间财政关系的资金转移制度,是处理省内政府间财政关系的有效手段。以县(市)为财政转移支付主体,旨在解决县(市)财政运行困难,县乡政府债务沉重、绝大部分县(市)工资和津贴补助发放依赖省转移支付资金而运转的现状。因此,规范而完善的省以下财政转移支付制度,有利于解决公平与效率问题,调节资源配置、收入分配及公共服务水平差异,在实现县域财力均衡的同时,有利于充分调动县(市)发展经济、培植财源以及分流财政供养人员、降低行政运行成本的积极性。

2.地方政府转移支付资金初具规模并开始走向规范化

地方政府转移支付资金主要来源于两方面:一是中央对地方政府的补助支出。这部分支出已由 1994 年的 2389.09 亿元,增加到 2013 年的48037.6 亿元,占地方财政支出的 40.3%。① 中央财政转移支付力度的增加,为地方扩大转移支付规模创造了条件;二是地方政府安排的资金。各地区在对下实行财政转移支付时,享受中央一般转移支付补助的地区,在中央财政分配的财政转移支付资金基础上,根据本地区财力情况,安排了一部分资金,一并对下实行财政转移支付。没有享受中央一般转移支付补助的地区,也从本地区的财力中拿出一部分财力对下实行财政转移支付。

3.确定了合理的地方转移支付的近期目标

各地区地方转移支付的近期目标主要定位于维持支付机构的正常运转,保障工资的按时发放以及财政预算收支平衡。由于多年来中国各级财

---

① 数据根据《中国统计年鉴》(2013)相关数据计算得出。

政主要是"吃饭"财政,县级财政收支缺口较大,很多县不仅缺少发展资金,而且连正常的工资也难以按时足额发放。因此,目前省以下过渡性财政转移支付也只能是缓解省以下尤其是县级财政运行中的突出矛盾。

(五)地方预算外资金的广泛存在

通过 1994 年分税制改革,中央集中了大多数税种的征税权,地方政府只支配少量税种的权力,并且这些小额税种所能集中的财政收入很少。中央财政虽然也建立起了中央政府对地方政府的转移支付制度,但转移支付的资金有限,转移支付不规范,随意性很大,且有时难以及时到位。因此,地方政府财力捉襟见肘的现象时有发生。极端弱化的财力倒逼地方政府想尽一切办法积极寻找新的财源,扩大预算外收入,以满足其完成上级部门下压事权所需财力。当前地方预算外资金广泛存在,其中最大的一块要算是土地出让金。"财政部公布的 2013 年全国财政决算情况显示,土地出让金收入决算数为 39073 亿元,是预算数的 152.6%,这是土地出让金在 2011 年达到 3.11 万亿元巅峰后再创历史新高。土地出让金在 2011 年突破 3 万亿后,2012 年下降至 2.7 万亿元,而 2013 年再猛增 1.2 万亿元,3.9 万亿的土地出让金占国有土地使用权出让收入的 95%。"[①]

三、当前地方财政体制运行存在的问题

当前地方财政体制较好地调动了地方各级政府发展经济和组织收入的积极性,基本保障了基层基本公共服务的提供以及基层政权的正常运行,但也存在一些亟待解决的问题。

(一)地方政府财政支出责任与事权不对称

1994 年实施的分税制财政体制改革主要是调整了中央与地方政府之间的事权和财政支出责任范围,但对省以下各级地方政府之间的事权和财

[①]　刘小珊:《2013 年土地出让金 3.9 万亿创历史新高》,《南方周末》2014 年 7 月 14 日,见 http://www.infzm.com/content/102312。

政支出责任划分没有作出统一规定,各地在推行分税制时出现了事权下移和财权上收的问题。

1.地方政府财权集中于省的现象普遍

在全国各省中,省与市县共享税种设置过多,36个省区和计划单列市中,将增值税、企业所得税、个人所得税等5个以上税种列为共享收入税种的省区市就有17个,共享收入中的省级分享比例占比过大。以增值税为例,部分省规定,如果省级财政征收到增值税,那么省级财政的边际留成率为25%;如果县级财政征收到增值税,县本级财政只可留成10%,省级财政提走15%。这种财权财力的层层上收导致基层财政困难,严重制约了基层政府的财力水平,继而影响其职能作用的发挥。

2.地方政府间事权划分重叠,重点不分,并在实际实施中下移现象较为普遍

当前,省、市县和乡镇之间的事权大体相似,划分模糊,高度重叠,经常出现"你中有我,我中有你"的情况。事权重叠本身并没有错,因为很多事权需要共同承担,但问题是重点不分,使得各级政府难以做好自己定位,难以发挥自己的特长。在遇到问题时,出现无人负责层层推诿的局面。同时,由于缺乏事权的正式划分,事权划分模糊,意味着上级政府有决定下级政府事权的权力。我国四级地方政府层层具有行政隶属关系,这会导致上级政府尽量把事权下移,加大地方财政支出压力,最终导致我国基层政府事权与财政支出责任的严重失衡。

(二)地方财政转移支付制度不规范且转移支付的力度较小

近年来,地方各省份在中央对地方财政转移支付制度不断完善和规模逐渐加大的情况下,也相继建立了地方纵向财政转移支付体系,主要包括财力性转移支付和专项转移支付。财力性转移支付包括一般性转移支付、调整工资转移支付、农村税费改革转移支付、民族地区转移支付、缓解县乡财政困难奖补资金("三奖一补")和地方政府实施的激励性转移支付等。而专项转移支付是为实现省级政府的特定政策目标,以及委托市县政府代理

的职责而设立的补助拨款,要求专款专用。地方财政转移支付制度虽已初步形成,并已取得了一定成效,但仍存在着力度较小、功能较弱和不规范等问题。

1.转移支付总体规模较小

从全国范围来看,存在多数省级财政财力有限,对市县的转移支付不足等现象。尽管近年来中央不断加大对省级财政的转移支付力度和规模,但是,由于地方各省承担的支出责任日益增多以及中央对地方转移支付本身也存在随意性和力度弱化等问题,因此,多数省级政府的财力依然有限,难以加大对省级以下政府的转移支付规模。转移支付制度已成为市场经济国家处理政府间财政关系的普遍做法和基本方式。依据国家中央财政和地方财政关系的不同,可分为分权、集权两种主要类型,不同类型的国家,其政府间转移支付采取的方式与特点也不同。总体来讲,联邦制国家如美国、德国等,其财政体制为分权型,相应地中央对地方的转移支付规模较小。日本和法国等作为单一制国家,其财政体制为集权型,相应地中央财政对地方财政的转移支付规模较大。我国财政体制上更接近于日本和法国的集权型,但是相比较这些国家而言,中央财政对地方财政转移支付总体规模偏小。

2.转移支付结构不合理

转移支付结构的不合理,归结起来主要表现在两个方面。

一是专项转移支付规模较大,比重偏高。1994—2013 年,专项转移支付从 361 亿元增长到 19265.86 亿元,增长了 52.4 倍。2014 年专项转移支付 19569.22 亿元,专项转移支付占转移支付总额的 41.8%。特别是在1998 年积极财政政策实施后,由于刺激内需而增发国债,专项转移支付增长较快。专项转移支付过多,一方面,不利于地方政府统筹安排转移支付资金,加剧基层财政资金配套的压力,使原本就十分拮据的财政局面更加雪上加霜;另一方面,在地方财政财力紧张的情况下,执行中被挤占和挪用的现象十分严重,部分资金成了地方政府的"吃饭"钱,出现了专项转移支付财力化倾向,使得上级政府试图通过专项转移支付实施国家宏观调控,促进各地协调发展和调整产业结构,优化资源配置的政策目标难以实现。

二是一般性转移支付规模过小。目前一般性转移支付是最具有均衡地方财力作用的转移支付形式。国际上通行的做法是,将一般性转移支付作为中央对地方转移支付的主要形式,其占全部转移支付的比例在50%左右。而2015年2月2日发布的《国务院关于改革和完善中央对地方转移支付制度的意见》中规定"增加一般性转移支付规模和比例,逐步将一般性转移支付占比提高到60%以上"。如果按"窄口径"计算,即,不计入税收返还和原体制补助后的各项转移支付,2014年中央对地方转移支付46787.09亿元,其中,中央对地方一般性转移支付27217.87亿元,占全部转移支付总额的58.2%。由此可以看出我国一般性转移支付占比逐年提高,2012年为53.3%,2013年为57.1%,2014年为58.2%。但是,如果按"宽口径"计算,即,将税收返还和原体制补助计入全部转移支付,那么,2013年,我国中央对地方一般性转移支付的金额为24538.35亿元,一般性转移支付占全部转移支付的比重为45.33%。从一般性转移支付的作用和国际通行做法而言,这一比重还是规模略小,不利于发挥其对地方均衡发展的调剂作用。一般性转移支付与专项转移支付结构的优化,有助于更好解决地方均衡发展问题。一般性转移支付占全部转移支付的比重过小限制了其均等化作用的发挥,基层财政困难问题依然得不到较好的解决。

3.转移支付级次过多,截留现象严重

从1995年开始,省级政府参照中央对地方政府的转移支付办法,制定了省政府对下级政府的转移支付制度和办法,主要形式包括原体制补助、转移支付补助、增加工资补助、结算补助、其他补助和专项补助。省市两级以县级单位为对象,实施多级次转移支付。同时,中央转移支付测算与下拨到省以后,基本上留作平衡省本级财力使用,即使在省级基础上再次对省以下层级政府进行转移安排,也往往会附加种种比较苛刻的限制条件,或以专项转移支付形式下拨,资金如何分配完全掌握在省级政府手里,缺乏法律依据。① 此外,在省级政府以下,还存在着地市、县(县级市)、乡镇三级政府,这就会导致中央或上级转移支付链条过长,在转移支付资金拨放的过程中,存在着被层层截留、挤占和挪用的现象,致使转移支付资金拨付不及时,或者干脆就被上级政府挪用,转移支付政策效果和作用大打折扣。

4.转移支付制度不规范

分税制财政体制的建立初衷之一即是建立起规范的财政转移支付制度,但是在实际执行过程中这一目标并不现实。转移支付制度不规范的表现之一是测算标准各不相同。有些省份采用公式法,有些省份采用标准收入法和标准支出法,还有的省份采用标准财政供养人员测算法。另外,转移支付的系数和特殊因素的处理等也大不相同。表现之二是转移支付在分配过程中的人为因素多,随意性大。往往某个领导一句话就决定了某个市县的资金分配,跑项目、跑资金成为普遍现象。表现之三是转移支付决定权分散。如专项转移支付,一般按部门归口管理,各相关厅局都有分配权,且专项转移支付所属项目繁杂,只能专款专用,无法纳入地方财政预算的统筹安排。其结果是有限的资金没有用于提供或改善人民群众最需要的、最基本的公共服务。②

5.地方财政高度依赖中央转移支付

中国当前财政体制一个重要特征是地方财政支出对中央的转移支付依赖程度比较高。2009 年,地方财政收入 61202.04 亿元,其中,地方本级收入 32580.74 亿元,来自中央对地方税收返还和转移支付收入 28621.3 亿元,地方财政支出 61044.14 亿元。即,地方财政支出的 46.9%来源于中央财政转移支付。2010 年,地方本级收入 40609.8 亿元,加上中央对地方税收返还和转移支付收入 32349.63 亿元,地方财政收入总量 72959.43 亿元,

---

① 卢友富:《西方发达国家财政体制研究》,吉林人民出版社 2004 年版,第 253 页。

② 张通、欧文汉、方向阳:《改革完善省以下财政体制的思考和建议[EB/OL]》,财政部网站,见 www.mof.cn/ bangong ting/zhengwuxinxi/diaochayanjiu/200806。

地方财政支出 73602.49 亿元。2010 年,地方财政支出的 44.0%来源于中央财政转移支付。2011 年,地方本级收入 52433.86 亿元,加上中央对地方税收返还和转移支付 39899.96 亿元,地方财政收入总量 92333.82 亿元,地方财政支出 92415.48 亿元,地方财政支出的 43.17%来源于中央财政转移支付。2012 年,地方本级收入 61077.33 亿元,加上中央对地方税收返还和转移支付收入 45383.47 亿元,地方财政收入总量 106460.8 亿元,地方财政支出 106947.45 亿元,地方财政支出的 42.4%来源于中央财政转移支付。2013 年,地方本级收入 69011.16 亿元,加上中央对地方税收返还和转移支付收入 68122.86 亿元,地方财政收入总量 137134.02 亿元,地方财政支出 119740.34 亿元,地方财政支出的 56.89%来源于中央财政转移支付。2014 年地方本级收入 75860 亿元,中央对地方税收返还和转移支付收入共计为 51874 亿元,地方财政支出 129092 亿元,地主财政支出的 40.18%来源于中央财政转移支付。以上数据表明,从 2009—2014 年,地方财政支出对中央财政转移支付的依赖度均在 40%以上[①],地方财政支出中有接近一半要靠中央转移支付来支撑,经济不发达地区的这一比例更高,形成名副其实的"大转移支付、小地方税"格局。究其原因主要是由于地方自主财权财力有限,因此,只能依靠中央转移支付才能正常运行。

(三)地方财政运行缺乏绩效评价体系和科学有效的监督体系

1.地方财政运行缺乏绩效评价体系

无论是政府预算编制,还是地方财政根据预算组织财政收入,执行支出计划,都需要科学合理的绩效评价机制。然而,绩效评价机制在中国财政体系中还没有能够完整建立。地方财政在运行过程当中由于缺乏科学合理的评价机制,很难达到规范预算编制,优化财政收支结构,改善财政资源配置效率的目的,不利于我国地方财政朝民主化、法治化、科学化的方向发展。一直以来建立绩效评价体系的呼吁从未间断,然而由于所需成本较高,地方

---

① 数据来源于财政部网站并经作者整理。

政府又缺少足够动机(我国长期以来对 GDP 的过分强调也使地方政府对绩效评价的认识不足),致使这一机制迟迟未能得到建立。

2.地方财政运行缺乏科学有效的监督体系

在地方财政运行中,缺乏人大和公众的有效监督作用。之所以这样说主要是基于三个方面:一是预算信息不完整,财政透明度较低。预算中只有公共预算部分较为完整,缺少国有资本经营预算、社会保障预算的相关信息;预算编制、执行、审批等环节缺少公众参与,难以确保预算内容符合群众利益;二是缺少相关法律法规对人大及公众的监督权予以保障。政府在公开财政信息方面有很大的选择性和随意性,而在拒绝公开财政信息时又不会受到法律处罚,导致公开的财政信息不完整、不具体、可读性较低,人大和公众在监督地方财政运行时处于明显的劣势地位,很多监督活动沦为形式。这些都将阻碍我国地方财政收支活动无法切实以人民的利益为出发点,以公众的需求为导向,阻碍地方政府发展成为现代、高效的服务型政府。三是人大和公众对财政运行的监督意识较弱,这种监督意识的薄弱一方面是由于中国的预算可读性较低,难以读懂,另一方面是由于地方人大代表处于弱势地位,很多本应由人大行使的权力被交由国务院及相关行政部门来行使,人大在监督地方财政运行中处于被动地位。①

第四节　县乡财政困境的生成与表象

一、分税制改革和免征农业税后的县乡财政困境的凸显

根据原《中华人民共和国预算法》,地方政府不允许列赤字也不得发行公债,但是地方往往在收支难以平衡时采取变通的方式进行债务融资,这是一种制度外融资方式,大多属于隐性负债,很难在公开的常规统计数据中获

---

① 林江、曹越:《透视我国地方财政的改革与发展》,《地方财政研究》2013 年第 2 期。

得准确数据并判定其规模。迄今为止,最为确切的官方信息是审计署发布的相关公告。2011年审计署公布关于政府债务审计报告《2011年第35号:全国地方政府性债务审计结果》,截至2010年年底,全国地方政府性债务余额107174.91亿元,政府负有偿还责任的债务6.7万亿元,政府负有担保责任的或有债务2.3万亿元,政府可能承担一定救助责任的其他相关债务1.7万亿元。受多种因素影响,这一数据近几年来增长很快,截至2013年6月底,地方政府负有偿还责任的债务108859.17亿元,负有担保责任的债务26655.77亿元,可能承担一定救助责任的债务43393.72亿元,这三类债务比2011年审计署公布的数据增加显著。省市县三级政府负有偿还责任的债务余额105789.05亿元,比2010年年底增加38679.54亿元,年均增长19.97%。其中,省级、市级、县级年均分别增长14.41%、17.36%和26.59%。① 这说明我国地方政府债务在近年呈现快速积累的势头。虽然从全国层面分析的政府债务负担状况表明我国政府性债务各项风险指标均处于国际通常使用的控制标准参考值范围内,风险总体可控。但是,就地方债务负担而言,状况并不容乐观。

（一）县乡财政收入大幅度减少

农村税费改革后,制度设计上,取消农业税减少的收入由中央财政进行补助,县乡财政收入不会因此而减少。然而,农村税费改革在减少税收收入的同时,也规范了政府的非税收入和面向农民的收费项目,致使基层政府制度外收费的路子同时被堵住,因此,县乡政府的实际收入随着农村税费改革的推进而大幅度减少。据农业部、财政部和农村税费改革办公室统计,农村税费改革前县乡基层面向农民的制度外收费至少是农业税的3倍。例如,安徽取消农业税后所减少的县乡财政收入约为30多亿元。但是,取消农民政策性负担实际相应减少县乡财政收入约54.5亿元（农民人均减负109.4

---

① 中华人民共和国审计署:《2013年第32号公告:全国政府性债务审计结果》,审计署网站2013年12月30日,见 http://www.audit.gov.cn/n1992130/n1992150/n1992500/3432077.html。

元),规范收入管理实际相应减少县乡各类收费近 100 亿元,这两项合计共减少县乡财政收入约 150 亿元,是农业税的 5 倍。

(二)县乡财政自给能力差

1994 年分税制财政体制的实施大大提升了中央财政的集中度,改变了中央财政赢弱的局面。与此形成鲜明反差的是,分税制的实施也弱化了地方政府的财政自给能力。为扶持农业发展减轻农民负担,中央政府于 2000 年开始推进税费改革逐步取消农业税。农业税的取消对于以流转税为主要财政收入的富裕地区影响并不是很大,而对于以农业为主体财政收入的地区而言却是失去了重要的收入来源,影响非常巨大。因此,整体而言,税费改革和免征农业税后,使得绝大部分县乡两级政府财力逐年下降,特别是县级政府财政收入一再被挤压,成为当前中国各级政府层级中财政自给能力最低一级地方政府。过低的财政自给率意味着地方可支配收入严重不足。地方可支配收入不足的结果,一是制约地方政府职能的有效发挥,进而影响地方经济社会的发展。二是财力不足直接影响到公共服务供给的质量。三是增加了一些地方政府对中央转移支付的依赖性,在一定程度上削弱了地方组织财政收入、提高工作效率的主动性和积极性。四是迫使地方政府不断寻求预算外收入,隐性债务、土地财政、超预算收入等不规范收入不断膨胀,乱收费现象并没有从根本上得到遏制。

(三)乡镇政府债务问题突出

1.乡镇政府债务数额不容乐观

乡镇政府债务很多源于历史遗留,形成时间长,原因复杂,数额巨大。据有关部门统计,中国社会科学院调查数据称,20 世纪末,中国乡镇政府负债现象相当普遍,以农业为主的乡镇几乎没有不欠债的。湖南全省 2000 多个乡镇,负债面高达 88.2%。浙江丽水 194 个乡镇,161 个有赤字,覆盖面将近 90%。审计署 2013 年针对全国债务审计的报告显示,截至 2013 年 6 月底,地方债务总额为 17.8909 万亿元。其中,负有偿还责任债务为 10.8859 万亿元,占 60.85%;具有担保责任债务为 2.6656 万亿元,占

14.90%;承担一定救助责任的债务为 4.3394 万亿元,占 24.25%。① 而乡镇政府债务更是处于溃塌的边缘,2013 年湖南省、湖北省公布的审计调查结果显示,截至 2013 年 6 月底,两省分别有 293 个和 443 个乡镇政府负有偿还责任债务的债务率高于 100%。在经济比较发达的东部沿海省份,乡镇政府负有直接偿还责任的债务有的高达 570 多亿元。加上当地乡镇政府承担担保责任或救助责任的债务,则逼近千亿元大关。国家审计署报告显示,全国有 3465 个乡镇政府负有偿还责任债务的债务率高于 100%。② 如果再考虑村级债务,数字还要翻一番。

2.乡镇政府债务呈现增加态势,可能会给乡镇经济正常运转和社会稳定带来负面影响

全面取消农业税后,一方面乡镇财政收入减少,导致维持乡镇政府运转所需基本资金也难以满足,乡镇政府不得不借新债保运转,这使得乡镇债务有增加的趋势;另一方面,取消向农民收费,切断了乡镇预期的还款途径,且短期内属于乡镇财政的工商税收入不可能大幅度增加,乡镇财政面临的归还债务本金和债务利息的压力和风险陡然加大③,乡镇政府被堵门要债的情况时有发生,严重影响到乡镇的正常运转和社会稳定。截至 2010 年年底,全国有 3 个省级、78 个市级、99 个县级政府负有偿还责任的债务率高于100%。其中,有 2 个省级、22 个市级、20 个县级的 2010 年政府负有偿还责任债务的借新还旧率④超过 20%。还有 4 个市级政府和 23 个县级政府逾期债务率超过了 10%。这一情况截至 2012 年年底,全国有 3 个省级、99 个市级、195 个县级政府负有偿还责任债务的债务率高于 100%。其中,2012

① 蔡如鹏:《中国地方债还款进入高峰年 大规模治理拉开帷幕》,《中国新闻周刊》2015 年 3 月 26 日,见 http://news.ts.cn/content/2015-03/26/content_11143113_all.htm#content_1。

② 苏晓洲等:《多地乡镇政府背高额债务:家家户户都是政府债主》,《新华网》2014 年 8 月 20 日,见 http://money.163.com/14/0820/16/A43SGJF100254TI5.html。

③ 魏星河、吴洪国:《取消农业税后欠发达地区乡镇财政的困境及出路》,《求是》2008 年第 7 期。

④ "借新还旧率"是指举借新债偿还的债务本金占偿还债务本金总额的比重。

年有 2 个省级、31 个市级、29 个县级、148 个乡镇的政府负有偿还责任债务的借新还旧率超过 20%。从这三年数据对比可看出县乡政府近年来债务负担有日趋加重之势。所以虽然全国范围内的债务总量处于安全区,但是局部负债过量不容小觑。

乡镇政府债务情况的比较确切数据在 2013 年的审计署报告中有了初步披露。2013 年的审计署公告数据显示,截至 2013 年 6 月,乡镇政府负有偿还责任的债务 3070.12 亿元,负有担保责任的或有债务 116.02 亿元,政府可能承担一定救助责任的其他相关债务 461.15 亿元。有学者分析后认为这一数据存在低估的可能性。1999 年农业部摸底调查发现 1998 年乡镇政府债务就已经达到 1776 亿元。财政部科学研究所 2004 年按中值法估计乡村两级债务在 6000 亿元,高值法估计超过 1 万亿元。如果我们以这一估计中比较保守的 6000 亿元为基数,假设乡镇政府债务占乡村两级债务的50%,那么 2004 年乡镇政府债务就可能已经超过 3000 亿元。2005 年中央号召新农村建设后,乡镇政府债务进一步增加,2008 年北方民族大学李苏到宁夏回族自治区的 4 个乡调研发现,2007 年相比 1998 年,乡级债务都有了明显的增长。如果参考审计署的省市县层次的债务增速,即使相对保守地推测,至 2013 年乡镇一级政府的债务也将达到 6000 亿元至 8000 亿元的区间,真如此,对于县乡两级政府而言都存在着较大风险隐患。尤其是借新还旧,地方债对地方财政的缓释作用被削弱,并且如此累积将导致地方债规模像滚雪球一样越滚越大。

(四)对地方财政监督不力

1.对地方财政的监督方式单一

长期以来,由于受财政监督职责权限等因素的影响,部分地区的财政监督工作主要针对财经领域的某些突出问题进行专项检查治理,并针对事后的财务会计结果进行处理,监督的方式较为单一,也不尽规范。从监督方式上看,表现为专项检查和突击性检查多,日常监督少;从监督内容上看,表现为对公共收入检查多,对公共支出监督少;从监督环节上看,表现为集中性和非连续性的事后检查多,事前、事中监督少。由于现行财政监督是重于事后检查,疏于事前、事中监督,重微观检查,轻宏观管理,使很多违法违纪问题都在既成事实后才被发现,从而造成财政、税收等经济领域的违法违纪现象屡查屡犯,给国家造成了无法挽回的损失。

2.财政监督与管理相脱节

从现行地方财政监督与财政管理现状来看,部分地区的财政职能部门与监督机构之间尚未建立规范的信息交流平台和沟通方式,导致财政监督机构不能及时准确掌握财政资金的分配、流向和拨付使用情况等监管信息,使监督检查工作经常处于被动地位,降低了监督检查工作的时效性和权威性。由于财政监督滞后于财政管理,不能对整个资金使用过程进行全方位监督,以至于许多部门和基层预算单位编制虚假预算套取财政资金、截留专项资金和挪用项目资金等现象屡见不鲜,财政支出效益不高、损失浪费严重等,更有甚者连扶贫救灾资金和群众社会保障资金也敢挪用。

3.执法力度不够,监督效果不理想

对财政监督检查中发现的违法违纪问题,要依据《会计法》《国务院关于违反财政法规处罚的暂行规定》等相关法律法规的规定,给予相应的处罚,除了对单位处罚外,对相关责任人视情节轻重给以行政处分,涉及犯罪的应移送司法机关。但是在具体执行过程中,往往侧重对单位给以经济处罚,却很少追究相关责任人的责任。

正是基于上述这些问题的存在,人们将解决问题的根本寄托于新预算法之上。新预算法也从立法宗旨上即确定为规范政府收支行为,建立规范和制衡政府收支行为的法治型预算制度。新预算法强调实行"全口径预算",将政府全部收支纳入预算范围,并具体规定"预算包括一般公共预算、政府性基金预算、国有资本经营预算、社会保险基金预算"四项内容,并规定除涉及国家秘密事项以外,经批准的预算、预算调整、决算、预算执行情况的报告及报表,以及对于政府举债情况的说明,应该在规定期限内由政府财政部门向全社会公开说明,实行预算全公开制度。各级人大需要对本级预算、决算进行审查监督。新预算法还明确规范和完善了转移支付制度,要求建立健全专项转移支付的"定期评估和退出机制",凡市场竞争机制能有效调节的事项,"不得设立专项转移支付"。针对现存的下级政府配套资金压力过大问题,新预算法规定除上下级政府共同承担事项外,上级安排专项转移支付不得要求下级配套。对于是否允许地方政府举债的焦点问题,新预算法在严格控制风险的前提下予以放行,并规定除满足预算法规定外,"地方政府及其所属部门不得以任何方式举措债务",这对于规范地方政府债务融资具有重要意义。

二、"乡财县管"体制的现实困境

自 2004 年起,受财政困境所迫和国家政策引导驱动,一些地区积极推动"乡财县管"体制。继安徽、黑龙江在试点基础上全面推行"乡财县管"体制之后,吉林省也于 2005 年全面推行"乡财县管"的县乡财政管理体制改革。随后,内蒙古、江苏、江西和河南等地也开始选择部分区县进行"乡财县管"的财政体制改革试点。2006 年 7 月,财政部发布《关于进一步推进乡财县管工作的通知》(财预〔2006〕402 号),要求在全国范围内逐步推进以"预算共编、账户统设、集中收付、采购统办、票据统管、乡镇联网"为主要管理模式的"乡财县管"改革,以规范乡镇政府财政收支行为。"乡财县管"财政体制改革是在坚持乡镇财权不变的前提下,以乡镇作为独立核算主体,由县级财政部门直接管理并监管乡镇财政的一种预算管理方式。它是基于乡镇财政严重困难而采取的基层财政体制改革的新尝试,是省级以下财政体制改革的创新性试验,是对乡镇财政管理方式的一次重大改革。截至 2011年年底,全国实行"乡财县管"的乡镇已达 2.93 万个,约占全国乡镇总数的 86.1%。①

---

① 财政部:《2012 年县级基本财力保障机制奖补资金超千亿元》,人民网,2012 年 5 月18 日,见 http://politics.people.com.cn/GB/70731/17929211.html。

实行"乡财县管"改革的乡镇财政制定了统一的开支标准、支出范围、审批程序和财务核算制度,从而加强了支出管理,在规范乡镇支出行为上取得了较好的效果。这在一定程度上控制了乡镇政府使用财政资金的随意性,有效地防止了乡镇截留挪用、乱收滥支现象,抑制了乡镇财政供给人数的乱象增长,有效缓解乡镇财政困难,保证了农村基层政权正常运转的需要。但是,"乡财县管"是在分税制财政体制不彻底、导致普遍地县乡财政困境爆发,尤其是乡镇财政难以为继情况下的权宜之计,并非是治本之策。因此,这种"乡财县管"的调整也就无法彻底缓解县乡财政体制的根本性弊端。这预示着"乡财县管"的财政管理体制在实施过程中无可避免地会存在诸多问题。

(一)影响乡镇组织收入和当家理财的积极性

"乡财县管"的直接目的是破解乡镇政府的财政困境。"乡财县管"之后,乡镇政府财权被上收,财政预算的自主性和灵活性受到制约,其发展地方经济的积极性严重受挫。即,实行"乡财县管"后,一些财政困难的乡镇认为乡镇预算支出由上级安排,预算收入由税务部门进行征管,收支缺口由县(市)财政负责"兜底",不必再为财力不足而担心,收多收少、早收晚收与乡镇无关,其财政增收的积极性势必降低。而一些富裕乡镇可能担心其财政收入增量或自身节余财力将被县(市)财政调度用于搞平衡,从而影响其培植财源、增加财政收入的积极性。"乡财县管"削弱了乡镇的财力分配权,降低了乡镇理财的积极性和责任意识,虽然这一财政管理体制的改革通过加强对乡级财政支出的管理,能够相对减少行政成本和资金浪费现象,但是,因为它仅仅是对县乡两级财政管理权限的变动,县乡两级政府的总财力并未增长,因此并不能从根本上缓解县乡财政困境。相反,由于乡镇的财政支出与收入之间、财政收入与经济发展之间的联系被弱化,反倒使得乡镇政府由于有了县级财政兜底和保险而对本级财政收入漠不关心。正如斯科特所指出的:"庇护关系是一对角色之间的交换关系,可被界定为两人之间工具性友谊关系的一种特殊情况,其中占据较高社会经济地位的庇护者,利用其影响力和资源向社会经济地位较低的被庇护者提供保护和利益,作为回报,被庇护者则向庇护者提供一般性的支持和帮助,包括个人服务。"①

（二）有违预算法精神

原预算法第一章第二条规定:国家实行一级政府一级预算,设立中央、省、市、县和乡五级预算。实行"乡财县管"后,乡镇预算由县乡共同编制,县财政直接监督管理乡镇财政财务收支,实行乡镇财政机构的垂直管理。"乡财县管乡用"在一定程度上意味着政权、财政支出责任与事权相分离,实际上在很大程度上剥夺了原预算法规定的乡镇政府的预算管理权,不利于乡镇财政财务管理,乡镇财政实际上成为一个报账制的单位,使"一级政府一级预算"无法全面落实,有违原预算法精神。

2014年8月31日,历时十年、经历三届人大、经过四次审议的《预算法修正案》终于由全国人大常委会表决通过,并于2015年1月1日起实施。新预算法在乡镇财政权限上作出了相应的调整与修正。一是国家实行一级政府一级预算,乡镇一级政府也要设立预算。新预算法第一章总则第三条规定,国家实行一级政府一级预算,设立中央、省（自治区、直辖市）、设区的市（自治州）、县（自治县、不设区的市、市辖区）、乡（民族乡、镇）五级预算。这就对目前"乡财县管"模式下,乡镇一级政府在部门预算编制上是一个预算单位的概念转变为一级政府一级预算的要求提出了新课题。"乡财县管"只是为提高乡镇财政性资金使用管理水平采取的一种措施,并没有改变乡镇预算的主体地位,乡镇财政资金的所有权、使用权、财务审批权"三不变"。国家实行一级政府一级预算,乡镇一级政府也要设立预算;二是人大预算审查监督由"虚"到"实"。新预算法第二章预算管理职权第二十一条乡、民族乡、镇的人民代表大会审查和批准本级预算和本级预算执行情况的报告;监督本级预算的执行;审查和批准本级预算的调整方案;审查和批

---

① Scott, James C., "Patron-Client Political Change in Southeast Asia", *The American Political Science Review* 66(1), 1972, p. 92.

准本级决算;撤销本级政府关于预算、决算的不适当决定和命令。也就是新预算法将乡、民族乡、镇的人民代表大会职权提升到新高度。因为1993年的预算法虽确认了"一级政府一级预算",但"不具备设立预算条件的乡、民族乡、镇,经省、自治区、直辖市政府确定,可以暂不设立预算"。正是基于这一规定,不少经济欠发达地区普遍实行"乡财县管",将乡镇预算纳入县级政府代编乡镇预算,但是代编的预算仍需经乡镇人大审批,且要经过省级政府批准。这种相比较预算法修改前允许不设立预算,新预算法的这种折中仍然不失为一种进步;三是乡镇财政预算管理制度必须规范透明,预算公开要全面推进。新预算法第一章总则第三条规定,经本级人民代表大会或者本级人民代表大会常务委员会批准的预算、预算调整、决算、预算执行情况的报告及报表,应当在批准后二十日内由本级政府财政部门向社会公开,并对部门预算、决算中机关运行经费的安排、使用情况等重要事项作出说明。经本级政府财政部门批复的部门预算、决算和报表,应当在批复后二十日内由各部门向社会公开,并对部门预算、决算中机关运行经费的安排、使用情况等重要事项作出说明。各级政府、各部门、各单位应当将政府采购的情况及时向社会公开。

新预算法为深化改革留有空间,目前乡镇财政管理必将随着改革的发展继续推进。法律的生命力在于实施,以改革的精神、法治的精神贯彻执行新预算法将是长期而艰巨的任务。

(三)增加改革成本,影响工作效率

"乡财县管"将资金的收支、调配权集中到了县级财政部门,将乡镇的"收入专户"统一设置在县财政局,县级政府负责对乡镇资金运转进行监控。乡镇政府完成一项支出要在七个人手中传递和审核,即经过报账员、核算会计、财政结算员、财政所长、乡镇长、中心结算员、中心主任七个环节,通过乡镇和县级两级财政审批,填写表格多,管理程序增多,手续复杂,整个工作程序链拉长。由于县与乡镇财政财务管理工作量大,往来频繁,特别是在贫困地区暂时无法实现县与乡镇电子邮件交换票据和电子汇兑,存在票据传递和资金到位不及时的现象,这势必会造成行政成本增加,办事效率降低,影响工作效率,从而使"乡财县管"的负面效应被放大。① 此外,在编制乡镇财政预算时,县级财政根据各乡镇经济业务量的大小核定备用金限额。但一些乡镇因备用金偏少,财务周转难,难以应付大额开支以及一些突发事件,为此不得不频繁报账,把大部分精力花在报账上,天天绕着财政会计核算中心走,这也造成行政办事效率的低下。②

(四)县乡间支出责任不明确,管理体制和财政职能亟待理顺

"乡财县管"使乡财与县级主管部门间的一种委托与代理的关系得以形成,其实质上是对乡镇财力的上收。对乡镇资金使用审批权的上收,实践操作上不仅仅是审批权的明显转移,也意味着资金使用权和所有权的隐性转移。乡镇财权上收到县,相应的乡镇的支出责任,对乡镇居民的公共服务供给义务也应该向上转移到县级政府部门,这就要求县级政府要切实担负起公共服务供给的责任。总之,上收乡镇政府的财权实质上也架空了乡镇政府的其他权力。如果乡镇及其以下农村的公共事务没有办好,发生问题,那么,行政上究竟要向谁来问责?是问责乡镇政府还是县政府?③ 如果这些事权不随财权的上移而做出明确规定,问题一旦发生势必会出现互相扯皮推诿现象,会使得县乡之间的支出责任变得模糊不清。

经济制度是一种社会性的建构④,作为一种制度嵌入,"乡财县管"无疑是一次集权式的改革。在中国这样一个单一式财政体制的国家,任何制度改革中财政集权的理念在各级政府的层层操作中都容易变得"过度集权",

---

① 王桂梅:《"乡财县管"的利弊分析》,《辽宁行政学院学报》2007 年第 3 期。

② 刘宏波等:《"乡财县管"改革后乡镇财政管理面临的问题与对策》,《财政纵横》2011年第 3 期。

③ 管荣开:《"乡财县管"不宜急于推行》,《农村财政与财务》2004 年第 8 期。

④ Granovetter, Mark and Swedberg, Richard, eds. *The Sociology of Economic Life*, Westview Press, 1992, pp. 6–19

过度集权的后果是"越俎代庖",下级政府变得缚手缚脚。① "乡财县管"的制度设计,直接导源于乡镇政府的财政困境,而乡镇政府又是造就这一局面的始作俑者。这样,将乡镇作为一级政府的财权相应上收,便成为有效规制乡镇政府财政行为的不二选择。"乡财县管"后的乡镇政府被束缚了手脚,基层政权的自主性和灵活性被削弱,乡镇政府的实际治理能力屡弱。正如赵树凯所指出,财政规定了政府的基本边界。没有"财",便没有"政"。②在县乡财政资源"增量"不变的前提下,企图通过"乡财县管"的管理模式来对县乡财政"存量"进行重新分配,无疑会加剧县级财政的压力。相对于县级政府由财政压力而引发的"焦虑"来说,乡镇政府反而显得比较"超然"。尽管从某种意义上来说,这种"超然"或许是一种无奈之举。"焦虑"与"超然"共生,充分展示了"乡财县管"之后县乡关系的尴尬格局。③ 同时,实行"乡财县管"后,乡镇财政归属财政部门直管还是属于乡镇直属事业单位,模式不尽相同。如湖北省在推行乡镇综合配套改革后,不少乡镇财政所"三权"全部下放乡镇政府,接受乡镇领导。这样一来,虽然乡镇政府的理财职能得到了增强,但是乡镇财政监督职能难以真正落实,县级财政部门布置的工作不能落实到位,缺乏管理制约手段。此外,在实施"乡财县管乡用"改革和全面取消农业税后,如果乡镇财政所的职能没有一个清晰的定位,将难免造成基层财政所人员的思想波动,乡镇财政队伍将难以稳定。④

（五）乡镇公共产品供给面临停滞局面

农村公共产品供给是关系到"三农"问题能否解决的重大问题。多年来,由于二元社会结构的存在,使得农村公共产品供给总体不足,主要体现

---

① 周飞舟:《从汲取型政权到"悬浮型"政权:税费改革对国家与农民关系之影响》,《社会学研究》2006 年第 3 期。

② 赵树凯:《乡镇治理与政府制度化》,商务印书馆 2010 年版,第 105 页。

③ 杨发祥、马流辉:《"乡财县管":制度设计与体制悖论——一个财政社会学的分析视角》,《学习与实践》2012 年第 8 期。

④ 陈自雄、伍成志:《乡财县管的利弊分析及完善建议》,《财会月刊(综合)》2009 年第 1 期。

在农业基础设施严重不足,农业水利设施失修老化,缺乏灌溉设施,抵抗灾害能力脆弱,农村教育、医疗卫生、环境保护和保险保障等方面较缺乏。农村公共产品一般具有规模小、点多面广的特点,难以纳入县级以上政府的视野,引起县级政府重视。传统上这些具有典型地域特点的公共产品和公共服务主要靠乡镇政府及村委会供给,在实行"乡财县管"后,在削弱和上划乡级政府财权的同时,也削弱了乡级政府为辖区内居民提供公共产品和公共服务的自主能力,加剧了乡镇公共服务和公共产品的借给缺位,使乡镇政府脱离服务对象而悬浮于乡镇社会的现象更加明显,乡镇支出几乎只能用于保工资、保运转,根本没有资金用于公共设施建设。而县级政府相关部门和人员经常无法准确预知或并不想真正了解农业和农民的真实需求,再加上县级财政同样面临困境,因此县级财政每年项目资金只能是保一些重点建设项目,数量非常有限。这就使得一些乡镇公共产品和公共服务供给面临停滞局面。

县级基本财力保障机制改革的主要内容是以"保工资、保运转、保民生"为目标,保障基层政府实施公共管理、提供基本公共服务,以及落实中央各项民生政策的基本财力需要。实施"乡财县管"以来,县乡财政总量并未增加,尤其是中西部等以农业为主的地区,县乡政府往往面临着同样的经济基础和约束条件,县级政府的财政状况并不必然好于乡级政府,随着乡镇收支监管责任的上划,乡镇的支出责任和收支矛盾以及乡镇财政的债务风险等也转嫁到了县级政府,这在一定程度上加重了县级政府的财政压力。

三、"县财省管"体制的现实困境

除了前文所述的乡镇财政困境以外,自分税制改革以后,广大县域经济同样不同程度地出现了发展缓慢,县级政府收入减少、组织财力能力薄弱等现象。自1992年始,在中央政府的支持下,浙江、河北、江苏、河南、安徽、广东、湖北、江西、吉林等省份陆续推行了以"强县扩权"为主要内容的改革试点,将一部分归属于地级市的经济管理权和社会管理权直接赋予经济发展较快的县市,以此举措进行强县扩权。海南省由于土地面积较小和人口较少,已经实行了"县市分治",市只管理城市本身,县则由省直接管理。为了进一步推进"强县扩权"政策,2009 年 6 月,财政部发布了《关于推进省直接管理县财政改革的意见》(财预〔2009〕78 号),《意见》对推进省直接管理县财政改革的总体思路和主要内容作了明确规定。截至 2011 年年底,全国共有 27 个省份对 1080 个县实行了财政直接管理。实践证明,"县财省管"体制的实施有利于提高财政管理效率,有利于扩权强县和富民强县,有利于缓解县级财政困难。但是,"县财省管"后如何避免如下系列问题的出现,同样也是摆在相关部门和广大研究者面前值得探索的重要课题。

(一)"县财省管"财政体制与现行行政管理体制之间存在冲突

"县财省管"财政体制改革只是将财权或者部分财权从省级直接下放到县。但一方面,市级事权仍然覆盖整个地区,就算事权下放到县区,市级也摆脱不了指导、监管的责任。然而,在财权上市与县却是平等的,市级财政支出责任与事权明显失衡,容易造成市级消极和推诿的现象。县级政府虽然取得了财权的独立,但从根本上仍然顾及市级政府的感受,这种顾及有时甚至比市管县体制下更加突出。所以,县级政府会把更多的心思用到维护两级关系上,而忽略省管县财政体制改革对县域经济发展的促进作用。另一方面,在人事权方面,市级政府对县级政府仍然是绝对的权威。正如中部某省一位主管经济的副县长所言:"中央拨的钱,不经过市里直接到我这里,免得市里给我截走一部分,这是好事。但是,我现在面临着一个更加棘手的问题,就是怎样处理好与市里的关系。虽然现在有些工作直接联系省直厅局,但与市里的关系仍不能忽视,我的'帽子'在他手上呀!"[①]在事权与人事权没有突破性进展的情况下,无论市级还是县级政府在一定程度上都将处于尴尬境地。因而,省管县财政体制改革只有与行政管理体制改革

---

① 庞明礼、李永久、陈翻:《"省管县"能解决县乡财政困难吗?》,《中国行政管理》2009年第 7 期。

配套进行,才能取得更好的效果。

（二）省级财政管理幅度加大,容易造成对县级财政的监管不力

依据管理学理论,管理层次和管理幅度是成反比例的。也就是说,减少管理幅度,必然会增加管理层次,反之,减少了管理层次,必然会加大管理幅度。省管县财政管理体制改革如果全面推广,在财政管理层级减少的同时,省级财政将面临管理幅度大幅增加的局面。管理对象从以往只有十几个骤然上升为几十甚至上百个,省级财政管理能力的不适应性是不可避免的。目前,除港澳台和四个直辖市外的省级地区为 27 个,地级市有 283 个,自治州 30 个,368 个县级市、1635 个县(自治县、特区、林区)。也就是说,省管市、市管县体制下,省级平均管理幅度为 11.6 个,而省直管县体制改革后,平均管理幅度高达 85.8 个。而且我国各省所辖县级地区的数量差距巨大,最少的宁夏回族自治区下辖 18 个县,而四川省所辖县级地区则达 159 个。可见如果全面实行省直管县,省级政府的调控和监管能力将受到前所未有的严峻挑战。省级财政在财政体制、转移支付、财政结算、资金调度等业务直接面对如此庞大的县级财政时,将难以及时、准确掌握各县的实际情况并迅速作出反应,难免会出现省级财政对县级财政监管的"真空",造成监管力度不够,纰漏差错频出的情况。在省级政府管理幅度大幅增加,监管能力相对降低的情况下,县级政府管理与服务的能力问题就显得尤为重要。如果县级政府执政能力较弱,不能适应省直管县体制改革,就很有可能陷入发展困境,或者"发展畸形"。

（三）财政支出责任与事权不对称,市县"争收争利"现象严重

省管县(市)财政体制改革只是财政管理方式的单项改革,行政权、审批权、人事权等其他行政管理体制都没有同步改革,市一级还承担着多方面的全市性事权,事权与财政支出责任不对称的问题日益凸现。市级各职能部门的事权覆盖全市行政区划范围,上级出台的一些支出政策要求市级财政配套。如计划生育经费要求以全市总人口的人均水平安排配套经费预算,而不是市本级总人口。一些垂直管理部门,如交通、交警等的财务管理

体制也一直没有理顺,存在着财权与事权监管上的"真空"。

省直管县财政体制改革还将会削弱市级财源,影响中心城市培育。实行省直管县后,县级财政直接和省进行结算,县级财政收入不需要再上解到市财政,市级财源骤缩,拿不出足够多的资金促进中心城市的培育,使得中心城市的建设集中不到所需要的财力。实行扩权强县后,各县都将热衷于本地的城市建设,这无异于对地级市的"断筋取肋",一些全市性的重点项目建设资金将全部由市级财政负担,市级资金调度出现紧张状况,可能会遏制地级市的中心城市化进程,进而又会影响地级市对周边县的辐射力。这使设置市这一级政府实现发挥中心城市的区域优势,带动周边经济发展的目标受到很大影响。

省直管县地方财政体制的改革是对市管县体制下利益格局的重新分配与调整。利益格局的重新调配能解决旧体制下产生的问题,但是也会带来新的矛盾。一方面,改革前县级财政因层级问题不能向省直接争取项目和资金,而改革后市级财政与县级财政的关系变成了平等的关系,这时会形成两级政府对有利益的事项相互争夺的局面,如税收的竞争、投资的竞争,甚至贸易的保护等。对于县级政府层级而言,县级财政获得了更多的上级财政资助,但是总的财政资金是不变的,县级财政资助的增加就必然会减少对市级财政的资助,这就形成了县直接与市争夺利益的局面。另一方面,市域经济与县域经济在行政层次、行政规模、资金循环范围上都存在一定差别,但随着县级财政实力的增强和管理权限的扩大,是对市级经济的一种挑战并与市级在政策、项目、资源、人才等方面产生争夺,这使市级面临更加激烈的外部竞争。

从经济角度讲,市和县始终都分别代表和维护各自区域的利益,追逐利益的最大化,承担着不同的责任,享受着各自的经济利益。一方面,地级市政府不会主动地放弃对县政府的财政管理权;另一方面,县政府在财政省管县的政策下必然竭力争取自身利益,以保障自己实际的财政收入。这种县市利益冲突必然贯穿于省管县财政政策执行的全过程。从各地的实际情况来看,市级在财税分成、基建投资、项目投资实施等方面优先考虑市级。市管县的行政体制下的"市压县、市刮县、市吃县"等问题仍然存在,有些市、县争利中,市不惜运用行政手段强行解决,县级只能服从。按博弈论理论,市县利益博弈过程中,市级政府在政策执行过程中有"合作"和"不合作"两种策略选择,而县级政府有"争取"与"不争取"两种策略选择。当市、县作为独立经济人角色时,二者的理性选择会直接导致集体结果的非理性结局,最终导致总体经济发展水平受到影响甚至出现回落。

(四)影响区域性公共服务供给和市对县帮扶的积极性

在市管县财政体制下,县隶属于市,那么市级财政对整个市域内公共产品或公共服务的供给都负有不可推卸的责任,即使是属于县级提供的公共产品,在县级财政有困难的时候,市级财政也必须调度资金予以支持。但在省直管县财政体制下,市和县二者利益在一定程度上具有冲突性,那么在需要提供跨域公共产品的时候,市和县作为独立的发展个体,都需要维护自身利益。如果市级政府需要承担多个县的抗排涝、卫生防疫、科技推广、水利建设、环境保护等区域性公共产品供给任务时,有可能会出现供给成本补偿困难等问题。果真如此,极有可能会因此导致区域性公共产品供给不足现象发生。另外,"省管县"财政管理体制实施后,市和县作为独立的发展个体,市对县财政的管理职能只能体现在业务指导、督促检查、报表汇总等方面,这对于经济发达的地市而言等于是解除了一个背负多年的沉重"包裹",日后很难再对所属县市财政一旦出现困难状况而继续伸出援手给予帮助。

(五)对走向成熟的省域城镇体系造成不利影响

省直管县目前有四种实现形式。第一种是直接没有地级市这一中间环节,以北京、上海、天津、重庆等直辖市和海南省为代表。第二种是以浙江、湖北、安徽、吉林等省为代表的全面管理型。这些省份对财政体制的制定、转移支付和专款的分配、财政结算、收入报解、资金调度、债务管理等财政管理的各个方面,全部实行省对县直接管理。第三种是对转移支付、专款分配,以及资金调度等涉及省对县补助资金分配的方面实行省直接管理,以山西、辽宁、河南等省为代表。第四种是山东、广西实行的省市共管型,即省级财政在分配转移支付等补助资金时,直接核定到县,但在分配和资金调度时仍以省对市、市对县方式办理。同时,省级财政加强对县级监管。

省管县财政体制由于在事权、财政支出责任等方面增加了县域发展的自主权,将会促使县域经济发展速度加快。这种经济发展效果将直接表现为规模扩大、功能优化、实力增强等,进而会逐渐提升其在省域城镇体系中的地位。然而,科学、健全的省域城镇体系发展过程是系统要素的优化组合,是大中小城市相互协调的等级体系,各等级规模的城市之间体现了城乡互补、区域协调的整体性和适应竞争、合理分工的市场规律。从国家发展进程来看,县这一级做得好很关键,是解决"三农"问题的核心。近些年来,县域经济占国家经济总量的一半左右,而县域人口则超过全国总人口的70%,土地占总面积的约90%。县域经济在扩大内需等很多方面还有巨大的潜力没有发挥。但是在原有五级行政体制下,县里的权力经常不完整,处理问题时经常互相推脱,倘若县里权力更加完整,发展起来会更有积极性。所以将权力进行下放,促成扩权强县,有助于城镇发展,将一些强县、大县发展起来,逐渐变成城市进行管理是新型城镇化建设目标之一。当然在这一过程中要注意处理实行省管县财政体制所带来的县域扩张,将有可能干扰处于发育成长过程中的省域城镇体系的合理性问题。制度出台的初衷是为了放权给地方,以激发地方发展经济的活力。它在一些经济较为发达的地区确实达到了激发地方活力的作用,它同时也在另外一些地区,让县域经济和农村经济发展增加了障碍。省管县体制下个别县域经济的强大并不能够说明目前的省管县就比以往的市管县在体制上具有更多的制度性优势,因为当初推动市管县时所面临的单个县由于资源分散,权力级别较低带来的获取政策资源能力不足的缺陷仍然存在。省直管县后,省级机构对县级事务介入增多,相应地其机构的规模也要大幅扩张,从而促使省属权力增强,这带来省级机构的管理能力问题,同时稳定有序的治理需要对省级机构的权力进行有效制约。

第四章　地方财政困境与基本公共服务供给关联性分析

县乡政府财政资源配置性困境与县乡财政的"收"相关,指的是县乡财政"收"方面出现的问题,是由于国家财政体系和制度设置在对县乡财政资源吸纳和配置环节上直接或间接导致的县乡政府财政收入能力和支出能力弱化。从县乡财政能力上看,国家层面上财政收支状况在量上对县乡财政"收"的额度均产生直接影响。在一定时期,一个国家的财政资源总额是有限度的,中央和地方在财政资源上的分配关系实质上是此消彼长的关系。县级以上财政汲取的增额恰是县乡财政的减额,同时,中央减少对县乡财政配额也会削弱县乡的财政收入。在现实生活中,县、乡政府极有可能因为财源压力在履行公共支出责任时作出"甩包袱"行为,影响其公共服务责任的有效实现。

第一节　财政困境下的县乡基本公共服务供给状况

县乡两级政府作为最基层的行政层级,主要面向农村区域向全体农村居民进行相关社会治理和提供基本公共服务。从社会发展阶段和民众诉求轻重角度而言,现阶段广大农村居民所需求的基本公共服务主要包括基本社会保障、义务教育和基本医疗卫生服务等,这也是公民的生存和发展的最基本需要。

一、县乡基本公共服务的现状与需求分析

（一）县乡基本公共服务的现状

1.县乡基本公共服务含义与类别

2003 年 9 月,在党的十六届三中全会通过的《中共中央关于完善社会主义市场经济体制若干问题的决定》中,党中央将政府主要职能概括为经济调节、市场监管、社会管理和公共服务四个方面。这是"公共服务"概念首次出现在党的重要决议中。而 2006 年党的十六届六中全会通过的《中共中央关于构建社会主义和谐社会若干重大问题的决定》则是首次在党的正式文件里对基本公共服务作出明确界定。

基本公共服务内涵丰富,我们认为基本公共服务是指建立在一定社会共识基础上,为维持本国经济社会稳定、基本的社会正义和凝聚力,覆盖全体公民,为公民最基本的生存权和发展权提供的公共服务。简而言之,基本公共服务是就某一特定历史阶段为公民提供的一种服务。

现阶段,基本公共服务主要包括三个方面的内容。一是基本的社会保障。政府与社会为每个公民提供基本生活保障、基本养老保障和基本就业保障等,这是就生存权而言的;二是基本的教育服务。政府和社会为每个公民提供基本的教育,使公民平等地获得教育,这是就发展权而言的;三是基本的医疗卫生服务。政府和社会为每个公民提供基本的医疗服务,这是就健康而言的。这三方面内容包括了公民的生存和发展的最基本需要。

基层政府包含范围比较宽泛,广义上省级政府以下都可称为基层政府。我们在本书中主要选取最为狭义上的县乡两级政府作为基层政府的概念范畴。之所以从这一角度界定这一范畴,主要是从实际政府层级而言,县乡两级行政层级属于我国地方政府最为基层的行政层级,主要进行的是乡治,主要面向的是农村区域进行相关管理与服务,服务的主要对象是广大农民。因而,本书所指县乡基本公共服务供给主要是指农村基本公共服务供给。

农村基本公共服务主要内容包括农村基本社会保障、农村义务教育和农村基本医疗卫生服务等。

2.县乡基本公共服务的特点

第一,公共性。公共性是指其满足民众共同需要的属性。基础教育、基本医疗卫生、社会保障、劳动就业和基础设施等公共服务是每个人生存与发展所必需的服务,是个体需求中的共性。但由于这些服务大多具有准公共产品特性,排他困难、搭便车现象严重,投资大、回收难,因而私人供给不足。因此,必须由政府为主提供。

第二,分散性。公共性是从需求共性角度而言的,但这一共性在空间分布上则是离散的。农村基本公共服务所面对的是一个散落着 70 多万个行政村的广大农村地区,其分散性决定了县乡农村基本公共服务成本高昂。国家只有投入比城市更多的公共财政资金,才能使农村居民获得同城市居民大体相当的公共服务。

第三,民生性。民生是指人民的生活和生计,包括民众的衣、食、住、用、生、老、病、死等各方面。民生可以靠民众的辛勤劳动解决,正所谓“民生在勤,勤则不匮”。但由于不同人的智力、体力和家境有别,人的命运常有不测风云,福祸不均,同时,市场竞争激烈残酷,优胜劣汰。这使得有些人天生不具备劳动能力,有些人具备劳动能力但无法就业,有些人虽有职业但偶尔会遇到生活困难。在这种情况下,政府的基本公共服务可以保证他们的衣食住行,给他们劳动就业的机会,让他们看到生活的希望,而不至于使他们丧失“经济人”理性乃至生活理性。当然,农村基本公共服务的民生性不仅指生活性,还包含生产性,即农村基本公共服务与农业生产联系密切。

第四,公平性。公平性是指农村基本公共服务面向农户的公共需求,不考虑个体需求差异,它一视同仁地为全体农户提供同一标准的公共服务,目的是使处于各种现实不公平中的人们获得公平的发展机会,一定程度上减少不公平的现象。

第五,低水平性。即数量上的规定性。所谓低水平性是指农村基本公共服务只能保障和维持社会公认的最低水平的生活状态。仅凭基本公共服务，一个人无法获得较高的社会地位和尊严。当然，农村基本公共服务的最低标准是由政府根据经济社会发展水平和实际生活水平测算得出，它并不是固定不变的。但无论何时，它都应该是低水平的生活保障和生产条件的构筑。

（二）县乡基本公共服务需求分析

1.农村基本社会保障的需求状况

农村基本社会保障主要包含基本养老保险、最低生活保障、基本的就业机会。

2014年2月21日以前，我国农民基本养老保险需求主要是通过新型农村社会养老保险制度来实现和满足。这一新型农村养老保险制度确立初衷是以保障农村居民年老时的基本生活为目标，这对于长期以家庭养老为主要养老方式的农村居民而言，无疑是解决了其单一家庭养老所存在的保障水平低、保障不稳定等问题。因此，农民对这一制度充满期待。但是自2009年制度实施运行五年后，全国各地所普遍反映出来的共同问题是新型农村居民养老保险的制度保障水平较低，难以做到老有所养。因此，在2014年2月7日，国务院常务会议通过了合并实施新型农村社会养老保险、城镇社会居民养老保险，建立统一的城乡居民基本养老保险制度的决定，并计划到2015年年底，全国基本实现新型农村养老保险制度和城镇居民养老保险制度的合并实施，并与职工基本养老制度相衔接。① 这一养老保险制度改革满足了农民和社会各界所期待的养老保障城乡二元体制的去除呼声，农民获得了与城市居民相同的基本养老保障服务，并逐渐开始与职工基本养老保险制度相衔接。这是基本公共服务实现城乡统筹、实现全国范围内公平、统一、规范供给公共服务的制度先河。根据2014年人力资源

---

① 国务院办公厅：《国务院关于建立统一的城乡居民基本养老保险制度的意见》(国发〔2014〕8号)，中央政府门户网站，见 http://www.gov.cn。

与社会保障统计公报,2014年年末城乡居民基本养老保险参加人数50107万人,比上年末增加357万人,其中实际领取待遇人数14313万人,城乡居民养老保险制度进入新的发展阶段。由于合并后的制度在参保范围上更加明确,规定"年满16周岁(不含在校学生)的非国家机关和事业单位工作人员及不属于职工基本养老保险制度覆盖范围的城乡居民,即可在户籍地参加城乡居民养老保险"。这基本把应该纳入养老保险制度保障范围内的农村居民均包含在内。这是基本养老保险公共服务实现城乡统筹均衡的关键和起点。同时,城乡居民养老保险制度在保留原有缴费档次100—500元、100—1000元的同时,还增设了1500元、2000元两个档次,并且各地区根据地区经济发展状况和人均收入水平等情况可以增设缴费档次。这在一定程度上满足了不同生活水平的城乡居民的多样化需求,给了农民以更多选择权,这是基本养老保险公共服务供给水平在保基本的同时有所提升的标志。合并后的城乡居民养老保险制度在基本公共服务供给主体方面开始鼓励和激励多元主体的参与与共同供给,主要表现在合并后的城乡居民养老保险制度要求政府应根据参保人的缴费标准进行补贴,多缴多补,鼓励有条件的村集体经济组织对参保人缴费给予补助,鼓励有条件的社区将集体补助纳入社区公益事业资金筹集范围,鼓励其他社会经济组织、公益慈善组织、个人为参保人缴费提供资助。这些制度鼓励措施在引导农村居民提高自我保障水平的同时,也倡导公益慈善组织、城市社区等个人和政府以外的其他主体的参与,鼓励多渠道筹集资金方式。

2014年2月政策出台以来,合并后的城乡居民养老保险虽然相比较原来的新型农村养老保险制度在一定程度上满足了农民的基本养老服务需求,但由于各地受地方经济发展水平限制所推行的制度还是出现了许多差异,农民对于城乡居民养老保险制度供给水平逐渐地产生了新的诉求。诉求一是保障水平较低,不能满足基本生活需求。2014年2月以来各地纷纷出台了本地区的城乡居民基本养老保险制度实施意见和细则,虽然几乎所有省份都提高了城乡居民基本养老保险基础养老金标准,全国城乡居民月人均领取养老金从制度建立之初的 35 元提高到约 90 元,但是保障水平依然很低,仅能部分满足城乡居民零花钱需要,而无法保障基本退休生活日常开支需求。并且地区间差距逐渐拉大,最高的为上海地区,月人均领取 540 元,北京、天津也处于全国高位,月人均领取额度分别为 430 元和 220 元;最低的为吉林、辽宁、黑龙江、河北、安徽等省份,长期执行月人均 55 元标准,其中吉林省在 2015 年 4 月出台《关于提高吉林省城乡居民基本养老保险基础养老金标准的通知》,规定从 2014 年 7 月 1 日起提高基础养老金标准,每人每月 70 元,即在原来基础上增加 15 元。即便如此,距全国平均水平依然低 20 元左右。诉求之二是缺乏正常的基础养老金调整机制。2009 年新型农村养老保险制度制定之初,参照 2008 年农村居民最低保障制度人均月补助 50.4 元的标准,确定基础养老金标准为人均月领取 55 元,但是随着社会经济发展和人均收入水平变化以及物价水平变动等情况变化,农村居民最低生活保障人均月补助水平已经提升为 116 元,但是农村居民养老保险制度的基础养老金补助标准却从未调整。合并后的制度规定从 2014 年 7 月 1 日起提高基础养老金最低水平,由月人均 55 元提升至 70 元,5 年内提高 15 元,每年提高约 3 元,因此不仅增长过于缓慢而且增长幅度过小,无法满足物价水平上涨等带来的增支需求。按替代率进行计算,2009 年的 55 元基础养老金占农村家庭可支配收入的 12.8%,目前,如果按农村居民年均收入万元计,55 元的替代率将下降为 6.6%。所以建立城乡居民基本养老金的正常调整机制,将基础养老金给付与农民人均纯收入挂钩,建立中央财政补助资金动态投入机制,使基础养老金随农村经济发展和农民收入提高而提高是今后城乡居民养老保险制度改革迫在眉睫的重心。

最低生活保障制度是国家对家庭人均收入低于当地政府公告的最低生活标准的人口给予一定现金资助,以保证该家庭成员基本生活所需的社会保障制度。农村家庭由于劳动力状况不同,赡养负担的轻重不同以及家庭成员健康状况不同,必然会出现家庭收入上的差异。农村最低生活保障作为农民社会保障体系中最后一道安全网,涉及亿万农民的切身利益,对那些生活标准低于当地最低生活标准的家庭实施救助的必要性无论是理论还是实践层面均已经得到世界上绝大多数国家的一致认可。现代社会救助起源于英国,以 19 世纪上半叶新济贫法的颁布为标志。迄今为止,一百多年的时间里各国相继采取了许多实际行动,取得了诸多社会效果,积累了这么多成功经验和深刻教训。中国在经济发展和社会进步进程中,开始汲取这些经验教训于 2007 年全面启动农村最低生活保障制度①,各地相继建立起了农村最低生活保障制度,并很快普及和惠及广大城镇和农村居民。2007 年全国共有农村低保对象 3566.3 万人,到 2015 年 3 月,全国共有农村低保对象达到了 2932.48 万户,5160.2 万人,全国农村低保平均标准为每人每年 2855.0 元,月人均补助水平为 131 元。比 2007 年增加了 1593.9 万人②。这在一定程度上应对了保障了农村贫困人口的基本生活需求,减少了农村社会中的不安定因素,缓和了社会变革过程中所出现的新的贫困现象。虽然如此,相对于世界上其他一些发展中国家而言,相对于农村低保救助需求水平而言,目前中国的救助水平依然较低,且有时难以及时到位,并且城乡间存在着待遇不均衡现象,各地区间差距较为显著等诸多问题依然需要各级政府的努力和改革推进。这些农村基本公共服务需求的声音通过各种渠道和社会各界的不断呼吁,与当前民生政府、服务型政府建设和改革目标相契合,因此,我们欣喜地看到各省市地区于 2014 年和 2015 年纷纷推出改革举措,实施城乡低保标准并轨一体化并逐渐提升待遇标准。其中,上海市 2015 年城乡低保标准为每人每月 790 元,位列第一。农村低保对象低保补助标准较 2015 年之前的 620 元提高了 27.4%。北京市位列第二,于 2015 年 1 月将低保标准提升为每人每月 710 元左右,且城乡标准实现统一。南京市 2015 年城乡低保标准为每人每月 700 元,位列全国第三。与此同时,国

---

　　①　国务院办公厅:《关于在全国建立农村最低生活保障制度的通知》,中央政府门户网站,2007 年 7 月 11 日,见 http://www.gov.cn。

　　②　民政部:《社会服务发展统计公报》[EB/OL],中国民政部网站,见 http://www.mca.gov.cn/article/zwgk/tjsj/。以下相关最低生活保障数据同出自此公报。

内其他地区也逐渐跟进实施城乡并轨一体化改革。广州 2015 年起最低生活保障标准提至每人每月 610 元,厦门市 2015 年 1 月 1 日起也统一了城乡低保标准,并提高标准到每人每月 550 元。这些地区的改革举措充分证明,根据社会经济发展和和物价水平变动适时调整或提高社会救助水平是农村低保制度的应有举措。在提升低保救助水平的同时,农村低保救助制度还需要努力争取对贫困人口的全覆盖,需要在全国范围内消除农村贫困人口。

农村居民和城市居民一样,都有劳动的权利。同时,他们也有通过劳动提高自己生活条件的愿望。但农村居民在获得就业机会上远远不如城市居民。我国长期以来实行城乡二元分割的社会管理体制,以户籍制度人为分割城市与农村人口在诸如就业、教育、社会保障、医疗等方面的待遇和权利,农村人口与城市人口相比较享受了极低水平的上述权利机会和不公平待遇。这种城乡分割的二元体制导致农村劳动者在非农就业以及进城就业过程中的资源禀赋处于相对劣势,进城农民工在诸多领域如职业寻找、职业培训和劳动保障等方面无法享受与城镇居民相同的待遇,从而制约了劳动力在城乡间的合理流动。尤为重要的是非城镇户籍劳动者在受到各种来自城市的"社会排斥"的背后是更为深刻的"政治排斥"[1]。即,城乡二元社会管理制度存在着对于非城镇户籍劳动者的政治参与的限制和歧视。这在事实上降低了非城镇户籍劳动者维护自身权益的机会,削弱了这部分群体与城市户籍劳动者就业竞争的能力。因此,农民要求获得更多的就业机会,增加收入,提高个人生活水平,实质上是对于个人生存与发展的权利与机会的呼吁与需求。

2.农村义务教育的需求状况

自 1986 年义务教育法提出推行九年义务教育制度以来,截至 2000 年,国家宣布如期实现"基本九年义务教育""基本扫除青壮年文盲"的任务,在全国范围内实现基本普及九年义务教育,特别是农村义务教育。在此基础

---

[1]　梁策:《我国统筹城乡就业的制度创新研究》,博士学位论文,东北师范大学 2014 年。

上我国又于 2003 年推行义务教育的城乡统筹发展目标和相应资源配置方面的改革。2011 年,随着西藏、四川、青海和甘肃四省通过全国"两基"国家检查验收工作,标志着全国所有省(自治区、直辖市)均通过了国家"普九"和扫盲检查验收,标志着中国全面普及九年义务教育,适龄少年儿童享受九年义务教育的权利已得到保障,青壮年文盲率也下降到 1.08%。同时,也建立和完善了以县为主的农村义务教育管理体制,农村中小学办学条件不断得到改善和提升,义务教育财政金融投入体制、办学机制和学校内部管理不断完善,农村中小学教师教育取得很大发展,教师素质普遍获得提升。

　　虽然如此,当前农村义务教育与城市相比还是存在很多问题,城乡间义务教育差距仍然存在,不均衡现象比较突出,包括农村学校教学设施还比较陈旧,师资队伍结构不合理,义务教育投入不足,城乡义务教育的教学质量存在差异,农村学校学生辍学率较高,等等。这些问题的存在有碍于义务教育的城乡统筹发展和教育公平目标的实现,农村少年儿童的权益依然得不到根本性保障,农村中小学生全面发展和素质教育问题仍然无法实现。因此,需要重构农村教育的目标体系。同时,在生均教育经费投入上城乡间存在着显著差异,农村学校公用经费不足,基本办学条件没有充足保障。受县乡财政困境影响,财政预算内拨款是农村教育经费的重要来源,非财政性教育经费来源渠道窄,数量少,并且农村学校普遍缺乏创收和集资能力,所以农村教育对财政预算拨款依赖性较强。综上,农民对义务教育的城乡统筹均衡发展的基本需求需要中央和地方各级财政加大对农村义务教育的投入,缩小城乡义务教育间的差距,进一步提高农村义务教育的教学质量。

　　3.农村基本医疗卫生服务的需求情况

　　当前农村人口结构发生了很大变化,青壮年大多外出打工,留守在家的老人与儿童居多。留守的老人与儿童患病不能得到及时治疗,除了经济困难外,另一个重要的原因即是整个农村医疗环境太差。就医条件不仅仅表现在农村地区就医距离远,而且表现在医疗条件低下:一方面乡镇卫生院基础设施简陋,不具备基本的医疗条件,通常情况下仅能实现简单问询后的应急处置,即打针、输液和药品配给;另一方面乡村医生医疗技术水平较低,只能做简单处理,无法取得农户的信任。一些农户在患病时不得不舍近求远,增加了就医成本。乡镇现行医疗条件与医药设备远远不能满足老人与儿童的基本需要。可见当前农村的医疗改革和医疗服务建设亟须考虑基本医疗服务的方便实用性及可操作性。

针对农村居民自改革开放后逐渐丧失医疗保险保障的事实,2003年起,本着"政府主导、农户自愿参加"的原则,在各级政府投入责任分担的基础上,推出了新型农村合作医疗制度。新型农村合作医疗经过十年左右的发展,逐渐在农村构筑起来了风险分担的意识和医疗保障,在一定程度上减少了农村居民"因病致贫、因病返贫"的现象。而且经过十余年的发展,制度逐渐完善,外出务工青壮年目前大体可以实现新型农村合作医疗的异地就医。但是,这并不意味着新型农村合作医疗已经发展完备,相反,新型农村居民依然有为了适应农民需求而进行完善和改革的必要。当前,农民对医疗保障的基本需求可以概括为:切实推进与城镇居民医疗保险同等的新型合作医疗制度,提高基金报销比例,减轻农民就医的经济负担;提高县级医院、乡镇卫生院和村医务室的硬件水平;优质医生能够经常城乡流动,带动或努力提高乡镇卫生院和村医务室医生业务素质等,保障小病不出乡,大病不出县。

二、县乡基本公共服务的供给现状分析

县乡基本公共服务供给主要根据县乡基本公共服务需求而展开。因此,县乡基本公共服务供给同样主要涉及基本社会保障、义务教育和基本医疗卫生服务等方面。当前县乡基本公共服务供给状况还不容乐观,有待进一步提高供给水平。

(一)县乡农村基本社会保障的供给水平偏低

1.新型农村社会养老保险水平低和替代率低

2009年,国务院办公厅发布了《国务院关于开展新型农村社会养老保

险试点的指导意见》(国发〔2009〕32 号),要求在全国范围内试行新型农村养老保险。截至 2011 年年底,全国 27 个省、自治区的 1914 个县(市、区、旗)和 4 个直辖市部分区县纳入国家新型农村社会养老保险试点,总覆盖面约为 60%。国家新农保试点参保人数达到 3.26 亿人,其中 60 岁以下参保人数 2.37 亿人。

根据我国新型农村社会养老保险制度一般性规定,参保农民年满 60 周岁后领取的养老金由基础养老金和个人账户养老金两个部分组成,并且政府给予参保农民每人每年 30 元的补贴,缴费标准分为 100 元到 500 元五个档次。以某男为例,45 岁,按每年 100 元的缴费标准缴纳养老金,正常累计缴纳 15 年后,加上地方政府每人每年补贴 30 元,个人账户储蓄额为 1950元,再加上个人账户储蓄的利息(假设一直不变,年利率均为 2.5%),按照月领取养老金=基础养老金+(个人账户储蓄额+利息)/139 计算,这位农民在 60 周岁后能领取到每个月 72.2 元的养老金。如果按每年 500 元的缴费标准缴纳养老金,正常累计缴纳 15 年后,月领取养老金为 126.4 元。而2011 年,我国农村居民人均纯收入每月为 581.42 元,按月领取养老金为126.4 元来计算,养老金替代率也只有 21.7%,这与国际上通行的养老金替代率需要达到 60%—70%才能维持基本生活水平的标准相差甚远。从满足农民支出的角度看,养老金的低水平保障问题也非常突出。以 2011 年为例,全国农村居民人均每月食品消费支出为 175.77 元,再加上其他支出,这个数字会更大。而且,通货膨胀会助推农民支出水平的提高。同时,经济发展和民生改善也会引导农村居民生活水平逐步提高,消费支出相应增加。显然,如此标准的养老金保障水平过低。尤其是对于收入低且收入不稳定的农民来说,如此低水平的养老保障金对农民基本生活来说简直是杯水车薪,根本无法满足参保农民未来的养老生活需求,这难免会使农民在参保时表现出犹豫和担忧。因此,自 2012 年 7 月 1 日起全国范围内启动全覆盖工作,期望到 2020 年前基本实现全覆盖目标。2014 年 2 月 7 日,国务院总理李克强主持召开国务院常务会议,会议决定将新型农村社会养老保险和城镇居民养老保险两项制度合并实施,在全国范围内建立统一的城乡居民基本养老保险制度。并且在这一年里还对新型农村养老保险政策进行了许多改革与政策调整。其中比较重要的并能够一定程度上缓解其保障程度低的主要有两个方面:一是扩大人群覆盖面,规定凡是年满 16 周岁(不含在校学生)、未参加城镇职工基本养老保险的农村居民,可以在户籍地自愿参加新农保。凡是年满 60 周岁、未享受城镇职工基本养老保险待遇的农村有户籍的老年人,可以按月领取养老金。二是原新农保与城居保缴费标准设为每年 100—1000 元 10 个档次,合并后的城乡居民社会养老保险制度保留原 10 个缴费档次的基础上新增加了 1500 元、2000 元、2500 元、3000 元 4 个档次,共计 14 个档次,参保人可根据家庭经济条件自主选择,为有更高缴费意愿和缴费能力的居民提供更多的选择。

2.县乡农村最低生活保障覆盖面不高,生活保障水平低

2007 年国务院颁布了《关于在全国建立农村最低生活保障制度的通知》(国发〔2007〕19 号),这标志着农村最低生活保障制度在全国开始建立。农村最低生活保障制度虽已建立,但从制度建设角度看,仍存在着覆盖面不足、救济标准低和救济款项不能按时发放等许多不足。

首先,农村最低生活保障还没有做到全覆盖。目前虽然全国所有省份均建立了农村居民最低生活保障制度,且享受农村最低生活保障的农村居民逐年增多,但另一方面存在的现实是,由于受财力等原因的限制和约束,并不是每一名符合享受农村最低生活保障条件的农村居民都被纳入了农村最低生活保障对象,很多地区对农村最低生活保障对象名额实行分配制。并且,很多地区农村最低生活保障对象名额实行逐级分配制,县里将名额分给乡里,乡里再分给村里,村里再具体分到某位村民。这种名额分配制本身就说明了农村最低生活保障名额的稀缺性,也印证了其实还有很多应当享受农村最低生活保障的居民因“名额受限”而没有被纳入真正的农村最低生活保障对象之内。也就是说,我国目前实际运行的农村最低生活保障制度还没有将所有应保群体纳入保障范围内,还没有实现全覆盖式的应保

尽保。

其次,农村最低生活保障水平过低难以实现最低生活保障。农村最低生活保障制度的目标是解决贫困群众的温饱问题,实现其最低生活保障,但现实运行的农村最低生活保障制度很难实现这样的目标。依据民政部发布的数据,2011 年全国农村最低生活保障水平平均每人每年 1718.4 元,即每月人均 143.2 元,平均每天 4.8 元。这样的标准如果换算为消费支出也就相当于每天吃馒头、咸菜,外加一瓶矿泉水。"截至 2014 年 9 月底,全国有农村低保对象 2909.3 万户、5216.4 万人,同比下降 2.4%。各级财政共支出农村低保资金 611.7 亿元,同比下降 2.0%。2014 年三季度全国农村低保平均标准每人每月 2673.2 元,同比增长 13.9%;全国农村低保月人均补助水平 120.5 元,同比增长 13.3%。"①尽管和 2011 年相比补助水平有所提高,但这样的农村最低生活保障基线太低,很难实现对贫困群体吃饭、穿衣、用水和用电等所需最低费用的生活或生存保障,更谈不上保障贫困群体在医疗、教育、参与社会等提高人体素质、改善人力资本、提高发展能力所需的保障需求,离人的全面发展和人格的不断完善就更远了。

3.县乡农村劳动力转移渠道不畅,农民就业机会缺乏

国家统计局发布的 2013 年农民工监测调查报告显示②,2013 年全国农民工总量 26894 万人,比上年增加 633 万人,增长 2.4%。其中,外出农民工(即在户籍所在乡镇地域外从业的农民工)16610 万人,增加 274 万人,增长 1.7%;本地农民工 10284 万人,增加 359 万人,增长 3.6%。数据表明,在我国农民工人数继续增加的同时,农民工总量增速呈持续回落态势,农民工就地就近转移增加较多。农民工总量增长有两个特点:一是本地农民工增长无论数量还是速度都快于外出农民工,2013 年本地农民工增长水平比外出

---

① 民政部:《城市平均低保升至每人每月 401.1 元》,《经济参考报》2014 年 10 月 28 日,见 http://finance.chinanews.com/cj/2014/10-28/6723563.shtml。

② 国家统计局:《农村剩余劳动力供给面临拐点》,《人民日报》2014 年 5 月 13 日,见 http://fj.people.com.cn/n/2014/0513/c350390-21192534.html。

农民工增长水平多 85 万人,本地农民工增长率比外出农民工增长率高 1.9 个百分点,就地就近转移成为新特点。这一趋势在 2014 年呈同样态势。2014 年全国农民工总量为 27395 万人,比上年增加 501 万人,增长 1.9%。其中,外出农民工 16821 万人,比上年增加 211 万人,增长 1.3%;本地农民工 10574 万人,增加 290 万人,增长 2.8%。本地农民工的增长水平比外出农民工的增长水平多 79 万人,本地农民工增长率比外出农民工增长率高 1.5 个百分点。二是农民工总量增速呈持续回落态势,2011 年、2012 年、2013 年和 2014 年增速分别比上年下降 1.0、0.5、1.5 和 0.5 个百分点。这两个特点,一方面表明,随着国家加大中西部发展支持力度,以及经济结构调整升级过程中产业在区域间的转移,有力促进了中西部地区经济发展,加速了中西部地区农村劳动力的就地就近转移;另一方面说明,随着我国劳动年龄人口峰值的到来,农业转移人口在城镇落户的增加,农村剩余劳动力供给也即将面临拐点。这就要求各级政府在有序引导农村劳动力转移方面无论是政策层面,还是政府服务方面均要作出前所未有的努力。一些地方农民在每年春节之后向大城市盲流情况的出现即是政府公共服务缺位的明显例证。农民无准确去向的盲目流动,一方面会给社会带来了不稳定因素,另一方面也体现出城乡劳动力之间就业机会的不平等。

(二)农村义务教育发展指数偏低,城乡不均衡现象显著

长期以来,国家的物力、财力、优质人力都投向了城市,教育资源的配置城乡间、地区间严重不均等。这种不均等主要表现为教育经费的投入、教育设施、师资水平、学生升学率、失学率等城乡间差别悬殊。

1.城乡义务教育资金分配不均等

现阶段,义务教育已在全国基本实现,但在设施、设备和人员配置上存在巨大的城乡差别,城乡教育的投资选择更偏重于城市。我国城市义务教育由国家财政负担,农村义务教育实行"以县为主"的财政分担体制和管理机制,主要由县或乡财政来担负。由于县乡财政普遍困难,大部分农村教育供给不足,农民成为教育事业成本的主要承担者,这无疑加重了农民的经济

负担。尽管近年来中央加大了对农村义务教育的转移支付力度,但农村教育经费与城市的绝对总量还是在增加。"2006 年,全国城镇普通初中生均教育经费为 3034.42 元,农村普通初中生均教育经费为 2190.33 元,差额 844.09 元,农村生均教育经费仅占城镇的 72.18%。虽然从 2006 年开始,国家加大了对城乡义务教育的投入力度,但从生均教育经费来看,城乡生均经费的差额却在增大。2007 年城镇普通初中生均教育经费为 3848.14 元,农村普通初中生均教育经费为 2926.58 元,差额为 921.56 元,农村生均教育经费占城镇的 76.05%。到 2011 年,城镇普通初中生均教育经费达 8402.28 元,比 2006 年增加了 5367.86 元,农村普通初中生均教育经费达 7439.43 元,比 2006 年增加了 5249.1 元。从 2006 至 2011 年,城镇与农村普通初中的生均教育经费增长幅度都比较大,农村普通初中生均教育经费占城镇普通初中的比例增长到 2011 年的 88.54%,呈现出不断上升的趋势(见表4-1)。但从绝对值来看,政府对城镇普通初中的投入仍然要多于农村普通初中,如 2011 年与 2006 年相比,城镇普通初中与农村普通初中生均教育经费的差距由 844.09 元扩大到 962.85 元,差距增加了 118.76 元"[1],说明城乡普通初中生均教育经费的绝对差距在扩大。

表 4-1　城乡普通初中生均教育经费支出比较　　　　(单位:元)

年份	城镇	农村	差额	城乡普通初中生均教育经费比(%)(农村:城市)
2000 年	1620.49	884.41	-736.08	54.58
2006 年	3034.42	2190.33	-844.09	72.18
2007 年	3848.14	2926.58	-921.56	76.05
2008 年	4844.19	4005.82	-838.37	83.69
2009 年	5866.65	5023.54	-843.11	85.63

---

① 陈丰:《基于财政视角的城乡义务教育均衡发展研究》,博士学位论文,中国海洋大学,2014 年。

年份	城镇	农村	差额	城乡普通初中生均教育经费比(%)(农村:城市)
2010 年	6862.77	5874.07	-988.7	85.59
2011 年	8402.28	7439.43	-962.85	88.54

数据来源:《中国教育经费统计年鉴》2007—2012 年相关数据整理并计算得出,转引自陈丰:《基于财政视角的城乡义务教育均衡发展研究》,博士学位论文,中国海洋大学 2014 年。

为了缓解这一差距实现城乡义务教育均衡发展目标,2011—2013 年,中央财政累计安排义务教育转移支付资金 4194 亿元,2014 年预算安排 1653 亿元,重点保证农村义务教育经费投入,到 2013 年年底,农村中小学校生均公用经费经过六次提高标准后已经达到中西部小学 560 元、初中 760 元,东部地区小学 610 元、初中 810 元。2014 年标准再次提高 40 元。

2.城乡义务教育办学条件差距大

义务教育资源配置的均衡化是以教育经费支出为保障的,但还应该注意在义务教育提供过程中物力资源的城乡差异,这些差距反映在教育经费支出在城乡分配中不合理之处,主要表现在教学用地、教学设施等办学条件方面。

如表 4-2,2010 年我国城乡学校义务教育校舍建筑面积分别为 51143.433 万平方米和 50785.779 万平方米,其中危房面积 4020.305 万平方米和 8742.067 万平方米,占校舍建筑面积的 7.86%和 17.21%。长期以来,农村中小学校校舍建设存在安全隐患,农村危房占校舍建筑面积比是城镇的两倍多。因此,从绝对量来看,农村在危房面积上与城镇有着明显的差距。从相对量来看,城镇学生人均危房建筑面积 0.497 平方米,而农村学生人均危房建筑面积 1.225 平方米,为城镇学生的 2.46 倍。[1] 从数据上看

---

[1] 何晶:《城乡义务教育资源均衡配置的财政政策选择》,硕士学位论文,中国海洋大学,2014 年。

出,农村学生生均校舍建筑面积比城镇学生略大,但是生均危房面积严重超过城镇学生,农村学校的建筑质量无法满足学生需要,侧面反映了农村义务教育基础设施建设投入不足,不重视维护。

表4-2　2010年城乡义务教育校舍建筑面积、危房面积比较

地区	校舍建筑面积（万平方米）	危房建筑面积（万平方米）	危房占校舍建筑面积比（%）	人均校舍建筑面积（平方米）	人均危房建筑面积（平方米）
合计	101929.212	12762.372	12.52	6.699	0.839
城镇	51143.433	4020.305	7.86	6.328	0.497
农村	50785.779	8742.067	17.21	7.118	1.225

数据来源:《中国教育统计年鉴2011》。

缩小差距是中国教育政策的重大命题(袁振国,2005),教育系统加大力度努力促进教育公平、调整教育结构。具体成效之一即是全国义务教育基本办学条件不断改善,教学仪器设备配置水平继续提升。2013年,小学生均仪器设备值为766元,比上年增加181元,增长30.9%。其中,农村小学为574元,比上年增加153元;初中生均仪器设备值为1301元,比上年增加287元,增长28.3%。其中农村初中为1103元,比上年增加266元。

为贯彻落实《国家中长期教育改革和发展规划纲要(2010—2020年)》有关精神,切实解决农村义务教育改革发展中存在的突出问题,进一步缩小城乡差距,促进义务教育均衡发展,2015年,在落实好"两免一补"、学生营养改善计划、乡村教师生活补助、城市免学杂费等各项政策基础上,中央财政继续完善城乡义务教育经费保障机制有关政策,进一步提高经费保障水平,并下拨了城乡义务教育补助经费1305.8亿元,比2014年增加约80.9亿元,增长6.6%。主要用于提高农村中小学校舍维修改造单位面积补助标准和扩大"特岗计划"实施范围并适当提高工资性补助标准。

3.城乡师资力量差距大

从城乡义务教育教师的整体素质看,城乡教师师资水平存在差距。通

常,我们认为拥有高学历的教师队伍会具有更高质量的教学水平。而我国城乡教育在教师学历水平上存在着不小的差距。由于数据可得性,在此通过 2010 年数据说明问题。2010 年,城镇、农村小学阶段生师比分别为18.92 和 16.77,城镇专任教师近 242 万人,农村专任教师近 319 万人,农村专任教师获得各级职称的人数与城镇专任教师大体相当,但是获得小学高级职称人数较少,未定职称的人数较多。城镇、农村初中阶段生师比分别为15.5 和 14.03,到了初中阶段,农村专任教师获得各级职称的人数远落后于城镇专任教师,特别是中学高级、中学一级、中学二级阶段。农村中小学专任教师的职称构成情况整体偏低,不利于农村教师质量的提升。[①]

2010 年以来,各级教育行政部门通过招录大学毕业生去农村中小学任教和对民办教师转正,基本解决了农村中小学师资短缺的问题。但教师的专业结构不合理现象仍较为突出,音体美、信息技术课和外语等专业课教师在不少农村中小学仍较为紧缺,导致不少学校课程设置不全,只开主干课,综合素质课、必要的课外兴趣活动和社会实践活动长期不开展,素质教育难以很好地实施。这种城乡间师资配备上的差异直接导致的是农村学校学生知识面普遍较窄。

要实现到 2020 年基本实现教育现代化的目标,重点在乡村,关键在教师。但是当前乡村教师队伍的整体状况依然令人担忧,乡村教师年龄老化、知识退化、方法旧化等现象非常普遍,优秀人才不愿去、一般人才进不去、不合格教师退不出等问题非常突出。从年龄结构上看,乡村小学 50 岁以上教师占比 22.75%,而城市只有 4.65%,"老龄化"问题十分突出;乡村 31—50岁的中年教师仅占 42.97%,远低于城市学校 72.67%的比例,处于十分严重的"中年塌陷"状态;从专业知识看,在小学数学教师的教学知识测试中,省城教师得分为 78.95 分,县城教师得分为 60.84 分,乡村教师只有 38.40

---

① 何晶:《城乡义务教育资源均衡配置的财政政策选择》,硕士学位论文,中国海洋大学,2014 年。

分;从教师专业出身角度观察,乡村学校非师范专业出身的教师占比23.21%,城市学校非师范专业出身的教师仅为9.03%;再从代课教师所占比例来看,乡村学校代课教师比例为10.54%,而城市学校代课教师仅为4.08%。如果没有一支结构合理、素质优良、受过专业培训、认真负责且得到充分支持的乡村教师队伍,那么提升乡村教育质量、缩小城乡教育差距将无从谈起。要建设一支真正"进得去""留得住""教得好"的乡村教师队伍,迫切需要给予乡村教师特殊的支持。近期公布的《乡村教师支持计划(2015—2020年)》[1]将乡村教师队伍建设视为实现教育现代化的重要战略基点,给予乡村教师特别的支持与关照。

(三)农村基本医疗卫生服务的财政制度内供给低于城市

1.农村卫生资源的各级财政投入低于城市公共卫生的财政投入

随着我国医疗改革的不断深入,医疗卫生事业取得了较大的成就。政府在公共卫生中的财政支出费用比例也有所提高。但我国农村医疗卫生服务体系仍然存在资金投入不足,同城市相比投入结构严重失衡的问题。"根据我国第六次人口普查结果显示,我国的人口居住在农村50.32%,但是我国的财政投入多半集中在城市,80%的医疗资源主要集中在城市。农村医疗卫生事业的财政投入严重不足,政府用于农村卫生事业的投资费用比例偏低,在预防保健等公共卫生和基本医疗服务经费的投入方面也存在不足现象。资金投入不足直接导致农村基础医疗卫生条件差且建设能力有限,虽然农村地区的卫生室数量有所增加,但仍然存在卫生室布局不合理、资源总体不足的现象。在药品配备方面,现有农村卫生所、社区医疗卫生站所能够开的药品种类仅有118种,可以采用的注射针剂也只有18种,由于资金投入不足,农村所拥有的医疗器械更是十分有限,设备更新周期缓慢,医疗器械老化,与城市医疗情况相比悬殊很大。农村的就医环境也不容乐

---

[1]　国务院办公厅:《关于印发乡村教师支持计划(2015—2020年)的通知》(国办发〔2015〕43号),见 http://www.gov.cn/zhengce/content/2015-06/08/content_9833.htm。

观,由于资金有限,无法对就医环境进行修缮和改建,很多街镇卫生院用房多为七八十年代建设,房屋大多数陈旧破损,面积不足。很多村镇的就医环境已不适应医疗卫生现代化和群众的健康需求。"①

2.农村医疗卫生资源短缺

农村医疗卫生工作是当前医疗领域改革的重点和难点,农村医疗机构数量、医疗设备配备、人均拥有病床数等情况相比较城市都处于比较低下状态,城乡间存在着严重不均衡现象。2013 年年底,全国 1981 个县(县级市)共设有县级医院 11631 所,县级妇幼保健机构 2042 所,县级疾病预防控制中心 2217 所,县级卫生监督所 1930 所,四类县级卫生机构共有卫生人员231.1 万人。全国 3.29 个乡镇共设 3.7 万个乡镇卫生院,床位 113.6 万张,卫生人员 123.4 万人(其中卫生技术人员 104.3 万人)。与上年相比,由于乡镇撤并后卫生院合并等原因,床位增加 3.7 万张,人员增加 2.9 万人。以农村人口人均病床数为例,经过近十年多的改革,截至 2013 年,城市每万人医疗机构床位数为 73.58 张,而农村每万人医疗机构床位数为 33.45 张;同样,农村人均拥有医护人员数也远远落后于城市。截至 2013 年,城市居民每万人拥有卫生技术人员数为 92 人,而农村居民每万人拥有卫生技术人员数为 36 人,约为城市居民的三分之一。城市每万人拥有注册护士数为 40人②,而农村每万人拥有注册护士数为 12 人,同样不到城市居民的三分之一;城市每万人拥有执业(助理)医师数为 34 人,农村每万人拥有执业(助理)医师数为 15 人,约为城市居民的二分之一。医疗卫生资源短缺现状仍待改善。

3.农村医务人员业务水平有限,农村医疗点未实现农村全覆盖

我国农村地区医疗人员队伍建设相对滞后,技术人才缺乏。2013 年年

① 宋悦、韩俊江:《我国医疗救助制度存在的问题及对策研究》,《税务与经济》2013 年第 1 期。

② 国家卫生和计划生育委员会:《2013 年我国卫生和计划生育事业发展统计公报》,国家卫生计生委规划与信息司网站 2014 年 5 月 30 日,见 http://www.nhfpc.gov.cn/guihuaxxs/s10742/201405/886f82dafa344c3097f1d16581a1bea2.shtml。

底,全国 58.9 个行政村共设 64.9 万个村卫生室。村卫生室人员达 145.7 万人,其中执业(助理)医师 29.1 万人,注册护士 8.5 万人,乡村医生 100.5 万人。平均每村村卫生室人员 2.47 人。与上年相比较,村卫生室数量减少 0.4 万个,人员总数增加 8.5 万人;2013 年,全国县级(含县级市)医疗诊疗人次达 9.2 亿人次,比上年增加 0.5 亿人次,入院人数 6507.6 万人,比上年增加 514.8 万人,病床使用率 85.8%,比上年下降 1.3 个百分点。乡镇卫生院诊疗人次为 10.07 亿人次,比上年增加 0.4 亿人次,入院人数 3937 万人,比上年增加 29 万人。医师日均担负诊疗 9.3 人次和住院 1.6 床日。病床使用率 62.8%,出院者平均住院日 5.9 日。与上年相比,乡镇卫生院工程师工作负荷有所增加,病床使用率提高 0.7 个百分点,平均住院日延长 0.2 日;村卫生室诊疗量达 20.1 亿人次,比上年增加 0.8 亿人次,平均每个村卫生室年均诊疗量 3102 人次。[1] 虽然资源分布和利用率都有所改善,但是,农村地区的医疗卫生人员,普遍学历偏低,大专以上学历人员仅占 14.5%,75%[2]的医疗卫生人员没有正规学历,且农村地区医疗卫生队伍老化、现有技术落后、技术教育和培训不足,这些已经严重影响了我国农村地区的医疗卫生服务水平。农村地区的医疗卫生人员素质也直接关系着农村地区人口的生命和健康。据统计,我国乡镇卫生院中 20% 不具备计生能力,50%[3]不能进行下腹部手术。县乡两级医疗机构卫生技术人员比例偏低,村卫生室具有乡村医生执业资质的人员数量不足,还不能完全满足需要。一些主治医师虽然有相关医疗资格证书,但仍存在年龄偏大、基本素质低等问题。

---

① 国家卫生和计划生育委员会:《2013 年我国卫生和计划生育事业发展统计公报》,国家卫生计生委规划与信息司网站 2014 年 5 月 30 日,见 http://www.nhfpc.gov.cn/guihuaxxs/s10742/201405/886f82dafa344c3097f1d16581a1bea2.shtml。

② 韩俊江、王胜子:《试论我国农村医疗卫生服务体系的完善》,《东北师大学报》2015 年第 2 期。

③ 于弘文、顾宝昌:《2010 年第六次全国人口普查挑战与展望》,《人口研究》2009 年第 11 期。

第二节　财政困境对县乡基本
公共服务供给的影响

　　在一般意义上,财政是指一个国家维持其政府运行、实现政府职能所需的必要经济支持,包括"收""支"两个方面。在现实中所出现的财政管理问题若不是在"收"的方面出现问题便是在"支"的环节出现状况,具体情形无一例外。从财政的社会功能角度看,公共财政并不具备多于传统财政更多的功能边界和内涵,差别在于财政功能的排序和侧重点不同而已。与传统财政相比,现代财政之所以被称为公共财政在于其置于市场经济环境下旨在满足公共需要,也就是说,公共财政的公共性集中体现在为市场提供公共服务上。[①] 其"公共性"主要表现为三个基本特征:一是财政运行目标的公共性,二是财政收支活动的公共性,三是财政行为的规范性和法制性。[②] 回归国情,中国的国体和经济体制必然要求当前中国的财政内涵和外延彰显公共性的特点。

　　中国县、乡财政困境基本上可以归为两种状态:"得的少"和"没用好"。"得的少"是财政"收"的问题,属于资源配置不尽合理,可理解为资源配置性困境;"没用好"是财政"支"的问题,属于资源使用低效,可理解为资源整合性困境。无论是"得的少"还是"没用好"都有其内在制度设计、体制运行、组织管理等方面的诱因,客观上对公共服务提供效率无疑会产生消损,因而探究我国县乡政府财政所面临困境的成因与公共服务供给不足之间的关联对发掘县乡公共服务供给能力的提升路径具有逻辑上的必要性。县乡政府财政资源配置性困境与县乡财政的"收"相关,指的是县乡财政"收"方

---

　　① 高培勇:《公共财政:经济学界如是说》,经济科学出版社 2000 年版,第 42—43 页。
　　② 靳希斌:《政府教育管理职能转变与构建公共教育财政投资制度》,福建教育出版社 2011 年版,第 22 页。

面出现的问题,是由于国家财政体系和制度设置在对县乡财政资源吸纳和配置环节上直接或间接导致的县乡政府财政收入能力和支出能力弱化。[①]从县乡财政能力上看,国家层面上财政收支状况在量上对县乡财政"收"的额度均产生直接影响。在一定时期,一个国家的财政资源总额是有限度的,中央和地方在财政资源上的分配关系实质上是此消彼长的关系。县级以上财政汲取的增额恰是县乡财政的减额,同时,中央减少对县乡财政配额也会削弱县乡的财政收入。在现实生活中,县、乡政府极有可能因为财源压力在履行公共支出责任时作出"甩包袱"行为,影响其公共服务责任的有效实现。

一、县乡财收支失衡加剧基本公共服务供需矛盾

中国目前为五级政府框架,分别是中央政府、省级单位(省、自治区、直辖市)、地区级单位(市、自治州)、县级单位(县、县级市、自治县及市辖区)、乡镇级单位(乡、镇、街道)。从行政区划的级别和职能看,县、乡政府分列为第四、五级,其中,县级政府的主要职能是"重点保障基层政权正常运转和提供公共服务",乡镇政府主要是"落实上级政府出台的各项惠民政策,为本地经济社会事业发展创造良好的基础环境"[②]。可见,县、乡两级政府的主要职能是为辖区提供公共服务。众所周知,财政是政府运行的母乳。若县、乡财政资源不足势必会弱化县、乡两级政府提供公共服务的能力、降低公共服务提供的质量和水平,而通常情况下公众对公共服务的量和品质的要求则是递增的,那么由于县、乡政府财政能力弱化引发的公共服务能力下降与公众对公共服务需求之间的矛盾极有可能激化和升级。

新中国成立以来,中国财政体制大体上进行了四次大的变革,其阶段划分见表4-3。纵向分析,审视中国财政体制改革的过程,不难发现,中国县、

---

① 需要指出的是财政收入能力与支出能力之间有着密切关联,从根本上讲,支出能力的弱化来自财政收入能力的弱化,后者是前者的结果。

② 李萍:《财政体制简明图解》,中国财政经济出版社 2010 年版,第 114—115 页。

乡两级财政同样经历了一系列改进和完善。目前,中国正在经历从农业社会向工业社会的转型,在全国范围内,以乡(镇)为载体的乡村社会在地域和人口方面仍旧占据绝大比例,因此分析乡(镇)财政状况具有典型性且意义重大。

表4-3 新中国成立后中国财政体制变革四阶段汇总表

阶段(年)	财政制度特征	时代功能	评价
1950—1952	中央高度集权型:地方主要财政收入全额上交中央,财政"统收统支"	强化中央宏观调控能力,抑制恶性通货膨胀,促进国民经济恢复和新中国建设	高度集中型财政体制适合当时中国国情
1953—1979	"统一领导,分级管理"型:以中央集权为主,适度分权,形成中央、省、县三级财政管理和分类分成与总额分成的收入划分模式	服务于当时国家计划经济体制,适应国内政治、经济形势发展的变化	地方一定程度参与财政分权,但财政中央集权的特征并未改变
1980—1993	"分级包干"	打破财政"大锅饭"局面,扩大地方财权,调动政府增收节支的积极性	对原有财政体制有实质性突破,但未能突破"统一领导,分级管理"财政体制
1994—2014	分税制财政体制	初步理顺中央与省财力分配关系,为适应市场经济发展、发挥调节经济和社会生活的职能创造条件	中央政府对地方财力的调整尚缺乏长远规划,省级以下政府间的财政关系不够规范,地方政府财政压力较大

新中国成立以来,乡(镇)政府组织经历了"乡政府→人民公社→乡政府"的演变,与之相关的基层财政也随之发生了"乡财政→公社财政→乡财政"的变体。人民公社之前对乡的财政管理体制是收支两条线,乡政府几乎没有什么机动财力①,虽然乡级政府拥有一定财政管理权限,但是很难算

---

① 黄宇光:《社会主义乡级财政》,经济科学出版社1988年版,第2页。

得上是一级完备的财政。人民公社时期,由于人民公社是一种"政社合一"的组织体制,它既为乡村社会提供公共服务又为乡村社会组织农业生产,因而公社财政既有政府财政的特点又有企业财务的属性。① 从本质上看,公社财政属于汲取型财政,这种"先提取,后分配"的方式使得公社财政有充足财源的同时又隐晦地把财政负担嫁接到农民身上,以农民的贫困为代价。② 时至 1983 年,中共中央、国务院发出《关于实行政社分开,建立乡政府通知》,提出"建立乡一级财政"的要求。随后财政部在 1985 年颁发《乡(镇)财政管理实行办法》,对乡镇财政的运行机制也做了具体规定。但是,这种重新建立的乡财政其实质不过是建立了以税外收费为主要特征的财政自筹制度而已,并不能从根本上化解矛盾。1994 年实行分税制财政体制改革后,"根据中央和地方政府的事权划分,合理确定各级财政的支出范围",并且"根据财政支出责任与事权相结合的原则"对不同税种进行了划分,建立"中央税收和地方税收体系,分设中央和地方两套机构分别征管"。此次分税改革将一些稳定的税源和税收管理权限收归中央,提高了中央财政收入占全国财政收入的比重,规范了政府间财政分配关系,同时也削弱了地方政府的财政能力,从而出现了有学者所描述的情形:"中央财政喜气洋洋、省级财政风风光光、市级财政摇摇晃晃、县级财政哭爹喊娘、乡级财政集体逃荒"。③

表 4-4　省以下财政管理体制

体制类型	体制内涵	实现形式
省管县体制	省级政府直接管理地市与县(市)财政,地市没有管理县(市)财政的职能,不直接与县市发生财政关系。	1.县级财政完全由省直管
		2.县级财政由省直管,地市技术性协助

---

① 章荣君:《财政困境与乡镇治理》,中国社会科学出版社 2012 年版,第 40 页。

② 陈永正、陈家泽:《论中国乡级财政》,《中国农村观察》2004 年第 5 期。

③ 章荣君:《财政困境与乡镇治理》,中国社会科学出版社 2012 年版,第 48 页。

续表

体制类型	体制内涵	实现形式
市管县体制	省与地市之间明确财政关系,县(市)级财政由地市直接管理。	1.县级财政完全由市级管理
		2.县级财政市管为主,省管为辅

表 4-5　县对乡的财政管理体制

体制类型	体制内涵
分税制型	在省和市分税制财政体制框架下,确定县级财政对乡镇财政收支范围
收支包干型	县与乡镇按照税种划分收入,收支均由县财政核定,实行超收分成或留用、短收不补或补助
统收统支型	乡镇的所有收入都收为县级收入,县财政按照实际需要对乡镇支出进行核定

民众对分税制后县乡财政实际状况的形象比喻——县级财政哭爹喊娘、乡级财政集体逃荒,即为对县乡财政困境的生动表述。这一状况的出现当然与财政管理体制有直接关联。

首先,县乡政府处于财政体制的末端,处于被动地位。数据显示:分税制改革实施后,增值税的 75%、消费税的 100%收归中央财政;证券交易印花税从 1997 年 1 月起由原来中央和地方各占 50%调整为中央占 80%、地方占 20%;后来中央所占比重又上调至 88%致使地方占 12%;现又改为中央占 94%,地方仅占 6%。2002 年 1 月开始,所得税改为共享税,中央和地方五五分成;到了 2003 年以后,调整为中央占 60%,地方占 40%。① 中央立足于全国财政形势适时对中央财政和地方之间的财政分成比例进行调整,这一做法往往是以中央文件的形式下发、自上而下的方式推行,缺乏法律依据。在中央与地方财政分成比例的调整过程中,地方政府往往无法真正参

① 徐江琴、叶青:《财政体制改革 30 年》,《湖北社会科学》2008 年第 10 期。

与其中,只能被动地接受,县、乡财政更是如此。另外,通过表4-4和表4-5对中国省级以下的财政管理体制所进行的梳理①可以发现,中国财政资源的聚集和配置整体呈现集权特点:财政资源聚集自下而上,财政资源配置自上而下。换言之,中央和省级政府在财政收支环节中处于主动地位,基层政府尤其是县乡政府处于财政体制的末端在财政收支中处于被动地位,县乡财政收支直接受到钳制。

　　其次,财权上移使得县乡政府财政筹集能力受到隐形削弱。改革开放之后,为了提升政府对经济发展的服务能力,中国财政体制实施了渐进式改革,尤其是1994年分税制财政体制改革以后,根据中央和地方政府的事权确定各自财政支出范围,对不同税种的权限进行了划分,地方财政的重要性和独立性逐步凸显。但是,值得注意的是,分税制改革更多关注的是中央与地方财政关系的理顺和规范,却忽视了中央与地方及地方与地方之间财政能力的均衡培育,实际结果是地方政府财政自给率降低,对中央财政转移支付的依赖过大。② 以税务征收为例,1994年分税制改革以后,中国在形式上形成了以所得税和流转税为主体税种的复合税制体系。但是在税务征缴过程中,征收流转税一般会在生产、流通环节进行,其纳税人主要是各类工商企业。正常而言,作为纳税人的企业更多聚集在经济发达或者说工商业发达的城市和地区,因而流转税客观上存在向城市(或经济优势区域)集中的机制。长期以来,受到城乡二元结构和国家发展战略的影响,中国城乡及地区之间存在着资源禀赋之间的差异。即便在体制上赋予县乡财政一定的财权,由于县、乡财政税收结构不合理、税源分散、各税收之间互补性较差,县乡财政很难把财权转化为财力。我们知道,县级财政收入包括预算内收入和预算外收入,预算内收入主要是税收收入,预算外收入主要包括各类费、

---

　　① 表4-4与表4-5根据张志华的《完善中的中国省以下财政管理体制》一文进行整理,详见沙安文、乔宝云:《地方财政与地方政府治理》,《国际经验评述》,人民出版社2006年版。
　　② 贺禄飞等:《对财政转移支付制度缺陷的深层原因剖析》,《中国农业会计》2011年第3期。

基金等。县、乡财政困难必须在县乡之间分摊,在县级政府财政困境加剧的情况下,县级财政会吸收一部分乡镇财政资源进行辖区内统筹,无形之中乡镇级别的财政资源受到侵占,乡镇财政更加紧张。当制度内收入无法满足财政支出的情况下,为了转嫁矛盾,县乡政府制度外自筹资金形式极有可能大幅度增加,乱征税、乱收费、乱摊派等行为打着幌子大行其道,因而出现了县乡财政长期处于税小于费的情形,财政收入重心外移,以体制外收入"救济"体制内收入缺口。毋庸讳言,中国县乡所辖范围大多是乡村社会,在取消农业税之前,县乡财政在制度内收入和制度外收入的双重支撑下得以勉强维持,在农业税掩盖下税费征收一定程度上缓解了县乡财政困境,但这并不能说明"税费齐收"是解决县乡财政困境的可行之举。农业税取消恰恰也直接印证了"税费齐收"缺乏社会基础,难以为继。取消农业税之后,实质上也堵住了"费"的征收渠道,县乡财政缺口无法再通过"费"的形式筹集与弥补,县乡财政能力进一步受到削弱。有研究推算,税费改革后,仅 2002年全国乡镇财政收入减少约 905 亿元。[①] 为了维持政府正常运转,县乡政府为缓解财政缺口常常选择政府负债作为释放压力的出口,"债"是以未来的收入做支撑和加以偿还的,因此,此举只是将财政压力往后暂置,并不能真正解决财力不足问题。

再次,事权下移强化县乡政府的财政支出刚性,收不抵支使县乡政府陷入两难境地。财政的公共性要求政府在社会经济发展中承担必要职责,为社会经济发展提供必要的公共服务,这是政府存在的题中应有之义。一般而言,中央政府与地方政府在基本公共服务的供给方面存在分工,然而理论上的职能分解与实际的职责履行却有着事实上的差别,见表 4-6。地方政府承担多于财权规定之外的责任,换言之,"钱归中央拿,事由地方干"。从政府职能角度看,中国各级政府必须承担政治、经济、社会等职责,致力于促

---

① 黄玉荣、赵宇:《当前农村税费改革中的新问题与对策研究》,《山东经济》2005 年第 3 期。

进经济、科教文卫事业发展、负责基础设施建设、化解公共问题、提高社会福利等职责,且各项职责需要在各级政府之间进行事权划分与责权设定。从政府运行目标而言,地方政府既要担负一般性、地方性公共服务的供给,包括教育、卫生、基础设施建设、环境保护、社会问题防止与安全、行政管理等,同时还要担负促进和保障地方经济发展的职责。受政治、经济与文化、历史等多重因素影响,中国地方政府的发展目标常常以量化指标的形式出现,并且不断伴随量化递增的压力,这就要求地方政府在充分利用有限财政资源完成一般性、地方性基本公共服务职责的同时还要尽最大可能完成发展目标。此外,中国的改革开放已历经三十余年,民众对政府的预期和要求呈现递增趋势,公众评价对政府行为的引导作用日益增强,民众对基本公共服务的要求成为行政管理体制外的压力源。因此地方政府在财政压力的背景下处于行政管理体制的纵向压力和公众横向压力的交汇点,如何在双重压力下有效履行职责成为各级政府的核心责任。需要注意的是,在中国政府基本公共服务供给体系中,地方政府扮演着更为重要的角色。并且,在地方政府各层级中,最为基层的县乡级政府在这一社会进程中暴露出来的困境更为严峻:一方面,县乡政府承担供给职责的基本公共服务名目繁多,所需公共支出基数比较大,公共需求多样而且多变;另一方面,各基层县乡级地方政府多财源紧张,财政支出责任与事权不匹配,县乡政府在基本公共服务供给中常常面临"事多钱少"的局面。有学者对 1994—2008 年我国中央和地方财政支出比重进行对比性分析与研究,得出结论:中央财政支出占总支出的比重从 1994 年至今无太大变化,基本上在 30% 上下浮动,中央以下各级支出占总支出的比重一直居高不下,仍然占总支出的 70% 以上,县乡支出比重占地方支出总额的比重为 40% 左右,主要的支出责任下放到县乡,收支反向差距持续增大①。说明地方财政已无自求平衡机制和量入为出、有序发展优势,县乡财政支出责任明显偏大,其支出事项的完成及职责到位越

---

① 张宇:《中国县乡财政困境及对策研究》,硕士学位论文,燕山大学 2009 年。

来越依赖于上级财政支持,县乡财政逐渐蜕变为上级财政附属物。并且,如前文所述,上级政权层层下压的事权导致其支出责任呈现刚性增长态势,体制的变革趋势却是财权日益上行,两方面现状使县乡财政成为中国政府五级财政中最弱的两级财政,这从近些年普遍爆发的县乡财政困境的真实写照可窥见一斑。

表4-6   中央与地方事权归属对比

事权范围	理论事权归属	实际事权归属
国防、外交	中央	中央
环境	中央	中央
失业保险	中央	中央、省及省以下各级政府
工业、农业	各级政府	各级政府
教育	中央、省及省以下各级政府	中央、省及省以下各级政府
医疗卫生	中央、省	中央、省及省以下各级政府
社会福利	中央、省及省以下各级政府	中央、省及省以下各级政府
警察	省及省以下各级政府	省、省以下各级政府

资料来源:李一花:《中国县乡财政运行及解困研究》,社会科学文献出版社2008年版,第8—22页。

可见,现行财政体制尤其是分税制改革以后县乡政府财政收支关系出现结构性矛盾,整体表现为县乡财政收支失衡和财政支出责任事权不对等。县乡财政支不抵出的局面将会大大削弱县、乡政府的基本公共服务供给能力,使其在我国现行行政管理体制和财政资源配额下陷入既要面临财政压力又要履行政府职责的两难境地。一些县乡政府迫于上级压力、公众压力和财政压力,常常以自身财政能力、绩效指标为指向施政,作出"甩包袱"行为,偏离或选择性满足公众需求。公众对基本公共服务的需求没有得到满足或者是部分得到满足会导致基本公共服务供需矛盾进一步激化。

二、县乡财政体制的运行障碍消减其基本公共服务供给能力

政府面临的财政困境并不是时下产生的新问题。古今中外历史和现实

中关于税费制度改革的案例不胜枚举。黄宗羲对中国古代税费改革提出"积累莫返之害"①的论断客观上折射出特定的税费制度运行对其制度本意的实现有着重要意义。分析评价任何一种管理体制只有将其置于特定的历史时空之中才有意义。前文已述,新中国成立至 2013 年,中国财政体制大体进行了四次变革,1994 年的分税制财政体制改革旨在改变"地方单赢"局面,通过调整中央地方财政关系,强化中央财政能力,提高国家财政在国家宏观调控的地位和作用,营造中央地方"共赢"局面。分税制改革之后国家又对具体税种的征收进行了完善,在一定程度上达到了改革的初衷。但是,客观而言,尤其是取消农业税之后,县乡财政收支困境更加凸显。造成这一现象的根源,除了制度制定存在缺陷之外,财政制度执行过程中出现的运行障碍问题也必须引起我们的关注。

　　财政制度运行的目的是保证政府事权与财政支出责任一致,这亦是分税制改革的指导思想。从理论上讲,事权是财政支出责任分配的依据,财政支出责任是事权的保障。有学者认为中国政府长期处于压力型体制下,在这种体制之下,中央政府制定整体发展目标和任务并将目标和任务以量化指标的形式进行逐级分解,限时完成。从管理学角度分析,这种做法并无不妥。原因在于大至国家小至社会组织的管理基本上都有远期战略目标、中期规划和短期具体目标和任务,只有将远期目标分解,落实到具体时间、具体责任主体、具体实现程度,也就是以短期目标和任务的形式才能保证实现,此种做法与管理学中的目标管理是一致的。一定时期的国家发展目标由中央、地方政府共同承担方能实现,各级政府在国家发展目标中承担的责任就是各级政府的事权。前文我们也已经谈到,在各级政府运行过程中事

---

　　①　即人们经常提及的"黄宗羲定律"。中国历史上的封建王朝为减轻、规范农民赋税而推出的新政策,初期一般都会起到一定作用,但最终往往会变本加厉地加重农民负担。一个典型的例子是明朝万历年间张居正所施行的一条鞭法:将农民上缴的田赋、徭役以及其他杂征归为一条,折成银两,并明令不得增加其他名目的赋税。但到了明朝后期,朝廷仍然征收其他赋税,如为了应付满族入侵而开征的辽饷等,加重了农民负担,客观上激化了农民起义。明清思想家黄宗羲将此称为"积累莫返之害",后人将此现象称为"黄宗羲定律"。

权与财政支出责任要一致,然而县乡财政困境的出现业已折射出中国县乡政府在事权和财政支出责任的匹配关系上出现失调。这与中国县乡政府财政体制运行过程中出现的障碍有关。

(一)压力型行政管理体制束缚了县乡政府运行的主动性和自主性,造成其公共服务目标的偏向和错向

有学者认为长期的压力型行政管理体制是县乡财政困境的根本原因之一。[①] 层层分解的政府发展目标和任务是上级政府考核的主要标准和依据。我们不否认各级政府之间目标分解的做法,但是县乡政府在这一过程中极有可能在财政困境下受到压力型行政管理体制的影响偏重行政管理目标而忽视公共服务的效果和水平。各级政府尤其是地方政府被置于多重评价体系下,理论上受到上级、同级、下级及社会等多元主体的评价,但在压力型体制下,县乡政府实际上的评价主体是其上级政府,因而其行为的上级导向更为突出。当然,上级政府在分解目标时必然对下级基本公共服务供给也有量化要求。上级导向下的基本公共服务供给与公众对基本公共服务的需求之间并不总是一致,政府绩效指标并不能全面有效地涵盖全部公众需求。中国存在事实上的地区发展不均衡与城乡发展差异现象,不同地区、不同人群对基本公共服务的需求多样,因而县乡政府供给的基本公共服务应该具有地域性、灵活性、针对性。同时,按照现行行政体制,县乡政府实际上承担着最直接、范围最广的基本公共服务供给任务。现行政治体制与实质上的压力型财政体制相交织,一方面,县乡政府需要完成上级分解的量化任务和目标,另一方面县乡政府需要在财源不足的前提下满足差异化的公共需求,县乡政府不可避免地会陷入两难境地:究竟是为完成上级指标还是满足社会公众基本公共需求? 究其本质,按理论推演,本来完成上级指标与满足基本公共需求并无本质区别。但是,县乡政府在财政困境和压力体制下完成上级指标和满足基本公共需求却演变成了相互矛盾的两个目标,甚至

---

① 章荣君:《财政困境与乡镇治理》,中国社会科学出版社 2012 年版,第 49 页。

完成上级指标对县乡政府而言更具有主观上的价值偏好。总之,受制于财力有限和现行行政压力型体制,县乡政府难以保证基本公共服务的有效供给。

(二)县乡财政体制中财政审批环节降低了基本公共服务的效能

1994 年分税制财政体制改革之后,中国政府之间逐步确立了中央与地方(主要是省级)政府的财力分配格局。中央与省级政府之间的财力配置关系成为省级以下财力分配的参照,最终形成了四级财力分配关系——中央与省级、省级与地市级、市级与县级、县级与乡镇。各级政府在财政关系上呈现出"财力集中在上,事权承担在下"的整体特点,越到基层财政,可支配财力越少,但事权并不因为财力不足有所削减。有数据显示:分税制改革后县乡两级一般预算收入较分税制改革前呈现出下降态势。1989 年在全国预算收入中县乡占 10.5%,1993 年为 18.5%。实行分税制后,1997 年县级一般预算收入占比为 11.1%,2003 年为 11.5%,直到 2008 年达到历史最低点为 4.9%。[①] 从数据上看,县乡两级财政在全国财政的比例整体呈降低趋势。随着经济发展中国的财政基数已经发生变化,在国家财政实力提升的同时县乡收入预算在全国财政预算中的比例降低,足以说明中国县乡两级政府从国家财政方面获得的支持与国家整体财政实力提升并不同步,甚至是相背而行。在此背景下县乡收支不平衡问题逐步凸显,县乡财政收支缺口不断扩大。乡镇政府是国家政权与乡村社会(或者说是社会)的对接点,直接承担着基本公共服务供给的任务。按照财政部要求,2008 年年底全国实现"乡财县管"制度。从制度设立初衷观察,"乡财县管"是在保证乡镇政府财政管理主体的法律地位不变、财政资源的所有权和使用权不变、乡镇债务不变的前提下,县级财政部门对乡镇财政实施必要监管以提高乡镇政府的财政使用能力和规范程度。"乡财县管"事实上使乡镇政府的财政管理权与所有权、使用权分离,从而保证了乡镇财政的规范使用。然而从制

---

① 章荣君:《财政困境与乡镇治理》,中国社会科学出版社 2012 年版,第 55 页。

度实施上看,"乡财县管"却造成了乡镇财政使用上的"双重审批",致使财政基础相对薄弱、财力不足难题突出、事权繁重的乡镇财政作为独立一级财政的地位被弱化和虚化,"一级政府一级预算"难以实现。学者章荣君指出,乡镇政府每一次财政支出将至少在 7 人手中进行传递和审核,造成财政管理效率损失,直接的结果是削弱了乡镇政府的财政能力同时加剧了乡镇政府基本公共服务的缺位。[①] 县级政府作为乡镇政府的上级也同样处于中国行政管理体制的基层,县级财政同样面临着财政支出责任与事权不匹配的困境。县级政府在统筹本级财政资源时为了缓解本级政府财政压力极有可能与乡镇争夺或者说是"借用"乡镇财政资源,出现本章开头学者所描述的"乡财县用"的情形。从而使得"乡财县管"的制度理念和实效产生了对立关系,如果"乡财县管"变成了"乡财县用",那么乡镇政府不仅失去了本级财政的管理权,同时失去的还有财政的使用权,作为一级财政的独立资格将损失殆尽。在既有财政分配格局下,"乡财县用"将加剧乡镇财政收不抵支的财政风险,乡镇政府的基本公共服务供给能力则将进一步弱化。

(三)转移支付制度支持不力影响财政的公共服务均衡供给作用发挥

财政转移支付是国家通过宏观财政资源配置促进地区、行业等均衡发展的手段。中央财政聚集地方之力的目的不是为国家"敛财",不是为了"肥了中央、瘦了地方",而是要更好地统筹全国财政资源,为国家的整体协调发展而服务。分税制实施之后,一改地方财政独赢局面,增强了中央财政的整体实力,也提高了中央政府的转移支付的能力。转移支付制度是分税制财政体制必要的配套措施,缺乏科学有效的转移支付制度,国家的宏观调控政策和措施就难以为继,中央与地方政府之间的关系势必分化甚至是对立。分税制改革以后,省级政府整体上比照中央做法出台省级政府对县乡政府的转移支付制度。其主要的转移支付形式有:一般性转移支付、原体制补助、专项补助、税收返还、农村税费改革补助等,省级财政转移支付与中央

---

① 尹帅:《我国县乡财政体制问题研究》,《芜湖职业技术学院学报》2013 年第 3 期。

在内容、做法上具有同质性。但是,由于这种转移支付制度同样是建立在财政支出责任与事权不对等的前提之下,因此上级政府对县乡政府转移支付过程中也出现了制度运行上的问题。这些问题集中表现为以下五个方面。

1.上级政府(主要是省政府)对县乡转移支付额度和规模有限

中国地区经济差别巨大,省级财政转移支付与地区经济发展水平和实力相关,受地区经济发展不平衡影响,政府之间存在财力悬殊进而导致政府财政资源禀赋出现明显差异。但是,即便是富裕省份也并未由于经济发展状况较好而避免纵向政府间财政矛盾的出现。分税制实施以来的二十多年时间,省级以下政府普遍存有财政分配不均等问题,不同省份之间的差别仅在于程度轻重而已。这种纵向政府间的财政矛盾尤其存在于县乡政府层面,县乡政府的财政缺口很大,政府负债运行比比皆是。归其原因,上级政府财政转移支付能力有限,需要财政转移支付支持的需求很大,但是财政的转移支付却未能从根本上解决县乡级财政收支失衡问题。具体而言,税制改革以中央和省以下地方政府作为两个基点进行,并没有把与市、县、乡镇等地方政府的财权事权进行严格划分,而是统一与中央政府的财权与事权进行划分,从而建立起中央对地方的财政转移支付制度,因此,省对下的财政管理体制没有得到相应改革,各省只是根据实际情况对市县的财政管理体制在不触动既得利益的基础上进行调整。因此,虽然大多数省份都依照中央对下财政转移支付制度而建立了省对下的财政转移支付体制,但省级政府对市县级政府的财政转移支付规模较小,导致省对下财政转移支付未能发挥均等化作用。并且,由于县乡政府处于行政管理体制的底端,财政转移支付资金在由上而下的流转过程中,极有可能受到上级政府的"克扣",进入县乡财政账面上的资金"缩水"之后很难实现财政转移支付的原初目标,从而造成转移支付制度下变相的财政支出责任与事权不对等,县乡政府从国家财政转移支付制度中获得的政策收益打了折扣。

2.中央政府与地方政府间接转移支付责任模糊

厘清各级政府之间的事权与财政支出责任关系是转移支付制度的重要

依据。目前分税制财政管理体制基本上明确了政府层级间的财权关系,然而对纵向事权关系却缺乏清晰界定,对于因财力与事权不匹配出现收支缺口的地区,中央通过财政转移支付进行补助。但是由于我国在中央和各级地方政府间的事权划分方面尚缺乏清晰边界,因此使得不同级别政府间的利益冲突与矛盾明显,中央与地方政府间的博弈加剧。由于地方税体系不健全,我国实际上实行的是"弱地方税,强转移支付"制度,大多数省份的财政转移支付占地方财力比重较高,财政转移支付已经成为处理政府间财政关系的重要手段。但是,财政支出责任与事权不统一极易造成财政支出责任交叉和缺位,在财政资源有限的情况下,财政转移支付责任可能被虚置,无法实现其预期目标和制度功效。所以,完善转移支付制度,科学确定转移支付目标、资金分配依据和原则,提高转移支付分配的透明度,优化财政转移支付的结构和模式,方能缓解政府间利益冲突,进一步理顺政府间关系。

3.转移支付制度本身也存在着不合理部分

分税制财政体制改革以来,如何确定一个科学合理的财政转移支付制度一直是困扰决策者和执行者的难题,导致制度运行二十多年来依然存在着制度本身的诸多不合理部分。首先,财政转移支付的结构不合理,对财政转移支付合理规模的范围界定不清晰,直接导致运行中出现了一般性转移支付规模过小,专项转移支付规模过大、原体制补助上解规模不合理等问题的出现。王元(2009)认为我国财力性转移支付中很多项目如调整工资转移支付、退耕还林转移支付、农村税费改革转移支付等项目实际上属于专项性质,真正意义上的具有均等化作用的一般性转移支付只占转移支付的11%左右,而专项达到近60%,结构不合理,影响了转移支付均等化和宏观调控等重要职能的发挥。① 其次,财政转移支付目标不清晰,多种财政转移支付形式并存,各自为政,有的具体转移支付项目之间还存在着理念上的冲

① 王元:《改革完善统一规范透明的财政转移支付制度》,《经济研究参考》2009年第27期。

突,转移支付制度设计及运行本身存在技术性误差,抵消了所应发挥的功能。再次,财政转移支付导向不明确,这主要是由于我国转移支付制度是在财政体制调整中逐步建立的,政策目标上的定位不清晰和政府的缺位与越位现象的存在,有些转移支付项目在导向上多以效率优先为原则,这导致社会保障、民生事业方面投入不足,违背了制度设计初衷的平衡功能和均等化目标。最后,转移支付制度中还存有旧体制残留,例如两税返还的存在,实际上是旧体制的延续,实际上起到的是逆向调节作用,劫富济贫,贫困地区由于经济发展水平不高因而获得的税收返还相比较富裕地区会更少,这严重偏离了转移支付均等化的目标。这些问题直接导致地方转移支付缺乏透明度和公开度,这让县乡财政非常依赖的一部分收入来源面临极大的不确定性,由此也产生了极具中国特色的"讨价还价"式转移支付。而县乡政府"讨价还价"的能力偏弱,在"坐等拨款"希望渺茫的情况下,挪用资金"跑项目""找关系"现象频出,这种花样百出、各显其能的违规找资金现象,既浪费有限资源,又可能引发腐败,经济成本和政治成本都极高。

4.政府财政转移支付资金使用效率低下

运行了二十余年的财政转移支付制度由于专项补助比重过大,资金投向分散,部分项目与实际需求脱节,有些项目设置交叉,再加上有些项目运行不规范,缺少专项资金专门管理办法或实施细则等,因此实际运行效果并不理想,降低了财政资金的使用效率。由于转移支付是政府间财政的无偿给付,很多县乡政府更多地关心"是否能够获得财政转移支付"以解决自身财政缺口,对"如何有效使用财政转移支付资金"的重视程度相对较弱,加上对监督资金使用效果方面仍旧存在一定缺失,从而引发政府财政转移支付资金使用效率低的情况时有发生。另外,专项转移支付在分配中人为因素较多,部分项目存在"人情款"问题,专项资金的立项审批以及项目确定、范围等方面缺乏客观标准和严格程序议定,凭主观臆断或地方配套能力高低进行分配现象时有发生,这导致富裕地区获得的补助常高于贫困地区,这也是资金使用效率低下的惯常表现。

三、县乡财政自给能力有限影响其基本公共服务供给能力的提升

前文所述均是在现有财政体系下县乡政府在国家纵向财政体系中因财权划分造成财力萎缩的情形。纵向上,上级财政"给得少"并不必然意味着县乡财政会陷入困境,倘若地方财政的自给能力较强,是可以在一定程度上缓解财政压力的。1994年分税制改革"根据事权和财权相结合的原则,将税种统一划分为中央税、地方税和中央和地方共享税,并建立中央税收和地方税收体系,分设中央与地方两套税务机构分别征管"[①]。也就是说,地方起码可以通过征收地方税、中央与地方共享税来充实地方财力。那么为什么在这种情形下,中国大部分县乡普遍面临财政困境呢?

对于普遍性的县乡财政困境,县乡经济发展缓慢无疑是根本原因。中国大部分县乡发展依赖农业。然而长期以来,作为第一产业的农业发展的粗放型特点极为明显,并且在未来一定时期内要实现农业的集约型发展尚有难度。第一产业的发展现状直接影响与农业息息相关的第二、三产业的发展。三次产业关联,长期以来的县乡经济发展缓慢主要表现为:农业产业结构不合理;工业企业多数依赖能源、原材料、廉价劳动力等条件,科技在县、乡工业发展中的贡献率偏低,工业产品附加值低,市场竞争力较弱;县乡第三产业起点低、规模小,难以真正带动地方经济发展。当前,中国已经取消了农业税,也就意味着之前作为县乡财政主要收入来源的农业税部分已经不存在,于是,即便一些县乡政府仍旧可能利用制度、政策的空子从农村、农业、农民那里变相自筹财政资金,但是县乡政府从农业中自筹资金的制度基础在法理上已然消失,而在农业中变相自筹财政资金的做法风险极大,越来越多的县乡政府及其工作人员不会选择触及政策红线。此外,县乡辖区内的企业整体实力偏弱、市场生存能力不强,尤其是一些重污染、高能耗的企业常常面临着停产、倒闭困境,县乡企业的生存问题更甚于其发展问题,

---

① 国务院办公厅:《关于实行分税制财政管理体制的决定》(国发〔1993〕第85号),中央政府门户网站,1993年。

这类产业的纳税能力自然不能高估。而县乡第三产业也难以作为经济增长点为财政税收作出贡献。因此县乡政府在体制内聚集财政将资源的能力受制于地区资源、经济基础等因素影响,财力难以得到切实保障,从而限制县乡政府提供基本公共服务的能力。从地区发展而言,缺乏良好的基本公共服务环境也反过来降低区域的外部吸引力,最终影响地区经济的持续和向上发展。

总之,县乡政府财政资源配置性困境整体上受制于国家财政体制,破坏了县乡政府公共服务财政支出责任与事权的平衡关系,减少了县乡政府履行事权所需要的必要财力,降低了县乡政府基本公共服务供给能力,该财政困境极有可能将县乡政府诱入财政资源整合性困境之中。

四、县乡财政整合困境影响辖区基本公共服务供给

理论上,政府承担着为辖区内居民提供公共服务的职责,这是政府财政的应然责任。政府通过整合所掌握的财政资源提供地方发展所需要的公共服务的能力即是政府的公共服务供给能力。二者之间的辩证关系为:政府职能给政府权能规定了基本的方向和任务,政府职能必须以一定的政府能力作为条件和保证。在财政困境下,县乡供给公共服务的应然责任与财政困境下县乡政府供给公共服务能力低下之间出现了冲突和矛盾:有限的财政资源难以保障区域内基本公共需求的全面实现。即便在形式上做到了公共需求的"兼容并包",但也难以做到各种公共投入"齐头并进"。这一问题不仅是县乡政府的难题,也是中国各级政府当下都会面临的相同问题。课题组关注的重点即是在既有财政资源配额内,县乡政府整合财政资源过程中出现的困境对县乡政府公共服务供给的影响。

（一）财政资源额度的有限性削弱了县乡基本公共服务供给能力

可供县乡自主整合的财政资源额度有限,直接削弱了县乡政府公共服务的供给能力。前文谈到,县乡政府面临的资源配置性困境是县乡资源整合性财政困境的直接诱因。财政体制自上而下确立了地方与中央的财权关

系,但是在中央与地方之间关于事权的划分却不够清晰,加上中国压力型行政管理体制又将事权层层分解,县乡政府财政在财力不足和绩效考核的双重压力下既要"本本分分"遵守国家财政政策,又要"老老实实"完成政府绩效目标,因此,仅凭借整合县乡政府所掌握的财政资源完成基本公共服务供给存在着客观压力。在成因和对公共服务供给方面的影响与配置性财政困境基本一致,本节不再赘述。

(二)行政成本高位运行挤压了县乡政府的基本公共服务投入

行政成本高位运行压缩了县乡政府财政资源的整合空间,减少了其基本公共服务供给方面的资金投入。从组织管理角度分析,中国县乡两级政府的高成本运行,主要来自政府机构膨胀和冗员增多。虽然新中国成立以来已经进行了多次行政管理体制改革,但是改革成效不容乐观,政府机构不断在"瘦身"与"增肥"之间交替反复。纵观历次改革,几乎毫无例外地都会涉及政府机构裁撤和增设,因为从政府职能转换角度,机构裁撤和增设都各自有其合理之处,任何政府都必须面向社会,都必须要根据变化的和变化着的公共需求进行自我调适。裁撤职能机构是因为该机构的职能在公共服务中的使命已经终结或者难以完成使命,不再具备存在必要性。一旦原有政府机构缺乏或者难以满足新生的基本公共需求,势必促使政府增设更具适宜性的职能机构来承担管理和服务职责。所以,机构增设也是政府对社会发展需求的积极回应。无论政府职能部门是增设还是裁撤都必然与政府运行成本和运行效率密切相关。在县乡财政资源整体限定的情况下,县乡政府财政支出结构或各类支出之间必然会呈现零和博弈关系——用于社会性支出的财政资源增多就意味着减少对维持性或经济性财政支出的投入。目前,县、乡政府机构膨胀、人员超编以及由此引发的人浮于事的情形不在少数,这必然会提升县乡政府运转的行政成本而挤占其社会性财政支出,导致其基本公共服务供给能力不断减低。

行政成本高位运行与政府组织管理体制直接相关。为了保证各级政府之间的对口管理,从中央到基层在政府组织设立上上下保持——对应关系,县、乡政府作为第四、五级政府必然需要与其职责相匹配的组织保证。以乡镇政府为例,该层级政府处于整个行政管理体制的末端,其常设机构一般有:两办(党委办公室、政府办公室)、人大、武装部、共青团、财政所、工商所、税务所、计生办、司法所、土地所、文教办、派出所等机构和事业单位。①机构设置之后必然需要相关人员具体承担政府职责。按与上级对应原则而进行的县乡政府组织架构当然存在着机构设置不尽合理、职能机构在架构上过于庞大、财政供养人员过多等政府组织管理问题,也就事实上导致了有限的县乡财政只能是"吃饭财政"。"吃饭财政"极大消耗了县乡财力。正如赵树凯等一批学者所认为的,"吃饭财政"有其体制诱因,政府编制臃肿造成了事实上的冗员②现象。编制臃肿问题的产生有两个方面的原因:一是部门多。县乡设置职能部门时参照上级组织设计,组织架构自上而下如出一辙。一个万余人口的乡镇配备 40—50 个编制显然过多,势必会产生人浮于事的结果。再加上有些地方政府会根据自身情况进行违规扩编更加重了编制臃肿的现象。二是人员多。在设定政府内部岗位职数的条件下,按岗位吸纳人员履行政府职责自在题中。部门多、岗位职数多拓宽了政府吸纳工作人员的可能性路径。受到中国官本位思想的影响,进入政府工作对很多民众具有极大的诱惑。在县乡政府所辖的广大乡土社会中,这种诱惑更为明显。进入政府工作成为职业竞争的标的,许多毕业生、转业军人等倾向于选择进入政府工作,并把这一目标作为其职业首选。在这种力量的推动下,许多非常规、非制度化进人现象层出不穷,也催生了县、乡政府扩编的可能性和随意性。

在县乡政府运行过程中,机构膨胀与人员超编会提高官民比,将会极大消耗县乡财政资源。官民比系数是一个评价政府效能的重要指标,也是分

---

① 这只是从一般性而言,在乡镇实际部门设置中根据职能需求各地区会有所差别,有一些职能部门会合并或整合在一起。

② 赵树凯:《乡村观察手记(十九)——基层政府的体制症结》,《中国发展观察》2006 年第 11 期。

析政府财政问题的参量,它是指一个社会的公共部门人员与总人口的比例关系。历史地看,官民比与公共部门的规模成正比例关系。公共部门规模大小是一个动态变化过程,是一个从无到有、从小到大,然后又从大转小并最终消逝的历史过程,与之对应的官民比在工业社会之后整体呈下降趋势。公务员录取人数已经连续五年增长,自2011年突破七百万大关后,年年增长,开始逼近八百万大关。2013年的公务员人数相比于2009年,增幅达57%。据国家公务员局网站2012年6月发布的消息,2008年、2009年、2010年、2011年和2012年全国公务员总数分别是659.7万人、678.9万人、689.4万人、702.1万人和708.9万人。围绕公务员人数曾爆发了一场"官民比"的争议,英国(1:118)、俄罗斯(1:84.1)、新加坡(1:71.4)。至于中国,如果把3000万事业单位职工算进来的话,官民比就达到了1:26,这在全世界是绝无仅有的。从财政支出实际发生额角度说,这里的"官"若指的是靠财政供养的人员,那么,这就意味着26人就需要供养1名公共机构工作人员,社会负担极为沉重,由此带来的财政压力也可想而知。政府行政成本高位运行导致用于政府维持性的财政支出在财政总支出中所占比例不断攀升,而可用于经济性支出和社会性支出的财政资源就会因此而减少,从而降低了县乡政府在辖区内整合财政资源的能力,直接压缩了用于公共服务的财政空间,进而使财政的整合效益无法在公共服务供给环节中彰显。

(三)县乡政府的经济偏好导致其可能会偏离基本公共服务导向

县乡政府偏好影响其财政资源的有效整合,从而会使县乡财政偏离基本公共服务导向。公共选择理论将政府视为"经济人",认为政府及其官员与私人部门(或者说是市场)中的其他主体一样,也力求自身利益最大化。笔者不认为政府官员对政府的运作宗旨是追求个人利益最大化,因为政府运行过程中同样需要考虑如何达到投入和产出的最优化、利益最大化。也就是说,政府在运转公共财政时要考虑如何使得社会公共服务效果最大化。因此,我们更愿意将政府在公共选择中的角色理解为"理性的投入者",政府运用理性的、经济的思维方式整合、使用公共财政资源不是为了获得个人或部门利益,而是寻求公共服务效益最大化。应该说,以公共利益为导向的政府理性行为是政府对公众负责的表现,是一种理想状态。然而,政府理性同样受到政府偏好的影响,受执政者或决策者们个人价值观、理念和经验的影响可能会偏离公共服务导向。一旦政府偏好偏离公共服务导向,那么政府极有可能在财政资源整合上奉行自我服务性原则,或者可能会奉行自利性导向。

毋庸讳言,理论与现实都证实县乡政府受制于财政困境往往会在财政资源使用上产生经济偏好。换言之,地方政府的财政支出行为具有经营化特质。计划经济时代,政府主导经济发展,当时财政被称作"生产建设性财政"。随着社会主义市场经济体制的确立,"生产建设性财政"需要让位于"公共财政",此时政府财政的责任是提供公共服务而不是干预经济发展。但是,实际运转过程中,由于路径依赖和财力匮乏的原因,县乡政府对财政使用上的经济化趋向极为偏好,十分重视财政的经济性支出,并且长期直接领导和参与当地经济发展。政府同时扮演着市场规则的制定者、监管者、裁判者和适用者的多重角色。多重角色集于一身的政府在财政资源整合中必然会出现角色冲突。

从县乡政府的行为动机进行分析,财政资源使用上的经济偏好有助于缓解其财政压力:其一,财政的经济性支出有利于地方经济发展,短期内可以提升辖区内地税纳税能力,增强县乡政府财力;其二,通过财政经济性支出,县乡政府作为市场参与者直接投资或者运营县乡政府下属企业,通过盈利缓解县乡财政困境;其三,县乡主政官员通过创造县乡 GDP 捞取个人政治资本,获得个人发展。这三方面就在事实上催生了政府不再把提供基本公共服务作为自身主业,反而把经济活动看作是主要分内事,政府也演化成了事实上的"谋利型政权经营者"[1]。这无疑与县乡政府有效使用财政资

---

[1]　杨善华:《从"代理行政权经营者"到"谋利型政权经营者"——向市场经济转型背景下的乡镇政权》,《社会学研究》2002 年第 1 期。

源、全面提供基本公共服务的职责大大相悖。如果县乡政府过分关注 GDP 增长,忽视社会职能发挥,特别是无视社会弱势群体的利益诉求,长此以往,将会激化社会矛盾,为乡村社会稳定、社会全面协调发展埋下深深隐患。

此外,县乡政府公共服务供给模式难以保证公共财政支出效能。前文谈到,县乡政府进行财政支出时偏好经济性支出,对社会性支出关注热情相对较低,这种偏好的直接后果是导致县乡政府供给的基本公共服务量过少。在此,选取县乡政府供给公共服务模式角度切入,以利于对问题的深入挖掘。

1.县乡供给基本公共服务遵循的是政府主导型模式

县乡政府在基本公共服务供给决策和供给实践过程中,往往不是依据"公众需要什么",其出发点往往是"政府能够提供什么"。这是一种政府主导型基本公共服务供给模式,政府在基本公共服务供给过程中秉承"父爱主义"思想,代表公众进行意志表达。基本公共服务是满足公众基本生存权与发展权的产品和服务的总称,具有非竞争性消费的属性,通常还具有消费上的非排他性[①]特点。因此,政府应该成为基本公共服务的供给者这一观点成为学者共识。基本公共服务之所以必须由政府提供一方面源于基本公共服务的非排他性和非竞争性特性导致市场缺乏主动供给公共服务的动力,另一方面是因为政府具有供给基本公共服务的责任和能力。逻辑上,公众的基本公共服务需求和政府供给基本公共服务之间具有因果关系,换言之,政府供给基本公共服务迟于公众产生的公共需求。但是,最为基层的县乡政府作为基本公共服务的直接供给主体,在面向多元化、多样性的公共需求时,实行的却是政府主导型基本公共服务供给模式,更多关注的是在财力有限的情况下"政府能够提供什么"而不关心"公众需要什么",公众意愿和偏好无法在财政资源使用过程中得以体现和转化。

在政府主导模式下,县乡政府供给基本公共服务形式化、表征化现象严

---

① Richard A.,*Musgrave*;*The Theory of Public Finance*,New York: McGraw-Hill,1959.

重。以农村社会为例,农村社会对义务教育、公共卫生、农田水利设施建设、乡村道路建设、乡村治安、信息服务等方面存在共性需求。那么乡镇财政本该针对当地农民的公共需求偏好进行财政支出以满足民众的基本公共需求。然而乡镇政府在实际供给类似基本公共服务时却往往重形式,有倾向性地选择一些显性基本公共服务进行供给,甚至是重复供给,这导致其供给的基本公共服务带有明显的表征性①,给政绩披上一层基本公共服务的外衣,并未能切实反映和满足当地农民的需求偏好。

2.县乡财政使用效能缺乏有效监督

现代民主政治必须体现为财政民主。财政取之于民必然要用之于民,因此在财政的聚集和使用环节都应该引入公民参与机制。财政的民主化既要使公众对公共服务的诉求得到顺畅表达,也要使公众对财政使用状态和效果能够进行监督。目前,上级部门监督、同级人大监督是对县乡政府财政运行进行体制内监督的主要形式。在现有财政体系下,上级政府通过预算管控等手段对县乡政府的财政支配效能进行监督管理,事实证明对县乡财政支出所产生的实际效果的监督很是有限,更多表现为账面数字比对上的一种监督:财政支出有没有超出预算、财政支出数额是否无误、有无财政违规现象等。同级人大对本级政府的财政收支有法定监督权,但是,现实情况是,县乡级人大对县乡政府的监督并不是很有效,形式上的意义更多一些。而作为纳税人的公众在县乡财政监督中所发挥的作用则微乎其微。造成这种现状的原因多重,其中,基层民众缺乏主动监督意识是重要原因。另外,由于信息不对称、缺乏审计专业知识等现实情况的存在也是导致体制外监督难以产生实效的关键要素。

3.县乡责任转嫁间接造成基本公共服务非均衡化供给

县乡政府大多面临"财弱""事多"的困局,作为公共部门不得不供给基本公共服务,同时又无法通过制度内完全供给。于是,处于压力中心区的县

---

① 章荣君:《财政困境下的乡镇治理状况分析》,《求实》2011 年第 5 期。

乡政府往往会通过隐蔽的方式转嫁公共服务供给责任,作出"甩包袱"行为。以农村道路"村村通"项目为例,乡村道路事关农村经济发展和农村社会生活质量提升,因此,乡村路政基础设施建设理应属于县乡级政府财政统筹的基本公共服务项目。但是,该类民生工程供给过程中,政府扮演着"自利性角色"的同时又变相地赋予了农民"自立性角色"。具体而言,乡村道路建设与农业发展、农村建设、农民生活质量息息相关,因此农民对"村村通"等乡村道路建设项目的需求度和关注度都很高。这对县乡财政支出直接提出支出要求,同时上级政府也将其视为解决农村民生问题的重要支点和突破口,不断加大力度推进乡村道路建设的进程。在此背景下,"村村通"工程成为县乡政府不得不做的事情,成为县乡政府急需解决的基本公共服务项目。但是在有限的财政约束条件下,为了解决财政投入"村村通"工程的资金缺口,一些乡镇选择向农民集资的方式,从民间吸纳资金以补充乡村路政建设资金。因为乡村公路的修筑对农民生活产生积极影响,加之农民对政府责任的认知能力有限,很多农民认为在政府组织下"用大家的钱为大家办事"也算合理,因此,很多农民选择了配合政府进行捐资,而不是排斥政府的集资修路事件。事实上,在农民集资修路的案例中,我们发现农民成为基本公共服务自我供给者,也就是前文提到的农民扮演了公共服务"自立性"角色。对乡镇政府而言,农民集资修路既解决了"村村通"工程的资金筹集问题,也完成了上级政府规定的政绩目标,政府"不花钱"也"办了事"。并且,由于各地经济发展情况不同,农民的集资能力也呈现出不同程度的有限性和差别性,因此,靠农民自我供给基本公共服务的模式在客观上产生了基本公共服务的地区间不均衡现象。

第五章 财政支持基本公共服务 供给的国际经验借鉴

公共资源如无法合理配置,必将损害社会弱势群体的基本利益,有碍社会的公正和谐。能否公平地分享社会公共资源,决定人们能否在最可能大的程度上享有公平竞争的机会。一直以来,保障社会公共资源公平配置是众多国家的核心理念。虽然各国发展道路各不相同,但是构建一个公正社会是各国不同发展模式的基本目标。世界多数国家发展经验表明,在工业化进程中不失时机地选择适合本国国情的手段统筹城乡基本公共服务供给,以此缩小城乡差距,完成经济社会结构的转变,是普遍性的发展规律。一些国家根据本国的具体实践采取有效措施缩小城乡基本公共服务供给的差距,取得了很好的效果,其中一些成功经验和做法对中国实现城乡基本公共服务供给均衡有一定的启示。

第一节 国外基本公共服务供给的财政支持模式

在国外经验梳理方面,我们把目光放在当今世界范围内经济发展水平居前列的发达国家,主要是因为中国当前社会发展及其要解决的核心问题需要从财政体制及相应运行机制上进行梳理和变革,需要遵从经济发展规律从根源上寻找着力点。因此,我们汇总发达国家的财政体制及其对民众基本公共服务需求的支持模式,以为我国当下及未来体制改革提供可供汲取的经验教训。

一、美国基本公共服务供给的财政支持模式

(一)美国政府预算管理介绍

美国有 50 个州,其下县(郡)、市(镇)统称地方政府,全美共有约 3143 个县(或等同于县的地区),约 8 万多个地方政府。[①] 地方政府结构一般分两种,对于一些小的城镇,一般实行委员会管理制;对于较大的城市,一般实行市长管理制。实行委员会管理制的城镇,它的最高权力机构是委员会。委员会的委员一般从该市每个选区各选举一人产生。委员会聘请一位市长负责市政工作,对委员会负责,政府主要权力集中于委员会。美国大部分规模较小的市实行这种体制。对规模较大的城市,其市长一般由全市公民选举产生,并对选民负责,在市政管理方面有很大的自主权,市长与议会互相制衡。这种政治结构下的预算职能部门其特点包括以下几个方面。

1.政府间财政支出责任与事权界定清晰,地方政府自主权较大

美国政府体系由联邦、州和县(市)三级政府组成,各级政府之间事权和财政支出责任都划分得比较清晰、明确和规范。一般来讲,联邦政府承担收入再分配和稳定国民经济的职能,各州、县(市)政府的自主权比较大,主要负责有效配置资源、解决市场失灵和外部性问题。按照上述原则,国防、外交、邮政服务、退伍军人福利、社会保障与医疗保险全部由联邦政府负担。州政府主要负责失业救济、高速公路、公共教育、公共福利、监狱的大部分支出;县(市)政府主要负责消防、排水、警察服务等项支出。值得一提的是,在美国的教育体制下,联邦财政主要向中小学的特殊学生提供部分资金,如特困生和残疾学生。至于高等教育,联邦政府不是直接提供教育经费,而是

---

① 数字来源于美国国家统计局,美国国家统计局每 5 年统计更新一次数据。见:http://www.census.govgovswww/cog2012.html。

着重资助科学研究项目。与财政支出的职责划分相适应,美国各级政府的税收权限划分也较为明晰。其中,联邦政府主要分享个人所得税、公司所得税、遗产与赠予税、关税以及社会保险收入等;州和县市政府主要分享消费税、财产税、特种物品税以及附加征收的部分所得税。同时,各级政府债务规模由各级根据需要自行掌握,并由市场进行调节。由于政府间财权财政支出责任独立、事权和支出责任界定清晰,地方政府对自身可支配的资源以及应提供的公共产品和服务有相对稳定的预期,这就为地方政府结合实际科学合理地编制和执行预算,以及根据形势变化适时调整财政政策等创造了有利条件。

2.预算编制范围全面完整,内容细化程度较高

美国各级政府普遍重视预算编制范围的完整性,预算列示的各项收入和支出覆盖所有政府收支,不存在预算之外的资金活动,所有政府性收支都要在政府预算中反映,受到严格的预算约束。例如,美国联邦预算既包括所有联邦税收和举债收入安排的国防、外交等联邦政府日常开支以及必要的公共服务支出,也包括来源于各种社会保险专项税收安排的社会保障、医疗保险与救助、老年医疗保险制度支出等方面,预算编制较为完整。同时,美国政府预算编制的内容较为细化,能够按照既定的标准,精确到具体的人和物,并且按照功能(functions)、部门(agencies)、项目(programs)等不同类别予以列示,可以有效地解决预算专业性强、公众理解难的问题。例如,美国联邦政府每年提交国会审议的年度预算及相关资料多达 8000 页,十分翔实。弗吉尼亚州蒙哥马利县每年分别编制经营预算、资本预算以及汇总的整体预算,并在审批前和审批后分别向社会公开,内容包括各个部门的部门预算,非常全面详细。预算编制的全面完整和细化,为进一步硬化预算约束、推进预算公开、实施预算绩效考评等奠定了坚实基础。

3.政府预算编制周期长,预算的法制化程度较高

美国各级政府预算编制时间跨度较长,年度预算编制、审批工作一般要历时 20 个月,其中政府预算编制阶段一般要包括 12 个月,国会审批阶段包

括 8 个多月,期间对每个阶段、每个部门的任务和权力都有明确的规定。例如,2013 财年联邦政府预算于 2011 年 2 月开始着手编制,各政府部门最迟必须于 2011 年 9 月向总统预算管理办公室报送本部门的预算开支需求,总统预算管理办公室按照支出重要性和紧迫程度对各预算项目进行排序,提出预算建议,最迟于 11 月底提交总统。总统根据财政部、总统经济顾问委员会、联邦储备委员会等部门提供的财政收入、经济发展前景预测和货币、汇率等资料,制定 2013 财政年度政府预算草案,按法律规定应于 2012 年 1 月的第一个星期一提交国会,最迟也不能超过 2 月的第一个星期一。国会收到预算草案后将举行听证会,会上相关部门负责人须对草案做具体说明。国会一般要在 8 个月内即 2012 年 9 月中旬左右完成预算审批和立法程序,经过总统认可和签署后于 2012 年 10 月 1 日开始生效。在此期间,总统、总统预算管理办公室、各政府部门以及国会各委员会不断就各自掌握的信息,对预算内容、具体政策等进行交流和反复论证,目的是使政府预算能够更好地协调各方利益,最大限度保证资源配置的有效性和可行性。需要说明的是,美国预算编制、审批过程实际上是一个立法过程,程序相当严格,这主要表现为预算审批过程中国会与总统的分权与制衡。美国总统将预算草案提交国会,国会审批后,总统仍有权对预算编制进行部分否决。若国会仍坚持自己的审议方案,就必须重新审批预算草案。同时,政府预算严格遵守先审批后执行的原则,如审批未通过,即使新的财政年度已经开始,预算草案也不能执行,这种情况下需编制临时预算,在经立法部门的审批后作为过渡期的政府预算,直到新年度财政预算草案获得通过为止。由于预算法制化程度较高,权威性较强,执行中未经法定审批程序一般不得进行调整。联邦政府预算编制周期如图 5-1 所示。

4.政府预算公开全面深入,预算透明度较高

美国各级政府预算编制过程中,政府提交议会审议的预算草案以及最终批复的预算法律文本都要向公众公布。从公开的内容看,主要包括三个部分:一是预算的总体概述、主要的经济政策、财政财务政策;二是按功能

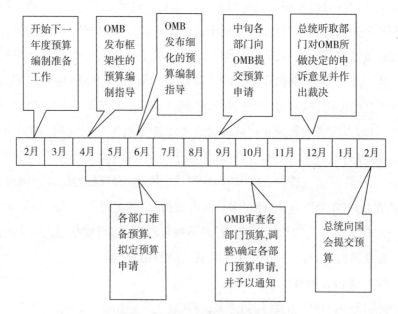

图 5-1　联邦政府预算编制周期

资料来源:以上材料来源于中华人民共和国财政部,见 http://gjzx.mof.gov.cn/mofhome/guojisi/pind-aoliebiao/cjgj/201304/t20130409_813495.html。

(Functions)、部门(Agencies)、项目(Programs)三个类别分别列示的预算数据。同时,为便于公民对预算的对比、分析和理解,上述三个类别预算数据还相应列明历史年度(一般为前两年)预算数据;三是预算编制所依据的收入、支出法律。从公开的形式看,主要包括两种方式:一是印刷文本,除提交议会外,公民和社会组织还可以从图书馆查阅或购买;二是互联网,各级政府预算均可从同级预算管理办公室官方网站查阅,并可用作分析研究。除此之外,各级政府预算管理办公室及议会在审议预算的过程中,对重大支出或重点项目预算还会召开不同层次人员参与的听证会,任何党派、团体、部门、公众都可以表达自己的意见,体现了较高的公开性和透明度。

5.编制滚动预算和财政中长期计划,将绩效理念贯彻预算管理始终

中长期预算特别是重大项目中长期预算编制在美国预算管理中占有十分重要的地位。无论是联邦政府,还是橙县、蒙哥马利县等地方政府,均在

编制年度预算时同步编制五年财政滚动预算。这样做,有利于将当前财政预算与过去及将来进行比较,有利于政府用长远发展的眼光考虑问题,保证财政政策的可持续发展,同时还有利于财政收支计划与中长期经济发展战略保持一致。同时,美国还通过绩效预算(Performance Budgeting)的方法对财政资金的使用进行控制管理,把市场经济的一些基本理念融入公共管理之中,力求将政府预算建立在可衡量的绩效基础之上,以防止财政资金的浪费,从而提高财政支出效率。例如,橙县于 2005 年建立起了一套贯穿预算编制、执行管理全过程的、透明的绩效评估制度,对符合标准的预算项目,量身定制 10—20 个可量化、便于考核的客观指标,并规定简明的评分制度,由 14 个专职人员进行动态跟踪考核,定期报告,及时将绩效信息与预算结果紧密地联系起来,有效地保证了公共资金的使用效率。

(二)美国公共服务供给财政支付手段

美国是一个典型的联邦制国家,与其政治体制相适应,美国实行联邦财政、州财政和地方财政三级财政管理体制,三级财政各有其相对独立的财政税收制度和专门法,各自编制、审批和执行本级预算。美国的这种财政体制被称作财政联邦主义,是一种高度分权的财政体制。在这一体制下,三级政府依据美国宪法明确划分各自的事权。按照美国宪法,联邦政府的主要职责是保持宏观经济健康发展,同时要向州和地方政府提供拨款、贷款和税收补贴;州和地方政府的主要职责是提供公共服务;另外宪法还规定所有未特别明确为联邦政府职能的均归州政府。具体来说,联邦政府负责外交、国防、宏观经济管理和公共福利;州和地方政府负责基本公共产品和服务的提供,其中州政府负责交通、公共工程、福利和高等教育等,地方政府负责小学和初中教育、警察、消防等。美国的公共服务采用的是一种市场为主、政府为辅的模式,在公共服务的供给中引进竞争和激励机制,强调社会成员的自助性,弱化政府的作用,强调通过自由竞争和经济增长、确保劳动者加入劳动市场,以劳动者对生产的贡献来保障其生活。

从美国分级财政体制可以看出,由于地方政府同样承担着供给辖区内基本公共服务的主要公共支出责任,而与此公共支出责任相对应的税种划分并不完全匹配,即美国地方政府同样缺乏相应的税收来源。这一矛盾主要通过建立政府间转移支付来协调,以通过财源的协调与保障实现基本公共服务的均等化。虽然由于美国经济发展水平比较高,并且区域间社会经济发展不平衡情况不很严重,再加上体制、宪法、历史等原因,从而决定了美国并没有一般概念上的政府间财政均衡性分配制度,但却建立了以有条件补助为特征的公共服务均等化财政转移支付模式,强调以满足包括健康、教育和福利等基本需求为基础的均等化的政策意图。

1.美国政府间转移支付介绍

从理论角度来分析,美国政府间的转移支付方式主要分为两种:一种是一般性转移支付,一种是特殊性转移支付。一般性转移支付是指上级政府根据不同层次政府间在税收能力与支出需求方面和各地区间在资源、人口、贫富等方面存在的差异,按照统一的法定标准公式将其财政资金转移给下级政府的一种补助形式。一般性转移支付的形式表现为一般目的的补助,亦称收入分享,其实质是在各州、各地区之间按照一定的公式和比例分享一部分联邦收入,由州和地方政府自行支配和管理。另一种是特殊性转移支付,指上级政府按照特定的目的将本级财政资金用于支持下级政府完成特定项目的一种补助形式。其资金使用的特定性较强,包括专项补助和分类补助两大类,其中专项补助是美国财政体制中最早也是最主要的转移支付形式。这类补助的项目种类繁多,不仅规定各种补助的用途,而且还规定向联邦主管部门提交关于各项补助计划执行情况的书面报告。① 美国政府间各类转移支付体现了不同的功能。一般性转移支付主要是解决中央与地方政府财政的纵向失衡和各地区间的横向失衡问题。特殊性转移支付主要是在社会保障、健康、教育、交通等方面提高州和地方政府提供某一项或某几项公共服务的能力。事实上,美国政府间财政转移支付的规模相对于全部

---

① 谢京华:《政府间财政转移支付制度研究》,浙江大学出版社 2011 年版,第 41 页。

政府支出而言,相对较大。

2.美国政府间财政转移支付的分配方法

美国政府间财政转移支付的分配主要是通过有条件转移支付和无条件转移支付来实现的,具体包括无条件拨款和有条件拨款两种。无条件拨款是指不附带任何条件的拨款,即"无条件分享"。根据收入分享制度,联邦政府每年要在各州之间分配一定数额的联邦收入。接受无条件拨款的州和地方政府就可以按照自己的意愿使用这些资金,联邦政府一般不加限制。有条件拨款就是上级政府规定下级政府必须满足既定的条件才能得到的拨款。[①] 在做法上,专项补助大多是按照特定的标准,通过一定的公式计算之后再加以分配。这种专项补助的数额较大,大约占美国整个转移支付的80%,它的使用范围主要包括医疗卫生和社会保障、交通、劳动保障、住房开发、环境保护、能源开发,其中前两种为最多。分类补助将补助金的使用范围作了严格的类别划分。通常,上级政府要求下级政府在接受分类补助时,也相应拿出一定数额的配套资金。

二、德国基本公共服务供给的财政支持模式

(一)德国政府预算管理介绍

德国的联邦、州和地方政府负责编制本级政府的财政预算。预算管理科学精细,预算审核严格,预算执行刚性强。主要体现在:一是实行统一的预算原则。主要包括:全面性,财政预算必须独立地涵盖所有财政收支事项;明确性,财政预算必须按部门和功能组织;整体性,所有收支都必须纳入财政预算;准确性,财政收支估计必须以真实的公允市场价值或期望价值为基础,由独立的政府单位完成;历史连续性,财政预算必须在财年开始前颁布,如果没有颁布,上年财政预算继续有效;特定性,财政支出必须指定为特定范围、特定时间和特定水平;公开性,在议会进行的所有关于财政预算的

---

① 王晓光:《国外转移支付制度的借鉴》,《经济研究参考》2002 年第 16 期。

讨论，以及最终通过的预算都必须公开，便于公众接触和使用。二是中期财政规划与短期财政计划相结合。德国的预算制度由五年的财政中期规划和当年的财政预算构成（部分州编制两年滚动预算）。五年财政中期规划是根据目前的发展水平等因素对未来五年财政收入所进行的预测。目的是为了使财政收支计划与国民经济发展相适应，保持政策延续性，避免短期行为。年度预算案则是具体的工作计划，一经批准，即具有法律约束力。三是预算审核严格。财政预算编制时，财政部要与政府各部门进行谈判协商。所有预期的收入、支出及所需的承诺拨款都得列入政府预算中。编制的预算要详细列明各项收入和支出情况，如北威州 2014 年财政预算多达 3211 页。预算草案形成后，还要由联邦议会和联邦参议院进行反复讨论修改，并根据审议意见进行调整，经总理府和议会批准后成为年度预算法，产生法律效力。从预算草案的编制到审查，再到最后审议通过，前后需要一年时间。四是预算执行刚性强。预算一经议会批准，即成为法律，政府必须不折不扣执行，没有随意变更调整的权力。预算执行中若有临时性、突发性的增支因素，由部门向财政部申报。支出追加必须同时满足三个条件：一是确实不可预见；二是支出必须发生；三是额度较小，不得超过 500 万欧元（500 万欧元以内由财政部研究追加预算）。支出追加超出 500 万欧元，上报议会审议批准。①

与德国相比较，我国的预算管理还比较粗放，预算管理制度的完整性、科学性、规范性和透明度不够，预算编制基础比较薄弱，预算编制不完整、预算不够翔实、预算审核不够严格，预算与执行两张皮、预算资金使用效益不高。

（二）德国公共服务供给财政支付手段

1. 德国转移支付制度建立的基础

（1）德国政府间转移支付建立的法律前提

德国是一个联邦制的国家，政治上分权自立，经济上实行社会市场经

---

① 王加林：《发达国家预算管理与我国预算管理改革的实践》，中国财政经济出版社 2006 年版。

济。德国的社会市场经济综合了建立在市场竞争效率基础上的自由发展和在社会国家的前提下的社会平等两项基本目标,它一方面通过法制保障自由经济;另一方面通过社会福利国家保障社会公平和安全。其实质上是一种以自由竞争为基础,国家进行适当调节,并以社会保障为主要特征的资本主义市场经济。因此,国家对经济的宏观调控及其社会保障功能的发挥成为建立政府间转移支付制度的重要经济基础。德国的转移支付制度是由明确的法律形式加以规范的。德国的《基本法》规定"公民生存条件一致性",即确定了公民享有公共服务不论在什么地方都应是相同的。这种个人的权利以法的形式规定下来后,不论谁执政,都要以给公民提供"一致"的生存条件为义务。为了维持"一致性"原则,《基本法》还规定经济发展水平高的州必须对经济发展水平低的州提供财政补贴,以保持各州的适度财政和国内各州居民生活的相对一致。《基本法》的上述规定成为政府间转移支付制度建立的法律前提。转移支付的具体调整范畴和实施办法,则由《联邦财政平衡法》规定,转移支付政策相对稳定,同时也会根据联邦和各州的经济发展情况做局部的调整。

（2）政府间事权与支出责任的划分

德国政府结构由联邦政府、州政府、地方政府组成。联邦政府为中央政府,下设 16 个州政府。州以下的各级政府统称为地方政府,包括县、市、镇、乡等各级政府。虽然行政机构层次在各州不尽相同,但全联邦财政层次只分三层,即联邦财政、州财政和地方财政。由于德国的联邦制特征,各州、地方政府具有高度的独立性。德国的国家宪法《基本法》对各级政府的事权划分作了原则规定。基本法规定:"为了普遍的利益必须统一进行处理的事务"由联邦政府负责,其他的事务原则上由各州和地方政府负责。根据任务的性质和特点,确定一些任务由两级以上政府共同承担。具体划分如下:联邦政府的事权范围是国防、外交、社会保障、联邦交通和邮电、重大科研计划以及联邦一级的行政事务等。州政府的事权范围是:州一级的行政事务、教育、文化、卫生、社会救济、住房、治安等。地方政府的事权范围是:

负责当地的教育、文化、卫生、交通、治安、社区服务等。从以上划分可看出，德国三级政府间事权划分虽然有一定交叉，但各自的基本事权范围是明确的，并通过法律形式确定下来。支出责任与事权范围相一致，《基本法》在对各级政府的事权进行原则界定的同时，相应地也就明确了各级政府的支出责任。根据《基本法》所规定的原则，联邦还将与州一起完成一些特定任务，德国称之为共同任务。这些任务支出较大，涉及范围较广，主要有三项：高等学校包括医学院附属医院的扩建和新建；地区经济结构的调整和改善；农业结构和海岸保护。完成共同任务所需的支出，原则上由联邦和州按比例共同负担。

（3）政府间的分税制度

德国财政收入来源由三个部分组成：税收收入、其他经常性收入和资本项目收入。其中，税收是德国各级财政收入的主要来源，基本稳定在 75% 左右。因此，分税制成为联邦德国三级财政体制中收入分配的基础。德国的分税制度，是在明确各级政府事权和支出责任的基础上进行税收分割。目前德国共开征 42 个税种，其中税额大和税源稳定的税种被列为共享税，其余税种为专享税。《基本法》第 106 条、107 条对于各级政府税收分配进行了明确规定，联邦法律只能做小的调整，重大的改变则必须通过基本法修正案来进行，因此税收分配的比例是相对固定的，多年来变动不大。其中，只有增值税的比例是非固定的，由联邦与各州根据具体情况商定。专享税。联邦专享税收包括石油税、烟草税、关税、烧酒税、咖啡税、遗产税、赠予税、保障税、资本流转税、汇兑税、交易营业税、公路货运税、所得税和增值税的附加税等，占全部税收收入比重约 13%。州专享税收包括财产税、汽车税、地产购置税、啤酒税、消防税、彩票税和赌场税等，占全部税收收入比重约 4%。地方政府专享税收主要是企业营业和资本税、土地税以及地方性的消费和奢侈性开支的税收，如娱乐税、饮料税、养犬税、狩猎和钓鱼税以及酒馆零售税等，占全部税收比重约 9%。共享税在德国税收收入结构中占主体地位，约为全部税收的 74%。具体包括个人所得税、公司所得税、工资税、资本盈利税和增值税等。各税种在各级政府间的分配比例是：个人所得税和工资税联邦、州、地方分别分享42.5%、42.5%、15%；公司所得税、资本盈利税联邦和州各分享50%；增值税作为调剂性共享税，分享比例随着双方财力变化定期协商调整，每4年一次，目前联邦、州和地方分别分享49%、49%和2%。

2.联邦对州转移支付办法

德国从20世纪50年代开始建立转移支付制度，并不断根据新的情况修改完善，逐渐形成了较为完善的转移支付制度。概括起来，德国转移支付分为三个层次进行。

第一个层次：联邦对州的转移支付。第一次转移支付是对增值税分享来进行的。在所有共享税中，增值税的分配较为特殊，因为它不是简单地按比例在各州之间平均分配，而是作为德国税收税入分配体系中唯一能够调整联邦与州之间以及州与地方之间收入关系的税种，在具体分配形式上带有明显的"劫富济贫"性质。按2000—2004年财政平衡法的规定，联邦与州的增值税共享比例为54.1%和45.9%，其中的45.9%部分，又分成两部分在各州之间进行分配。

（1）增值税第一次分配

将增值税的45.9%中的至少75%按州的居民人口进行分配。即用这部分增值税除以各州居民总人数，得出全国统一的人均增值税收入的税额，然后用某州的居民人数乘以人均增值税分配份额，即得出某州按居民人数分配得到的增值税份额。

（2）增值税的第二次分配

将增值税的45.9%中的最多不超过25%部分进行一种平衡性非对称分配，主要是针对那些财政能力弱的州。这里，首先需要测算某州的税收能力和标准税收需求，并进行平衡比较，只有贫困州才有资格参加分配，分配的目标是使那些贫困州的财政能力达到全国平均水平的92%。经过平衡分配，在保证所有州的财政能力均达到全国平均财力的92%后，如增值税分配仍有余额,将仍然按照州的居民人数标准进行分配。

第二个层次:州与州之间的转移支付。州与州之间财政转移支付也称州际横向平衡。德国联邦财政体制中独具特色的重要内容就是州与州之间的财力平衡。它的具体操作程序是:先测量财力指数与平衡指数,然后进行平衡关系的比较,并通过富州向穷州的横向拨款来实现各州之间财力水平的基本接近。

(1)财力指数

财力指数=增值税前的税收能力+增值税+补贴税-港口税+地方税

财力指数主要衡量各州的税收能力水平。考虑到某些州的特殊负担,如港口城市(汉堡和布莱梅两个州级市)的港口维护费用,可在统计其税收收入时分别作部分扣除。如果特殊负担与扣除额相差过大,可以由联邦财政部在取得参议院的同意后,对扣除额加以调整。这种扣除在进行州与州之间的财力比较时是有利的,因为在测算时减少了这些州的税收收入,减低了这些州的财力指数。

(2)平衡指数

平衡指数Ⅰ=【(所有州的增值税前的税收能力之和+增值税+补贴税-港口税)÷所有州测定居民数总和】×各州测定居民数

平衡指数Ⅱ=【所有州的地方(区)税之和÷所有州测定居民数总和】×各州测定居民数

平衡指数实际上体现的就是通常所说的标准财政支出需求,是一个用来与各州的财力指数相比较,以确定财力平衡情况的数值。平衡指数包括平衡指数Ⅰ和平衡指数Ⅱ两部分。前者表示州本级的标准财政支出需求,是用全国人均的税收收入分别乘以各州的居民人数。后者表示州内地方的标准财政支出需求,是用各地的居民人数乘以全国人均的税收收入。

(3)财力平衡

超额(+)及缺额(-)=财力指数-平衡指数之和(Ⅰ+Ⅱ)。即通过各州财力指数与平衡指数的对比,来确定某州是接受转移支付的州还是贡献的州,以及各州之间转移支付的资金流向和数量规模。经过比较,对于州财政能力低于平均财政能力95%的州进行第二次转移支付,保证经过第二次转移支付后,每一个州的财政能力(包括接受转移支付以后的财力)至少要达到平均财政能力的95%。而转移支付的资金,来源于经过上述测算财政能力超过标准的州,按均衡法规定的比例所贡献出来的财力。

第三个层次:联邦补充拨款

联邦补充拨款也称联邦补贴,是联邦政府的一种直接的无条件拨款,它不规定资金的具体用途,是对增值税共享和州际间横向平衡的补充。联邦补充拨款主要用于补贴财力贫乏州,以平衡其财力需求和其他特殊困难。在具体操作上,联邦补充拨款不采取公式化的办法,而是根据一些特殊的需求确定对特别地区的补助额,主要有以下几项。

(1)为平衡州际间财力而给予贫困州补助的拨款。为了促进各州之间财力的平衡,缩小各州由于经济发展水平不同而导致的收入差距,在进行了州际横向财政平衡后,联邦还要对贫困州予以拨款补助。《基本法》规定,联邦每年要拿出不超过全部增值税收入的2%,作为对经济能力低的州的补充拨款,以满足其一般性财政需求。1987年以前,联邦每年用增值税收入中联邦占有部分的1.5%拨给贫困州。在1988—1993年的财政五年计划期间,联邦要从本级增值税收入中拿出2%用于贫困州补助。

(2)《基本法》所规定的联邦政府特别补助。对于财力特别薄弱、收支矛盾特别突出的港口和规模小的州,联邦要从自己分享的增值税份额中再拿出一定比例予以资助。

(3)对有些属于州和地方事权范围的重要支出和投资项目拨款。

《基本法》规定,有些州级支出需要联邦政府解决,例如对一般市民的居住和教育支出,每年联邦政府都要拿出200亿马克补贴。对属于州和地方事权范围的一些重要投资项目,联邦政府有时也给予适当补助,出发点是为了改善区域经济结构,或改善地方的市政建设。这部分范围包括:城市规划建设与发展,地方交通和市郊公共交通扩建,烧煤电站及远距离供热项目等。

（4）对州的某些负担较重的支付项目和联邦委托给州的任务进行拨款和补助。在联邦、州、地方之间的任务划分中，一些属于联邦的任务，如交通管理、重大科研活动等需要委托给各州承担，与此对应，联邦提供相应的拨款。除此之外，如果各州承担的一些开支项目负担较重，联邦也提供适当拨款进行补助，如高等院校学生的助学金开支、房租补贴、伤残者社会保障费用等。

（5）《基本法》所规定的"共同任务"补助。在完成联邦和州的共同任务时，联邦也向州提供财政资助，来达到协调政策的目的。"共同任务"包括五个领域，即大学建设、地区政策、农业结构政策和海岸保护、教育规划、重要且超出州范围的研究。例如，按照 1991—2000 年促进科研计划，联邦需资助有关州政府 24 亿马克，以补助在某些领域中用于州和地方的投资，而这些领域由联邦限定或联邦和州之间的协议限定。当然，此类措施仍遵循"生存条件一致"的原则，也就是《基本法》规定的，这些补助只能用于平衡地区差异。在年度执行中，联邦和应付出平衡基金的州按上述三个层次的计算结果在每季度末按进度向应接受转移支付的财政困难州划拨平衡基金，年终汇总清算。年末，联邦与各州计算确定下一年度州际财政平衡数额。德国这种州际平衡的规定，主要是基于两点考虑：一是客观上各州的税源状况不同，只依据统一分配比例形成的分配格局存在明显的不公平性；二是在整个联邦德国范围内，公民应享受大体相同的公共服务条件。从 2000 年情况看，德国两个较富裕的州人均财政收入可达全国平均水平的 130% 左右，一些不富裕的州为全国平均水平的 80% 左右，通过横向财政平衡，使财力强州与财力弱州之间的差距显著缩小。[①]

3.州对所辖地方政府转移支付

为使州内各地方政府之间财政收支水平比较接近，州对所辖地方政府

[①]　谢京华：《政府间财政转移支付制度研究》，浙江大学出版社 2011 年版，第 69—72 页。

进行转移支付,包括一般性财政拨款和指定用途的拨款。一般性财政拨款不限定具体用途,地方可自由支配使用,约占州对地方财政拨款的 70%。主要有以下几种形式。

(1)一般性拨款中半数按照地方税收能力指数和需求指数计算(类似于各州之间财政横向平衡的有关办法),占州对地方纵向拨款的 50%以上。

(2)行政开支补贴拨款。按各地方政府管辖人口计算,如巴伐利亚州执行年度人均定额为 55 马克。

(3)对特别困难地方的特殊拨款。这种拨款须经地方申请和州批准才能得到。

指定用途的拨款,是根据确定的任务提供的专项拨款,必须按州指定的方向使用。主要包括用于学校、幼儿园、医院、道路、公共交通、停车场、文化娱乐及体育设施、水资源及"三废"处理、养老金和社会救济等。通过州对地方的一般性拨款和指定用途拨款补助,地方可支配财力增加,有利于保证本级政府完成各项任务的必要支出。州对地方的转移支付细则,一般由州议会通过,也分为横向和纵向两种分配。首先,各乡镇收支差额的 70%由州政府补助,最高可使之达到州内总平均水平的 80%左右。在分配时考虑特殊需要,如较大的城市、特别贫困的乡镇等。此外,特别贫困地区可在得到联邦直接补助后,再由地方对州提出专项补助申请,如修建学校、医院等。涉及几个乡镇的项目,则按税收能力或受益范围分摊总补贴。

(三)对财政转移支付制度的审计监督

从考察了解到的情况看,目前德国审计部门对财政转移支付制度的审计监督主要体现在两方面:一是联邦政府在对各州进行财力平衡时,需先由各州分别测算自己具体的财力指数,后上报联邦财政部。联邦财政部按照财政平衡法等有关法律规定,确定有义务提供财政资金和需要得到财政资金的州。州上报的财力指数必须经州审计部门审查、批准和签订,才能上报联邦财政部。二是各州的审计部门有权检查财政转移支付资金,但这种审计并不是全面的检查,而是针对具体项目进行的抽查。对于转移支付资金的来源不审计,主要审计联邦、州投入的资金是怎样使用的,其经济效果如何。有的项目可能会有欧盟、联邦、州、地方多方投入资金,各方审计机关都有权审计,一般情况下由投入资金较多的一方为主进行审计。

三、日本基本公共服务供给的财政支持模式

（一）日本政府预算管理介绍

日本是单一制国家,其政府组织由中央、都道府县(相当于我国的省、自治区和直辖市)和市町村(相当于我国的市县)三级组成,其中都道府县和市町村财政统称地方财政。日本实行复式预算制度,中央预算分为"一般会计预算""特别会计预算"和"政府关联机构预算"三大类。一般会计预算是管理中央政府的一般性财政收支,它以税收、国债收入等为来源,为中央政府的行政管理、社会保障、教育、公共投资等活动提供财力支持。在日本,通常情况下所讲的预算就是一般会计预算。

特别会计预算是分类管理型事业预算。它包括五大类:

（1）事业特别会计预算。它是指经营特定事业的预算,如邮政事业特别会计预算,道路建设特别会计预算等。

（2）管理特别会计预算。它是由 1956 年之前的贸易特别会计转化而来的,是指从事特定产品、业务管理或调节供求关系的特别预算,如粮食管理和外汇资金特别会计预算等。

（3）保险特别会计预算。它是指管理政府社会保险业务的特别会计预算。

（4）融资特别会计预算。它是指管理中央政府融资贷款的特别预算。

（5）整理特别会计预算。它是指管理中央政府特殊资金的特别会计预算,如国债偿还基金特别会计预算等。[1]

需要指出的是,上述日本特别会计预算采用的是《国家预算》(大藏省

---

① 竹内洋编:《图说日本财政》,东洋经济新报社 2000 年版。

主计局财政调查会编辑)最初的分类方法。特别会计分类,不一定限于五类,依据各种标准,可有各种分类方法。例如,还可以将特别会计分为三类:国家为兴办特定的事业;国家为运用持有的特定资金;国家经营的区别于一般税入税出的,以特定税入充当特定税出。

政府关联机构预算,是指各政府关联机构的财务预算。政府关联机构,是指依据法律设立的、中央政府提供全部资本金的法人,是经营事业、尤其是融资性业务的机构。如日本进出口银行、日本开发银行、中小企业金融公库等。

(二)日本公共服务供给财政支付手段

为了解决地方财政支出不足,日本中央财政采取了地方交付税、地方让与税、国库支出金等三种补助办法向地方转移支付资金。

1.地方交付税

地方交付税实质是一种税收分享制度。作为一种均等化转移支付,由中央直接向两级地方政府分配,作为地方预算的一般收入,并不限定其用途,也不附加其他条件,主要是为了实现财政的纵向公平。地方交付税的来源是五个主要中央税种的一定百分比,包括32%的个人所得税、公司所得税和酒税,25%的烟草税和24%的消费税。地方交付税又分为普通交付税(占94%)和特别交付税(占6%)。前者分配给那些基本支出需求超过基本财政收入的地方。后者在普通交付税不足的情况下作为补充拨款,满足一些特殊或紧急的需求,如地方政府选举、保护历史文物、自然灾害以及由于普通交付税测算误差导致的地方收支缺口等。

2.国库支出金

这是一种集规定用途和附加条件于一身的专项转移支付形式。由财务省(财政部)每年确定总额,由各个部门(教育部、卫生部等)具体分配并监督实施。国库补助金的拨款项目几乎覆盖了所有地方政府的活动,包括教育、社会福利、公众设施、交通、地区经济发展等。专项拨款中绝大部分是配套补助,主要用来体现拨款者的意图与偏好,接受政府不得挪作他用。对每种符合条件的地方支出项目中,中央政府以规定的每种项目的标准成本为依据,补贴一定的百分比。这种做法有效地缓解了以地方实际支出额作为补贴依据所带来的不公平。该拨款也可以分为如下三类:一是国库负担金。当政府兴办关系到整个国家利益的项目时,由中央政府给予这类拨款。二是国库委托金。当中央政府将本属于自己的事情委托给地方承办时,中央政府给予这类拨款,如过会议员选举费、自卫队驻扎费等。三是国库补助金。一般为中央政府出于宏观调控和均衡发展的考虑而下拨的资金。

3.地方让与税

这是中央征收的几种税按一定标准让与地方的税款。与地方交付税不同的是,它不属于均等化转移支付,类似于美国的分类拨款,是中央政府作为国税征收的地方公路税、汽车重量税、飞机燃料税、石油气税和特别吨位税五种税收收入的全部或一定比例转让给地方政府支配使用。一般按一定的客观条件分配,如地方道路让与税原则上按道路的长短、面积等标准分配,且中央政府规定资金的用途。飞机燃料税是根据飞机所有者装入飞机的燃料缴纳的税金,转让给予机场所属的地方政府,用于维修机场和有关设施以及防止飞机噪音等,特别吨位税是对海运船舶在进入日本商港时按纯吨位计征的吨水的附加,全部转让给商港所在地即征收地的市町村政府,并不指定用途。此类税在地方政府财政收入中比重很小。[①]

日本政府实行中央、都道府县和市町村三级自治。在收入上,日本是典型的中央集权制国家,日本的全部税收分国税和地方税两大体系,地方税又分为道府县税和市町村税两个体系。尽管地方也有独立管理地方税种的权力,但要受国家制定 的《地方税法》的限制。凡是征收范围广、数额大、在经济发展中区主要作用的税种都划归国税,地方政府只征收一些数量少、分散、不易管理的税种。

---

① 谢京华:《政府间财政转移支付制度研究》,浙江大学出版社 2011 年版,第 74—75页。

四、加拿大基本公共服务供给的财政支持模式

（一）加拿大联邦财政机构和预算管理介绍

加拿大联邦财政部作为一个宏观经济管理部门,主要负责制定并协调各项经济政策,在政府决策和预算编制过程中发挥主要作用。在经济事务方面,负责向政府提出国民经济运行分析和预测报告,国际经济、金融形势分析和对策建议,制订金融政策;财政事务方面,负责编制联邦政府预算,税收政策立法和关税政策,管理联邦政府债务,管理联邦政府对省和地区的转移支付,代表联邦政府定期向议会报告预算执行情况。

加拿大联邦政府财政部内设九个职能司:经济和财政政策司、经济发展和法人财务司、联邦—地方关系和社会政策司、金融部门政策司、国际贸易和财务司、税收政策司、国有企业服务司、咨询和通信司、法规司。以上司局都向常务副部长办公室(Deputy Minister's Office)负责。

参与联邦预算制定的有三个方面的人员和机构:一是主要的参与者,包括总理、财政部部长、内阁和内阁政策委员会以及特别委员会。二是一些重要的参与机构,包括财政部、枢密院办公室、国库委员会秘书处。其中枢密院办公室的职责是管理内阁日常事务、政府部门间协调、向总理和内阁提出建议以及对内阁的决定进行记录等;国库委员会秘书处的职责是监督各部门现有项目支出、建立运行制度、协调部门对议会的报告、管理内阁国库委员会;三是咨询机构,包括议会财政委员会及其他机构。

加拿大联邦政府预算编制过程中,枢密院会同财政部向总理提出预算战略要点建议,财政部最终制定预算,国库委员会协助进行预算编制并具体执行。加拿大财政年度是每年的4月1日至次年的3月31日。具体预算决策过程如下:

1.3—6月:提出初步预算建议和部门预算准备阶段

每年3月开始编制下年预算。预算建立在对国民经济进行审慎预测的基础上,财政部依据本部门和咨询机构对下一年的经济增长率、通货膨胀率、利率、就业率等进行的分析预测,分析影响财政收入和支出的因素,提出

新的收支政策和预算建议,并由国库委员会秘书处通知联邦各部门。根据财政部提出的预算建议,各部门制订本部门的预算计划,该计划为三年滚动计划,内容包括本部门的战略重点、优先项目、支出预算、项目风险及业绩考评指标等。部门提出的预算计划分别报送财政部和国库委员会秘书处,由国库委员会秘书处进行初步审查。从3月份开始至8月份,财政部还要对经济增长和财政收支做进一步的预测。

2.8—9月:内阁对政府优先进行的重点工作进行审议

财政部部长在内阁会议上提出财政经济预测结果及下年预算要点,与各部门负责人就预算安排进行具体磋商,在此基础上对部门初步的预算进行修改,形成经内阁磋商后的预算框架。

3.10—12月:进入预算咨询过程

10月份,众议院财政委员会举行听证会,财政部部长发表预算要点,介绍当前及未来一年的经济形势及其与政府预算目标的关系。听证会后,该委员会提出预算咨询报告,但不进行表决。

4.12—次年1月:内阁对预算计划进行审议

财政部负责将议会磋商形成的预算建议反馈给内阁做进一步审议。

5.1—2月:对预算进行最后的决策

财政部部长与总理根据内阁讨论结果和众议院财政委员会报告,确定最终的预算案。2月份,财政部部长代表政府向议会提交预算案,5月份众议院财政委员会向众议院全体会议提交预算审查报告,并在议会讨论通过。

(二)联邦与地方政府之间的职责和财政收支划分情况

1.宪法对联邦和省级政府职责的划定

加拿大实行权力分散的联邦政体。联邦和省政府各自有独立的宪法赋予的权利。在很多情况下,联邦和省政府各自在不同的领域里享有立法权。对政府如何征税、安排支出以及借多少债没有或很少有限制。加拿大宪法对联邦政府和省级政府的事权有比较明确的划分,联邦政府负责货币发行、国际贸易、民航、铁路、外交、国防、就业保险等事务,省级政府主要负责教育、卫生、市级机构、社会福利、警察、自然资源、高速公路等事务。联邦政府和省级政府共同的事权有养老金、移民、农业和工业。

在实际操作中,也有一些领域的事权在联邦和省两级政府间存在交叉,如环境、司法等。对联邦和地方政府的事权划分,每五年联邦和省政府要进行一次讨论,根据有关变化情况提出调整的建议。

2.各项财政收入在联邦和省级政府之间的划分

根据 1867 年联邦宪法的规定,联邦政府拥有从任何来源获取收入的无限权力,独有征收间接税和关税的权力。各省政府有权征收直接税,有权从所具有的自然资源中获取收入。

属于联邦政府的财政收入有海关进口税和非居民税,属于省级政府的财政收入有博彩业和酒类专卖收入,地产税以及自然资源收入。联邦政府和省级政府共有的税收有个人所得税、企业所得税、销售税和工资税。属于省级政府的税基较稳定且不断地在增长,属于联邦政府的税基较小而且不稳定。根据加联邦政府税收协定,各省的所得税由联邦政府代收、代管,所征税款再由联邦拨付给省政府。该协定在尊重宪法规定的联邦和省政府的各项课税权的基础上,一定程度上统一了联邦和各省的所得税制度。

与其他一些发达国家相比,加拿大联邦政府财政收支占全国财政收支的比例是较低的。联邦财政收入占全国财政收入的比重约为 45%,低于美国 66%、澳大利亚 69%、德国 65% 的水平。联邦财政支出占全国财政支出的比重约为 37%,也低于美国 61%、澳大利亚 53%、德国 41% 的水平。

加联邦政府转移支付占省级政府收入的比重为 12%,其中大西洋四省比例较高,分别为纽芬兰省 39%、爱德华王子岛省 35%、新不伦瑞克省 33%、新斯科舍省 32%。而经济发达的安大略省和阿尔伯塔省分别只有 7%。

(三)加拿大政府公共服务供给财政支付手段

加拿大联邦政府每年都要向省和自治地区政府提供转移支付,以保证所有的加拿大人都能得到合理而且水平相当的公共服务。联邦转移支付对一些重要的省级项目提供支持,如保健、中等教育以后的教育、社会援助、社会服务以及儿童的早期发展等。加拿大联邦政府对省和地区的转移支付主要有三类:卫生和社会转移支付,均等化项目转移支付和地区公式化补助。2002—2003 年度联邦政府向省和地区提供的转移支付合计 476 亿加元。联邦政府转移支付占各省财政收入的比重,最低的埃尔伯塔省为 18%,最高的纽努瓦特地区为 89%。① 以上三类转移支付的具体内容如下。

1.卫生和社会转移支付

卫生和社会转移支付(Canada Health and Social Transfer,CHST)是联邦政府最大的一项转移支付,主要用于支持卫生健康、高等教育、社会援助和社会服务项目,包括儿童早期发展等。该项转移支付所有省份都有。地方政府对联邦政府提供的健康和社会转移支付资金可以根据其特点在各项社会项目间自主安排支配,但要遵循加拿大卫生法的有关原则,同时要保证对接受社会援助的人不设居住地条件。卫生和社会转移支付有现金转移和税点转移两种形式。

在联邦卫生和社会转移支付中,税点转移形式是联邦政府将其一部分税收空间转移至省级政府。具体地说,是指在联邦政府降低税率的同时,省级政府相应提高同等的税率。税点转移支付是加拿大卫生和社会转移支付的一个组成部分,该项转移支付始于 1977 年。联邦政府将其个人所得税税率的 13.5 个百分点和公司所得税税率的 1 个百分点转移给省和地区政府。实行税收转移支付,对纳税人的税收负担不产生任何影响,只是原来属于联邦政府的部分收入改为归省级政府所有。税点转移支付对联邦和省级预算起到的作用与现金转移支付是一样的。但对各省来说,与现金转移支付形式相比,税点转移支付具有能够保持持续增长,同时受联邦政府的控制要小的优点。纽芬兰省财政部门认为,卫生和社会转移支付优点是省里能自主

---

① 数据资料来源于加拿大政府网站,见 http://www.fin.gc.ca/access/fedprove.html。

安排使用,有助于提高其提供公共服务的水平。缺点是投入不够,而且由于资金是按人均进行分配,对地方的需求考虑不够。

2.均等化项目

均等化项目(The Equalization Program)是联邦政府用来减小地区财政不均衡的重要转移支付项目。该项目保证欠发达省份在保持同等税率水平的情况下,能够为其居民提供同等水平的政府服务。均等化转移支付是无条件的,各省可以自行安排使用。均等化转移支付额的计算,是根据联邦法律规定的公式进行的。凡是收入能力或财力低于一定标准的省,联邦政府都将提供均等化转移支付,以使其收入能力达到标准水平,该标准采用的是魁北克、安大略、马尼托巴、萨斯喀彻温和不列颠哥伦比亚等五个中等收入省的平均财力。

均等化转移支付具有"下限"和"上限"。下限的作用是防止得到的转移支付在某一年度比上年下降较多;上限是为每年的均等化转移支付总额规定一个最高值,以使其保持与宏观经济同步增长。纽芬兰省财政部门认为,均等化转移支付在向落后地区提供财政支持方面发挥了重要作用。但同时认为其存在一些缺点,如希望能够提高均等化转移支付的标准,用十个省的平均财力作为标准而不是用五个省;该项转移支付的目的是使各省财力达到均等化,而在刺激各省的经济发展方面未能发挥积极作用等。

3.对北部地区的公式化补助

对北部地区的公式化转移支付(Territorial Formula Financing,TFF)是加拿大联邦政府每年向其北部地区政府提供的一种无条件转移支付。该转移支付是根据联邦政府和北部地区政府间达成的协议进行的,目的是保证北部地区政府在支出成本较高的情况下向其居民提供与其他省份相当水平的服务。虽然北部地区政府具有通过提高税率、出租、销售产品和服务来提高其收入的权力,其财力的相当一部分仍来自联邦政府提供的地区公式化转移支付。地区公式化转移支付的确定是根据"差距弥补"原则进行的。即对北部地区政府收入能力和支出需求存在的差距,按照公式进行现金转移支付。①

除以上三种主要的转移支付外,联邦政府还提供一些小的转移支付项目,如语言教育项目等。

第二节　国际比较的启示与经验借鉴

通过对四个国家政府政府预算管理以及政府间转移支付制度的分析,不难看出,各国在具体制度规定上并没有一个固定的模式,而是呈现多样化的特点,依据客观国情,并各具特色。但是,财政体制的具体内容作为各国既定政治制度的一部分,原则性的特性是必须具备的,也是对我国启示的重点。

一、明确划分各级政府间事权是确立政府间财政关系的前提

明确划分各级政府间的事权是为了保障政府间财政转移支付决策的公允性。

加拿大宪法对联邦政府和省政府间的事权做了比较明确的划分,另外还建立了联邦和省政府的事权划分具体问题磋商制度。明确的政府间事权划分是科学编制预算,制定转移支付政策的基础。我国现有法律规定包括预算法及条例都未对政府间的事权划分作出明确规定,在预算管理政策制定和预算决策过程中,很多问题的根源都在于政府间特别是中央政府和省级政府的事权划分不明确。例如地方政府部门的工资性支出是维持政府机构运转必需的经常性支出,而维持本级政府机构运转是典型的地方事权,但目前中央政府仍承担部分地区的调资增支。又如,维护国家安全是典型的

①　资料来源于加拿大政府网站,见 http://www.fin.gc.ca/FEDPROV/mtpe.html。

中央政府事权,但是目前地方政府仍承担着本地区国家安全机构的部分经费开支。因此,通过法律规定的形式明确划分政府间事权,是规范各级政府的预算管理,提高政策透明度的迫切需要。

日本在《地方财政法》中,为维持中央政府与地方政府间的财政秩序,对国家政府支出作了如下规定:(1)为了确保地方政府实施补助对象事务,对实施该事务所需的经费必须进行充足估算,国家政府支出以此为基础进行计算确定;(2)对国库补助负担金(国家政府支出的一种)的计算、支付时间、附加条件或连带指示以及其他行为不服的,可经由自治大臣向内阁提出意见,或经由内阁向议会提交意见书;(3)地方政府没有按照规定使用国家政府支出的,对该项拨款可全部或部分停止拨付,或要求退回所拨款项。如义务教育、生活保护、传染病预防、精神卫生、打击毒品、儿童保护、老人保护、原子弹受害者护理、主要农作物良种培育、产业教育振兴以及学校图书馆设施与图书充实等。因此,日本地方政府自治范围内的大部分事务,名义上属于地方事务,实际上是一种中央地方"共同事务"。中央政府对地方事权范围的事务,通过提供经费,可以有理地进行各种形式的干预,并引导、纠正、调控地方政府的支出活动,实现中央政府的政策目标。从实际效果看,这一做法虽然不符合严格意义上的"财权事权统一"原则,但对确保某些领域全国行政水平的统一发挥了重要作用。日本政府支出责任详情见表5-1。从国家的角度考虑,对维持国民生活相关的基本公共服务大体一致有着重要作用。义务教育、社会保障等与中央有着紧密利益关系与责任的行政领域,通过国家政府支出制度,能够对财政能力不同的地区,在公共服务内容与水平上能够大体相同。对于一些对国民利益有益的事业,地方政府无力全部承担所需费用,中央给予一定的支持,能够推动该项事业的实施与完成,如公害行政、福利对策等事业。在援助地方财政运行方面,后进地区以及人口稀少地区,财政基础较为脆弱,通过国家政府支出制度对这些地区给予特别财政援助,有利于健全这些地区的财政运行,缩小地区间财政能力差距。对于受灾地区的援助,能够减少灾害对正常公共服务提供的负面影响。将一些中央事务委托地方处理,有利于降低行政成本,提高财政资金的使用效率。在此基础之上,日本建立了权责广泛的中央与地方关系的专门协调机构——总务省(原自治省,相当于内务部)。既作为地方的代表反映地方的利益要求,又代表中央统辖、控制地方政府,成为中央与地方的联系纽带。此外,日本在分权改革方面,也颇有成就。调整中央政府与地方政府的事权。中央政府应负担的事权包括:关系国家主权等方面的事务、全国统一的国民活动相关事务、地方自治的基本准则制定等事务、宏观政策、事业与社会资本充实、基本公共服务水平均等的实现与维持。地方政府承担广泛的地域性行政事务。

表5-1 日本政府支出责任详情

区分	安全	社会资本	教育	福利卫生	产业经济
中央	外交 防卫 司法 刑罚	高速公路 国道(指定区间) 一级河流(指定区间)	大学 资助私立大学	社会保险 医师执照等 医药品等许可证	货币 关税,通商,邮政通信,经济政策,国有林
都道府县	警察	国道(其他) 县道,一级河流(指定区间),二级河流港湾、公营住宅决定都市计划	高中 特殊学校 中小学教员工资与人事资助 私立学校(幼—高)	生活保护(町村) 儿童福利 老人福利 保健院	地区经济振兴 职业培训 中小企业诊断与指导
市町村	消防 户籍 居民基本台账	城市计划事业、市町村道、准用河川、港湾、公营住宅、下水道	中小学校 幼儿园	生活保护(市) 老人福利保健、儿童福利 国民健康保险、上水道、垃圾处理、保健院	地区经济振兴 农田利用整理

注:居民基本台账包括如下内容:(1)国民健康保险、国民年金被保险资格、儿童津贴资格等;(2)选举人有关资料;(3)有关课税记录;(4)学龄簿、生活保护、预防接种、印鉴证明等其他资料。

德国各级政府职责与财权划分比较清楚,尤其是公共经济权责划分明确,有利于发挥各级政府的主动性和积极性,同时也减少了很多矛盾,避免相互扯皮现象。我国目前各级政府事权划分还不够清楚和彻底,各级政府的事权相互交叉较多,支出责任的范围也难以明确,财权分配上还存在一些模糊、范围不明晰的领域,受人为主观因素影响较多,政策不够稳定,分配随意性较大、透明度低、资金使用效益较低的问题时有发生。其根源在于政府间事权和财政支出责任没有明确的法律界定,各级政府之间的财政分配较多的是依据行政手段,转移支付随意性较大,很难实现平衡财力、公平分配的目标。因此,在市场经济条件下,要建立比较完善的转移支付制度,我国应在借鉴别国经验的基础上,从实际出发,通过修改预算法和制定其他相关法律法规,进一步明确各级政府的事权、财政支出责任关系,进而明确转移支付的目标和办法。

二、转移支付体系以一般性转移支付为主

加拿大联邦政府的三种形式的转移支付中,均等化项目和对北部地区的转移支付都是无条件转移支付,地方政府可以自主安排使用;而规模最大的卫生和社会转移支付,虽然是规定了用途,但范围较宽,包括用于支持卫生健康、高等教育、社会援助和社会服务项目等,地方政府在资金使用上有很大的自主权,因此也接近于一般性的转移支付。目前我国中央对省的转移支付体系中,尽管一般性转移支付所占比例在不断提高,但规模仍然偏小,而各种形式的专项转移支付仍然占相当大的比例。因此,在明确政府间事权的基础上,简化转移支付形式,建立以一般性转移支付为主的转移支付体系,是今后转移支付制度改革应遵循的一项原则。在这方面,加拿大联邦转移支付体系值得借鉴。

在德国,由于联邦与各州、州与地方之间事权划分较为清晰,上级政府对下级政府的专项转移支付仅限于固定的事务范围,如法律规定的共同任务等情况。所以,专项转移支付规模较小,数量也不多。我国专项转移支付

规模庞大、种类繁多。省对下转移支付除延伸中央对省专项转移支付外,还用自有财力安排了大量专项转移支付。我国目前的各级财政专项转移支付制度主观随意性很大,既缺一套科学的测算办法,又缺有效的监督机制和法律保障,难以避免分配环节上的重复设置项目,多头审批,层层截留等严重问题和支付环节上的挤占、挪用、截留、沉淀现象。其结果是资金分配与实际使用严重脱节,资金使用效益低下。还会造成下级向上级跑关系要钱,一大批官员"权力寻租"的现象,导致国家受损部门获利。此外,大量专项转移支付规定的使用方向和具体用途本属于下级政府事权范围,这实质上是上级政府对下级政府行使事权的一种间接干涉。造成这种状况的根本原因在于在我国各级政府之间事权划分不清晰、支出责任不明确。因此,我国应在合理划分各级政府财权、事权的基础上,明确专项转移支付适用的具体事务范围,大力压缩专项转移支付的规模和数量,将缩减下来的资金用于增加财力性转移支付补助给下级政府,扩大一般性转移支付规模,让下级政府在规定的事权范围内自行判断什么该做、什么不该做,从而提高财政资金使用效益。

三、均等化转移支付标准的确定方法简便易行且透明度高

转移支付方式应规范、透明,转移支付体系完整、计算方法科学简便,转移支付注重税收指标。发达市场化国家的政府间财政转移支付的分配都采用以因素法为基础的公式化拨款方法。各国都以客观因素为基础的因素法作为确定拨款额的主要依据,整个拨款过程较为客观、公正。从各国拨款所依据的公式构成来看,尽管在具体因素的选择上有所不同,比如加拿大衡量财政能力的指标是人均财政收入,而美国是人均收入,但都是选择一些能够反映各地财政能力和福利专科的因素作为确定拨款额的客观依据。这些客观因素大都是地方政府难以控制的,因而政府级财政转移支付更容易实现其制度设计的初衷。从某种角度而言,政府间财政转移支付制度的灵魂就是如何选取最客观、最精确、最科学、最有公允性的计量方法和因素。

加拿大联邦政府对省级政府的均等化转移支付的标准,采用的是魁北克等五个中等收入水平省的人均财力的平均水平。该方式有一些不足之处,如因素过于简单,没有考虑各地区经济发展水平差异,但优点是在计算补助标准时剔除了经济比较发达地区和比较落后地区的影响,使标准财力的确定更客观,政策透明度高。我国不同地区经济发展水平不同,加上自然环境的差异,发达省份和落后省份人均财力差距很大,尽管在制定转移支付政策时考虑了地区差距问题,但在制定具体标准时更倾向于采用全国平均值,再对各省规定一系列的分配系数。这种做法的一个弊端是分配方法过于复杂,不利于提高政策的透明度。可以考虑借鉴加拿大的做法,在设计转移支付公式时,剔除最发达和最落后省份的影响,选择一些中等水平的省份作为依据。

虽然德国转移支付金额巨大、补助对象众多、补助结构复杂,但在实践中都遵循了一定的规范和程序。不仅补助实施过程实现了规范化,而且补助额的确定也实现了公式化。按照理论上通常的划分,转移支付可以分为纵向的与横向的转移支付。德国以其较为规范的州与州之间横向的转移支付制度而独具特色,不仅由联邦集中财力对贫困州实行转移支付,富裕州也要按规范的办法对贫困州实施财政援助。这种横向的转移支付与纵向的转移支付相结合,构成了德国式的完整的转移支付体系。德国以税收能力和标准税收需求为基础,设计了较为科学、将多种因素考虑在内的计算公式,以此作为转移支付金额的确定标准,避免了随意性、人为性,公开透明性强,有利于效率和公平的实现。我国目前转移支付制度形式过多,不规范,随意性很大,公开透明性差,相互之间缺乏统一的协调机制。上级政府对下级政府的转移支付,下级政府仅知道最终结果,不清楚具体测算过程和测算数据来源,上级政府下发给下级政府的转移支付办法也不够详细明确,下级政府只能被动接受转移支付结果,知情权过弱,很难提出有针对性的意见。为此,我国今后转移支付方式应向规范化和公式化的方向发展,提高公开透明性,让下级政府有知情权,并参与具体测算过程,逐步扩大规范化、公式化补助的规模和范围。德国转移支付制度虽然需要经过横向与纵向、多层次、多步骤的反复运作才能实现其均等化目标,但计算的方法却比较科学简便,计算均等化拨款的主要和关键因素是居民人口与实际税收。在德国转移支付测算过程中,税收是作为一个关键因素来被考虑的。这主要表现在两个方面:一是直接以增值税的共享来实现州与州之间一定程度的财政均等化;二是在确定均等化拨款时,税收在标准收入和标准支出测算过程中,是主要的起决定作用的指标。

四、压缩财政赤字,减少行政成本

加拿大联邦政府在压缩财政赤字,实现由赤字转为盈余方面采取的一些做法,如在对经济和财政收入规模进行预测时采取审慎的原则以提高预算收入安排的可靠性、加强对支出项目的审查等,值得我们借鉴。

日本分权改革包括废止机关委托事务制度,机关委任事务制度起始于明治时代,是中央政府指挥、监督地方政府(长官)执行委托事务的制度。战后虽然改变了知事由内务大臣任命的做法而改由公民选举产生,但是,在“地方自治法”中列明的法律单位中,需要上级政府认(许)可的事项仍有561项,其中都道府县级379项,市町村级182项,分别占都道府县和市町村事务的70%—80%和30%—40%。二战后,尽管地方政府行政长官由民选产生,但是,由于地方政府受上级行政机关的指挥监督,因此,地方议会或监督委员会对行政机关的牵制功能难以有效发挥。其弊端主要有以下几个方面:一是主务大臣凭借其拥有的指挥监督权,使得地方政府处于主从、上下关系。都道府县知事作为中央各部门的代表,对市町村行使监管权力,全国自上而下,形成纵向分割行政体系,妨碍了以地域为主体的综合行政的实施;二是地方政府行政长官具有双重身份,因此,不能充分代表民意与大众的利益;三是政府间权责不是十分明确,居民难以理解;四是上级政府干预过多,地方政府自主回旋余地较小,同时,行政成本较高,浪费人力物力。此项改革正是压缩财政赤字的不二选择。

五、转移支付体系总目标应明确为实现公共服务水平均等化

加拿大是实行基本公共服务均等化比较早的国家之一。加拿大通过实行均等化制度来确保联邦国家的统一,按照有关法律,十个省级政府要各自承担省内的教育、卫生和社会服务等基本公共服务的供给。围绕着均等化体系的平衡,加拿大公共政策研究部门、决策部门的争论一直没有停止过。一是由于各省的经济发展,新资源不断出现,以税收、税基和税源为基础建立的财政能力均等化体系经常被打破,引发了省与省之间、省与联邦之间的经常性争议;二是由于绩效评估体系存在问题,援助省的被剥夺感和受援助省的资金不经济经常引起争议。加拿大主要是通过建立省级政府财政支出能力均等化来为所有加拿大居民提供品质适度的基本公共服务。具体做法是,所有省份都被纳入均等化体系,并计算其所有的财政收入来源(计量各省和地方政府财政收入状况和提供基本公共服务的能力):包括十个省的三十多个不同的财政收入来源,如所得税、销售税、财产税以及经营税等。在加拿大,均等化的标准是财政收入水平,以人均财政收入水平计算。根据人均财政收入水平,联邦政府对财政收入低的省份实行财政转移支付。除了财政均等化,加拿大也为基本公共服务建立国家标准,确定各省公共服务可比较性和平均水平,使居民可以在国内流动,包括跨省流动,甚至跨省分享财富,加强加拿大居民的国家认同感。在加拿大,财政能力均等化依据宏观经济指标和税收体系来实现;财政需求均等化主要通过专门的财政支出体系来实现。加拿大主要是实施财政能力均等化来实现均等化目标。举例来说,在加拿大,根据宪法,医疗健康是省级政府应当提供的基本公共服务。为了实现基本公共服务均等化,联邦政府与省级政府合作,共同建立一个全国统一和基本接近的照顾标准,通过"加拿大健康转移支付项目"实现医疗健康均等化服务。医疗健康转移支付依据标准是普遍性、简便性、公共保险——可以由公共机构也可以由私人机构提供。另外,加拿大还有社会服务转移支付,内容是所有的加拿大居民都应当享有的社会福利。在加拿大,计算各省的公共服务供给状况也缺乏必要的方法和数据。人们主要是依据各省的人均财政收入来确定均等化的。不过对此也有人提出异议,主张必须考虑各省的服务需求和服务成本,在此基础上建立一套更科学的宏观标准和计算方法。经验表明,试图为全民提供基本生活的福利国家并不能在全国不同的区域建立完全相同的公共服务,财政均等化只能提供基本相似的公共服务。在国家均等化政策之外的不平等,只能依赖于地方的投入和发展项目。

德国的财政平衡制度规定了州际均等化转移支付体制,并对各州的财政收入依法调整,从富裕州抽调平衡资金来支援相对贫困的州,从而实现了各州公共服务能力的大体平衡。德国的《基本法》规定"公民生存条件一致性",即确定了公民享有公共服务不论在什么地方都应是相同的。这种个人的权利以法的形式规定下来后,不论谁执政,都要以给公民提供"一致"的生存条件为义务。所以,德国转移支付的主要目标就是实现各地区政府提供的公共服务水平均等化,整个转移支付体系就是围绕着这一目标来设计的。我国现行的各项转移支付均有具体的实施目的,但是转移支付体系作为一个整体来看,实施的目的并不明确。现行的多种转移支付形式中,只有一般性转移支付属于真正意义上的均等化转移支付,具有比较全面的纵向均衡和横向均衡功能,但其数量有限。其余转移支付中,有的转移支付是为体现国家对一些特殊地区的照顾,如民族地区转移支付、革命老区转移支付等;有的转移支付是为了弥补中央政策出台给地方政府造成的财政减收,如农村税费改革转移支付等;还有的转移支付是为了实现上级政府的特定工作目标和政策目的,如工资性转移支付、各种专项转移支付等。各项转移支付目标不尽相同,转移支付体系总体目标难以显现出来。总体目标的不明确造成具体工作中转移支付究竟已实施到什么程度、距离目标还有什么差距等问题难以衡量。考虑到我国东西部地区经济发展、财力状况不断拉大,今后应明确我国转移支付体系的总体目标是实现各地区公共服务水平的均等化,以实现公式化的均等化转移支付制度为改革方向,通过运用公式化转移支付方式给予不发达地区补助来逐步调整地区利益分配格局。

六、政府级财政转移支付需要法制化和制度化

在法制化和制度化的前提下,政府级财政转移制度制度会表现出一定的弹性,转移支付密切关联于经济社会实质变迁,这样既提高了转移支付对环境的适应能力,又提高了支出效率。

德国是具有较高法治水平的社会法制国家,各级政府之间的事权都是由《基本法》明确规定的,据此而划分的财政收入和财政支出范围也由法律形式确定下来。体现在转移支付制度中,就是转移支付的目的和范围被写进法律,转移支付的系数要由立法机构讨论确定,据以计算均等化拨款的财力指数和标准税收需求以及其他一些技术性比例也用法律的形式明确规定,这就使得德国的转移支付制度更加规范、透明。德国十分注重有关财政体制的法律体系的建设和完善,先后制定了包括《基本法》《财政预算法》《财政平衡法》等在内的一整套财政法律规范,以法律形式明确规定各级政府的事权、财政支出责任以及财政平衡制度。同时,在法规中给予财政部或专门的工作委员会根据实际情况对具体的计算公式或补助标准作出修改的权力,体现了规范性和灵活性的结合。我国在发展市场经济公共财政过程中,应借鉴德国这方面的做法,加快财政法制建设的步伐。一是要赋予财政转移支付的法律地位。市场经济是一种法制经济,各利益主体的界定应当明晰。要以法律形式明确均等化目标和转移支付的法律地位,确定中央与地方各级政府之间的事权与财政支出责任,转移支付的目标、框架和具体形式,从法律上为转移支付目标的实现提供法律保障。二是要加快转移支付的立法进程。要在《预算法》内容中,增加有关转移支付的条款,对财政转移支付的政策目标、资金来源、核算标准、分配程序等作出明确规定,制定与财政转移支付制度相关的法规和制度,确保转移支付制度政策到位、结构合理、目标明确、计算科学、资金分配有法可依。三是要加强对财政转移支付的法律监督。加强财政法制建设,尽快用法律形式规范中央与地方的事权关系,财权关系以及转移支付制度。四是完善财政转移支付监督约束机制和责任追究制度。

第六章　财政支持县乡基本公共
服务供给的优化路径

随着公民民主意识的增强,基层民众对公共服务的需求量也逐步增加,对公共服务品质的要求也越来越高。县乡政府作为基层政府在基本公共服务体系中扮演着不可或缺的角色,而基层政府提供基本公共服务则必然需要有可靠的财政资源作为支撑,只有保证基层政府享有稳定的财权,其承担的事权才能真正有效实现。在国际货币基金组织 2008 年、2011 年的《政府财政统计年鉴》中显示,"被统计的 40 多个国家中,中国中央政府财政收入占比、中央政府财政社会保障支出占比都是最低的,中国实际上近于财政分权状态,只是更少的中央财政社会保障支出责任和政治集权掩盖了财政分权的现实。40 个国家中只有 3 个国家(丹麦、伊朗、中国)中央财政承担的社会保障支出比重低于其财政收入比重,甚至有 8 个国家(澳大利亚、玻利维亚、西班牙、瑞士、白俄罗斯、意大利、哈萨克斯坦、波兰)中央财政社会保障支出比重超过其财政收入比重达 20%点以上,这进一步表明中央为主承担社会保障支出的国际格局"[①]。

然而县乡政府在履行公共服务职责时普遍面临着财力不足的困境,这对公共服务效能的发挥产生了很多不利影响。县乡政府公共服务效能

[①]　林治芬、魏雨晨:《中央和地方社会保障支出责任划分中外比较》,《中国行政管理》2015 年第 1 期。

优化和提升必须从"提供哪些公共服务""由谁提供公共服务""怎么提供公共服务"这三个基本问题出发来寻找县乡政府在财政困境下妥善解决公共服务效能的路径。而经过上面的分析,本章将寻求县乡基本公共服务的财政支持的优化路径。县乡基本公共服务有效供给需要以相关制度、政策为保障,以财政支持为支点保障其实现。从广义的角度出发,财政支持应该包括财政资金支出、财政法律法规、财政政策、财政管理体制等在内的一系列综合内容,但是本章为详尽优化路径,从预算管理、政府间转移支付以及财政政策三个方面来阐释财政支持县乡基本公共服务供给的优化路径。

第一节　运用预算工具保证基本公共服务供给

自 2015 年 1 月 1 日起施行的《中华人民共和国预算法》从法律层面为改善县乡基本公共服务供给提供的可能,"全面公开透明的预算制度,是保证公共产品有效供给的重要制度安排,它提供了一个人民向政府表达偏好,并建立监督和制约政府行为的最佳指导,并确保政府行为与决策真正对广大民众和纳税人负责"[1]。运用好这项工具是财政支持县乡基本公共服务供给的第一步。

一、公开政府预算信息

新预算法开章即总则第一条就提出要"建立健全全面规范、公开透明的预算制度"。对于人大批准的各级政府的预算,预算调整、决算、预算执行情况等报告,以及各级政府财政部门批复的部门预算、决算,新预算法第

---

① 楼继伟:《实施积极财政政策,深化财税体制改革》,中国发展高层论坛,财新网,见 http://economy.caixin.com/2015-03-23/100793822.html。

十四条要求在规定的时限内向社会公开。除此之外,有关财政的一些专项工作,例如政府采购情况、转移支付政策与执行等情况,新预算法第十四条和第十六条也要求必须及时公开。

在预算监督方面,新预算法不仅要求严格审计,而且在其八十九条中专门提出对于针对有关预算执行和其他财政收支所作出的审计工作报告,也应当向社会公开。为保障预算信息的有效公开,新预算法第九十二条规定对于"未依照本法规定对有关预算事项进行公开和说明的",将"对有关负有直接责任的主管人员和其他直接责任人员追究行政责任"。

因此,通过预算法来规范与推进有关政府预算的运行过程以及审查监督情况的公开,是保障人民的知情权和监督权的有效体现,充分表明我国预算管理民主化的进程进一步加快,体现出社会主义国家人民当家做主的本质内涵。各级政府预算信息的公开透明为群众监督提供了便利,也为县乡基本公共服务的财政支持绩效考量提供可观测的依据。

二、注重预算绩效

预算绩效管理是政府绩效管理的重要组成部分,它强调预算支出的结果导向,注重支出的责任和效率,重视预算支出成本的节约和单位效率的提高,要求政府部门在预算资金的分配和使用过程中更加关注预算资金的产出和结果。这是成熟市场经济国家的通行做法,也是公共财政题中应有之义。党的十八大报告进一步指出,要"创新行政管理方式,提高政府公信力和执行力,推进政府绩效管理"。这一要求为预算绩效管理工作明确了道路,指明了方向。此外,重视预算绩效,并将绩效的思维贯穿于预算编制、预算执行、决算以及预算审查的各个环节之中,这也是最新的《预算法》中所倡导的。

在预算制定过程中,把"讲求绩效"列入各级预算所要遵循的五原则之中;将上年度预算支出绩效的评价结果作为各级预算编制的重要依据之一;在预算执行中,各级政府及预算部门与单位对预算执行情况进行绩效评价;在有关预决算审查的章节中,明确要求人大负责审查年度预算如何提高绩效以及重点项目支出结果绩效的情况。可以预见,政府预算的编制、执行与审查将终结粗放管理阶段,从而进入以绩效论"英雄"的科学管理轨道。

关于重点项目绩效评价学者夏先德建议围绕以下三个方面开展预算绩效管理,笔者表示认同。一是推进县级财政支出管理绩效综合评价。开展县级财政支出管理绩效综合评价试点,促进县级财政部门合理确定保障范围,优化支出结构,提高管理水平,确保各项民生政策的落实。二是推进部门支出管理绩效综合评价。以部门绩效管理工作评价为突破口,对部门或单位的基础工作、绩效目标、绩效监控、绩效评价、结果应用、改革创新等管理进行评价,逐步拓展,推进财政部门对预算部门、预算部门对下属单位支出管理绩效综合评价试点,促进部门或单位更好地履行职责。三是推进重大民生支出项目绩效评价和企业使用财政性资金绩效评价。逐步将涉及"三农"、教育、医疗卫生、社会保障和就业、节能环保、保障性安居工程等重大支出项目,尤其是上级对下级转移支付项目纳入重点评价范围,促进财政资金使用效益的提高,确保民生工程的顺利开展。

三、强化预算审查力度

系统完善地勾勒出预算审查的体系框架,对审查体系、审查主体与审查内容作出清晰规定,不仅是权责分明,而且极大地有利于预算审查。预算法的执行效果,很大程度上取决于对政府预算审查制度是否健全有关。

而关于预算审查体系,新预算法第二、五、六、八各章的相关条款中,根据预算审查的功能定位,形成了人大审查、政府财政部门审查、审计部门审查以及公众审查为一体的全方位预算审查体系。关于审查主体各自的定位,做到分工明确、职责清晰。人大代表会议负责预算草案及其报告、预算执行情况的报告重点审查,人大常委会负责预算调整方案审查,人大专门委员会负责预算草案初步方案的初步审查,政府财政部门负责对部门与单位决算及决算草案进行审核与审定,审计部分负责对各级政府决算进行审计,人大代表和社会公众有权在审查预算草案前提供相关意见。明确界定预算审查的主要内容,使得预算审查的方向更加明确,有利于预算审查工作的有效推进。将新《预算法》中的各项规定落地实施,使县乡基本公共服务供给效能优化顺利实现。

四、实现预算管理科学化

预算改革必须着眼于寻求地方政府的支持,因为预算改革的最重要的步骤是将预算外资金和预算外活动纳入预算管理。预算外资金改革如果仅仅靠上级政府的命令,是难以成功的。同时,由于预算外收入经常为主要基本公共服务提供资金,如果不进行相应的支出和收入分配改革,预算外资金的改革也难以实施。基于此,地方政府要采取措施把预算外资金并入预算内来解决以下问题:第一,对预算外资金的依赖已经为预算管理强加了高昂的成本,即破坏了总体预算纪律,阻碍了财政支出与政府需优先考虑的基本公共服务之间的联系,并扭曲了激励机制。这种做法使公共部门内部的信息不对称问题更为恶化,尤其是在现行的政府财政交易管理信息系统还不足以监管预算内支出的情况下。第二,大量预算外部门的出现也已经在该体系内产生了很强的不兼容性。预算内自主权的缺乏,与预算外领域具有极高的自主权形成了强烈反差。地方政府具有把其资金列为预算外资金的强烈动机。

我国地方政府进行预算程序改革的相关性和重要性在于,预算程序和制度是提供基本公共服务的总体效率的决定因素。提高基本公共服务的供给效率需要对预算优先次序和有效地贯彻执行这些优先政策的预算体制予以明确表述。因此,明确地表述预算的优先次序要求使用一种预算方法,以确保预算内、外所有的政府活动遵循相同的优先次序。有效地执行预算优先次序需要预算体制提供明确的激励约束机制,以引导支出机构在预算执行中遵循既定的优先次序。

第二节　规范转移支付促进公共服务均衡供给

财政转移支付制度的前提是承认各级政府之间存在财政能力差异,其目标是实现各地基本公共服务水平均等化,其实质上是财政资源在不同级别政府间的转移,在弥补地方财政缺口、平衡政府间财力、促进公共服务和产品均等化提供、优化各地区资源配置等方面均发挥作用。要推进公共服务的均等化,其切入点和突破口是作为公共服务供给主体的地方政府,确保地方政府提供大致均等、充足且合意的公共服务供给水平,是均等化政策设计的核心目标。所以,完善并进一步规范转移支付是现阶段所能依赖的最佳最有效的促进公共服务均衡供给的途径。

一、建立完善的转移支付法律体系

要提高财政转移支付的规范性首先需要加强转移支付相关法律法规建设。完善和修订《中华人民共和国预算法》,研究制定《政府间财政转移法》《均衡性转移支付法》等法律法规,通过立法形式进一步明确一般性转移支付在预算体系中的地位、作用及表现形式,明确实施转移支付的形式、程序、目标、原则、资金的分配方法等内容,明确各级政府在财政转移支付中的责任和义务,减少财政转移支付实施中的随意性,不断提高财政转移支付的规范性和法制化。

二、科学优化转移支付制度体系结构和实施方式

按照转移支付的不同形式设置目标,建立和健全以一般性转移支付为主、专项转移支付为辅、特殊性转移支付为补充的财政转移支付体系。推进中央补助地方项目的清理、整合与归并,简化中央对地方的转移支付方式,

减少资金的上划下转。在明晰事权基础上,合理选择转移支付方式①;同时还要设计为解决现实经济生活中以及各地区特殊情况的一种特殊性转移支付形式,如严重的自然灾害、突发事件等。这样可以使转移支付目标和对象更明确,支付形式更加合理,减少重复补贴。

（一）完善一般性转移支付

一般性转移支付资金旨在促进各地方政府供给基本公共服务均等化和保障国家出台的重大政策顺利实施。"2014 年中央对地方转移支付46787. 09 亿元,其中中央对地方一般性转移支付 27217. 87 亿元,专项转移支付 19569. 22 亿元,专项转移支付占转移支付总额的 41. 8%。"②"2015 年中央财政预算中中央对地方转移支付为 50764. 71 亿元,其中一般性转移支付为 29230. 37 亿元,专项转移支付为 21534. 34 亿元,约占总量的42. 42%。"③与专项转移支付相比,一般性转移支付比例相对较低,离将一般性转移支付占比提高到 60%④的目标还有一定距离。从结果上看,占较大比例的税收返还和专项转移支付对公共服务具有逆均等化作用,转移支付制度在各级财政的运行中并未起到增加收入来源的作用,反而加大了地方财政对中央财政的依赖程度。因而,有必要进一步提高转移支付中一般性转移支付资金的比例,使其成为转移支付制度的主要形式,以增强公共服务均衡供给的资金支持和财力保障。

（二）规范专项转移支付管理

专项转移支付资金是为实现中央特定政策或项目而产生的补助支出。专项转移支付在转移支付制度中的功能不可缺少,但是在转移支付制度完

---

① 李萍:《财政体制建明图解》,中国财政经济出版社 2010 年版,第 233 页。

② 陈剑:《2014 年中央对地方转移支付 4.6 万亿元,占中央收入七成》,《新华网》2015 年 2 月 2 日,见 http://news.xinhuanet.com/2015-02/02/c_1114223342.htm。

③ 财政部:《2015 年中央一般公共预算支出预算表》,《财政部网站》2015 年 3 月 25 日,见 http://yss.mof.gov.cn/2015czys/201503/t20150325_1206526.html。

④ 国务院办公厅:《国务院关于改革和完善中央对地方转移支付制度的意见》(国发〔2014〕71 号),2015 年 2 月 2 日。

善和改革中必须规范专项转移支付的管理,以保证专款专用。在目标上,保证专项转移支付在保障地方财政能力和供给公共服务的成本差异基础上实现公平配置的目标,以便于其发挥对基本公共服务均等化供给的促进作用,实现推动区域协调发展的目标;严格控制新增项目,对专项转移支付项目立项要进行严格把关、科学论证,建立严格规范的项目准入机制,减少立项的随意性、盲目行、人为性,提高专项转移支付资金的使用效能。在运行管理上,加强专项支付分配、监督、管理和绩效考评的制度建设,保证专项转移支付资金的专款专用,对转移支付项目的效果进行及时评估,防止"热火朝天跑项目、稀里糊涂搞落实"局面的出现。

(三)改革转移支付资金的计算方法

发达国家转移支付公式设计主要有两种方法:一是以反映地区支出需求差异为主,如日本;二是主要反映收入差异,如美国。依据支出法设计的财政均等化模式相对简单,财政需求均等化模型虽然非常合理,但测算支出需求的公式需要反映全国标准程度所需的资金数额,需要设置大量参数标准,搜集大量信息,因而比较复杂。从中国现实情况来看,可考虑将收入法与支出法结合起来。在均等化转移支付还难以全面引入因素法的条件下,可以先将基本行政经费、基础教育经费和公共卫生经费等支出大项作为基本要素引入均等化转移支付公式,以保证地方政府对基本公共服务的有效供给。同时应尽可能选取地方政府无法直接控制的客观变量作为转移支付资金规模计算的系数,如人口数量、资源类型、城市化程度、财力水平、人口密度、人均 GDP 等,尽量减少人为因素对地方财政的影响。

"乡财县管"改革的主要目的是规范乡镇财政收支行为,缓解乡镇财政困难,在改革的过程中应循序渐进、制定科学的实施方案,具体措施可以包括:第一,推行部门预算。县级政府应结合乡级财力的实际情况,明确预算安排顺序和重点,提出乡镇财政预算安排的具体指导意见;乡镇政府根据县财政部门的指导意见,结合各自经济和社会事业发展的需求,编制到部门到科目的综合部门预算草案,经财政部门审核后,报乡镇人民代表大会审查批准,同时上报县财政部门。第二,统一设置账户。取消乡镇政府及所属部门在各金融机构开设的所有账户,由县乡财政局在各乡镇农村信用社统一开设乡镇财政结算专户和乡镇单位会计支出专户两个账户。第三,实行集中支付。在资金支付中,按资金性质采取直接和授权支付两种方式。直接支付是指大额采购支出和工程支出、农业专项资金、扶农惠农支出、财政供养人员工资等支出,可通过乡镇设立财政"结算专用账户"直接支付到单位、个人银行账户;授权支付是指各乡镇以分散支付为辅的资金拨付方式,可由乡镇提出分月用款计划,经乡镇主要领导和财政部门审批后上报县财政局,县财政局根据预算指标实行额度控制。第四,加强票据管理。取消乡镇财政部门的票据管理权,上收到县财政部门统一管理。乡镇财政所用票据采取"专人负责、验旧领新、限量使用、定期核销"的管理办法,并实行"单位开票、银行代收、财政统管"的非税收入征管模式,切实做到以票管收、票款同行,严禁坐收坐支、转移和隐匿收入。第五,强化债务控制。一方面冻结债务存量,对原有债务进行清理分类、逐步消化,编制科学的全年偿债计划,遏制乡镇债务膨胀的势头,封住乡镇举债的口子。另一方面控制增量债务,健全控债机制,乡镇公益事业支出必须坚持实事求是、量入为出的原则,不得依靠借债进行。

第三节　协调多元力量推进县乡基本公共服务供给

一、完善公共财政体系建设

近年来,公共财政体系建设取得明显进展。但也要看到,当前公共财政体系建设存在财政保障力度需继续加大、财税政策有待进一步完善等问题。例如,在推进主体功能区建设过程中,生态脆弱区主要集中在欠发达地区,但这些地方的财政又大多仍是"吃饭财政"。又如,即使在发达省份内部也存在基层财力不均衡问题,等等。按照党的十八大报告提出的要求,今后一个时期,我国应当完善促进基本公共服务均等化和主体功能区建设的公共财政体系,提升基本公共服务水平和均等化程度,推进形成人口、经济和资源环境相协调的国土空间开发格局,实现全面协调可持续发展。这为未来的公共财政体系建设指明了方向。

一是促进基本公共服务均等化。要建立与经济发展和政府财力增长相适应的基本公共服务财政支出增长机制,切实提高各级财政特别是县级财政提供基本公共服务的保障能力。进一步优化公共财政支出结构,优先安排基本公共服务支出,切实保障和改善民生。完善财政转移支付制度,按照地区人口等因素合理安排基本公共服务支出,逐步提高基本公共服务均等化水平。

二是实施促进主体功能区建设的财税政策。建立健全主体功能区利益补偿机制,推进主体功能区建设,构建科学合理的区域经济社会和生态协调发展格局。现阶段,我国地方政府获取的税收返还额仍然是以1993年的实际收入为基数,这显然与现阶段我国的经济发展现状不符。此外,增加额与各地区的增值税、消费税和所得税的增长率相挂钩,财力越大的地区基数越大同时税收增长也越快,从而获得的税收返还额就越高。因此,税收返还虽然能够提高地方政府的税收努力程度,但无法激励地方政府改善公共服务供给行为,更严重的是,税收返还进一步扩大了地区间的财力不均衡,这显然不利于区域间公共服务均等化目标的实现。

三是完善财政预算管理制度。健全科学规范、注重绩效的预算管理制度,是完善公共财政体系的重要内容。要进一步增强财政预算的完整性、透明度和有效性。完善预算公开制度,健全公开机制,健全预算绩效管理制度。将绩效观念和绩效要求贯穿于财政管理的各个方面,逐步建立预算编制有目标、预算执行有监控、预算完成有评价、评价结果有反馈、反馈结果有应用的全过程预算绩效管理机制,提高财政资金使用效益。

协调税制改革基本适应市场经济需要,适时调整税收分配比例,发挥税收工具性的作用;重视预算管理,使国家预算的编制逐渐制度化和年度化,逐步建立起全口径的国家预算机制。

二、加快财政体制改革

如果不对政府间财政体制进行全面改革,就难以保证公共服务均等化的充分性。首先需要综合解决各级政府的财政收支分配问题。由中央政府负责某些公共服务的筹资责任将有利于提供更好的公共服务;将部分服务和资金由乡镇或县交由上一级政府,可以提高效率和管理能力。其次必须集中关注的是重新确定公共财政的优先顺序和重点领域。在现行体制下,稀缺的公共资源仍在为一些无论从公平还是从效率角度都不需要政府干预的活动提供资金,同时,对实现和谐社会起关键作用的公共服务,又面临资金严重不足的问题,尤其在贫困地区尤为突出。最后需要清晰、明确地分配中央和地方之间的支出责任。应明确承担某项公共服务支出责任的政府的级次。对于共同承担的责任,应在各级政府间对负责监管、确定供应标准、为公共服务筹集资金、实际提供服务各项责任进行明确分工。通过在省以下政府建立公开的财政收入分配机制,可大大提高政府间财政关系的整体效率和公平性。省以下政府收入分配改革应与政府间财政关系方面的其他改革同时进行,包括支出划分、均等化转移支付和预算程序等。

(一)明确中央地方财政支出责任与事权边界

应当进一步明确中央政府与地方政府以及地方各级政府之间在提供义务教育、公共卫生、社会保障和生态环境等基本公共服务方面的事权,健全财政支出责任与事权相匹配的财政体制。由于各类公共服务具有不同的性质和特点,各级政府承担的事权责任,也应有所区别。例如,社会保障和生态环境等公共服务,由于涉及面广且具有更大的外部性,主要应由中央政府和省级政府提供,由县级政府管理;义务教育和公共卫生等公共服务,应由中央、省和县三级政府共同承担,各级政府承担的比例,应视各地经济发展水平而定。在经济贫困地区,应全部由中央与省级政府承担,通常情况下,以省级政府为主;在经济中等发展地区,应由三级政府共同承担,但中央和省级政府应负担 50% 以上;在经济发达地区,应由三级政府共同承担,但以县级政府承担为主。总之,在提供基本公共服务的事权划分上,应改变过去传统的按事务的隶属关系划分的办法,以便使财力与事权能够相匹配。明确事权划分后,应通过法律制度固定下来。

(二)完善均等化的转移支付制度

试行纵向转移与横向转移相结合的模式。世界各国大都实行单一的纵向转移模式,即中央政府对地方政府、上级政府对下级政府的财政转移支付模式,只有德国、瑞典和比利时等少数国家实行纵向与横向混合的转移模式,即在实行纵向转移支付的同时,还实行横向转移的转移支付。我国一直实行单一的纵向转移模式,目前在继续实行以纵向转移模式为主的同时,虽然有一些地区之间的对口支援,类似于德国的州际横向平衡,但不同的是,德国的州际横向平衡是制度化的,作为府际间转移支付的一种常性制度被确定下来,而我国的"对口支援"更多的是一种临时性政策行为,一般由经济发达或实力较强的一方对经济不发达或实力较弱的一方实施援助,目前大部分是由中央政府主导,地方政府为主体的一种模式。在我国探索类似于"州际横向平衡"的制度,有一定的必要性和现实基础:第一,我国东部与中西部地区差距过大,中央财力又十分有限,单靠中央对地方的纵向转移,地区间公共服务的均等化将难以实现。第二,我国实施的对口支援除了灾难援助,大部分的援助集中在医疗援助、教育援助等基本公共服务类的援助,而且援助效果良好。第三,目前我国东部一些发达地区的经济发展水平和收入水平已接近某些发达国家的水平,有条件从财力上支持不发达地区的发展。第四,东部发达地区支援中西部不发达地区,有利于加快地区间的协调发展,提高国家整体经济发展水平,同时也有利于东部地区经济的发展。

(三)完善转移支付形式

第一,完善或逐步取消税收返还。税收返还制度就其性质而言,是一种转移支付,是年年都有的收入返还。税收返还制度的设计为 1994 年的分税制财政体制改革起到了重要促进作用,是中央对地方财政转移支付的重要组成部分。制度设计之初目的之一在于平衡我国中央与地方的财权,保证政府机构正常运转。由于政府间纵向财政能力的不均衡性,财政政策应致力于使财政趋于纵向均衡。由于分税制改革使得财政收入更多地流向上一级政府,而较低级别政府却是主要公共物品,如教育、卫生、社会保障的提供者。这导致了政府财权和事权的不协调。目的之二在于平衡地区间财政收入,实现地区间的均衡发展。而这样的制度设计尤其具有时代的局限性,按照1993年地方实际收入以及税制改革后中央和地方收入划分情况,合理确定1993年中央从地方净上划的收入数额,并以此作为中央对地方税收返还基数,保证1993年地方既得财力。1994年以后,税收返还额在1993年基数上逐年递增,递增率按全国增值税和消费税增长率的1∶0.3系数确定,即全国增值税和消费税每增长1%,中央财政对地方的税收返还增长0.3%。经济经过二十多年的飞速发展,当时设定的目标和现在的实际情况已经不相适应,中央和地方的财权不均衡是客观存在的,各地区之间的财政收入也因为经济发展不同而相距甚远,这项制度的均衡化效果在逐步减弱,已经不能保证制度目的的实现,其需要及时地改进或改变,可以考虑将其过渡成为一般性转移支付。

第二,调整财力性转移支付。现行财力性转移支付主要包括:一般性转移支付、民族地区转移支付、县乡财政奖补资金、调整工资转移支付、农村税费改革转移支付、年终结算财力补助等。这里,除一般性转移支付外的其他类型的财力性转移支付都是因为中央出台某项政策导致地方财力不足引起的,或者用于某些专门事项的。这只能作为一种过渡性措施,而不能使其制度化,否则,如果每出台一项政策,就增加一项财力性转移支付,势必会造成财力性转移支付的混乱和不规范。因此,应当将财力性转移支付整合为一项统一的一般性转移支付。

第三,科学界定专项转移支付标准,控制准入条件和规模。首先,要科学界定专项转移支付的标准,即要明确具备什么条件才能列入专项转移支付。通常来看,列入专项转移支付的项目,应是具有外溢性、突发性、特殊性、非固定性等特征的项目。根据专项转移支付应具备的上述特征,像义务教育、公共卫生、社会保障和一般性的扶贫等支出都不应列入专项转移支付的范畴。其次,要控制专项转移支付规模。专项转移支付,只能是次要的、辅助的形式,因此,规模不能过大。此外,要加强对专项转移支付项目的监督检查和绩效评估,防止被截留、挪用,提高其使用效果。

三、加强基本公共服务均等化的多元参与

由于均等化并不等于绝对平等,而是在承认存在合理的差别下,保障所有的公民都享有在一定的标准上的基本公共服务,那么就需要政府明确界定这一标准,这个标准必须具有可操作性,可以为实际工作提供现实参照。而非政府组织由于其公益性的特征,在一些公共服务领域发挥独特的作用。政府购买公共服务是政府将原来由政府直接举办的、为社会发展和人们日常生活提供服务的事项交给有资质的社会组织来完成,并根据社会组织提供服务的数量和质量,按照一定的标准进行评估后支付费用。简单地说,就是一种政府承担、定向委托、合同管理、评估兑现的新型政府提供公共服务的方式。此外,也可以吸收社会的民营资本投入,减少政府支出,形成以政府为中心的多元公共服务体系。

四、培养地方政府提供基本公共服务财源

探索开征物业税,稳定地方政府税源。从国际经验看,物业税税基大、税源稳定、征收相对透明,是良好的地方税种。随着我国经济发展和城市化进程的加快,目前我国房地产已经成为居民财富的重要组成部分,可以考虑把物业税作为地方主体税种,试点开征。

将地方国有资本预算纳入财政预算,增加地方政府可支配财力。国有资本收益是政府非税收收入的重要组成部分,包括国有资本分享的企业税后利润、国有股股利、企业国有产权(股权)出售、拍卖、转让收益等。

逐步缩小直至取消激励地方政府追求经济总量的税收返还和原体制补助。1994 年进行分税制改革时,为调动积极性和减少阻力,中央以 1993 年地方政府财政收入规模为基数,以税收返还和原体制补助的形式将中央财政收入中的一定数额返还给地方政府。如将税收返还和原体制补助计入全部转移支付,2005 年中央财政转移支付中税收返还和原体制补助占 36. 08%,专项转移支付占 30. 73%,财力性转移支付占 33. 19%。由于税收返还的数量大,又属于非均等化转移形式,它同实现基本公共服务均等化目标是相悖的。税收返还和原体制补助的过高比例直接扩大了地方政府间财力上的差距,加剧了区域间经济发展差距和基本公共服务的供给差距。因此应当统筹协调,逐步降低税收返还和原体制补助的比例,直至最后取消,可以增加一般性转移支付的比例,使财政转移支付制度适合基本公共服务均等化的总体要求。

参考文献

［1］Paul A.Samuelson,"The Pure Theory of Public Expenditure",*Reviews of Economics and Statistics*,November,1954.

［2］E.Lindahl,*Die Gerechtigkeit der Besteuerung*,Lund： Gleeuup,1919.

［3］Tiebout, Charles. Mills, " A Pure Theory of Local Expenditure", *The Journal of Political Economy*,Vol. 64,Issue5,Oct. 1956.

［4］Wallace E. Oates, *Fiscal Federalism*, Harcourt Brace Jovanovich, Inc.,1972.

［5］Edward M. Gramlich and Daniel L. Rubinfeld, "Micro Estimates of Public Spending Demand Functions and Tests of the Tiebout and Median-Voter Hypotheses",*Journal of Political Economy*,Vol. 90,No. 3,1982.

［6］Dennis Epple,Thomas Romer,Holger Sieg, "Interjurisdictional Sorting and Majority Rule：An Empirical Analysis",*Econometrica*,Vol. 69,No. 6(Nov., 2001).

［7］Buchanan, "An Economic Theory of Clubs. Economica", *New Series*, Vol. 32,No. 125. 1965.

［8］Richard W.Tresch,*Pbulic Finance*,Business publications,Inc,1981.

［9］Tiebout Charles Mills, "A Pure Theory of Local Expenditure", *The Journal of Political Economy*,Vol. 64,Issue5,Oct. 1956.

［10］George J. Stigler, *The Tenable Range of Functions of Local*

Government, Washington. D. C.: Joint Economic Committee. Subcommittee on Fiscal Policy, 1957.

[11] Richard Abel Masgrave, "A Brief History of Fiscal Doctrine", A. J. Auerbach and M. Feldstein (eds), *Handbook of Pulic Economics*, Vol. 1, Amsterdam: Elsevier, 1985.

[12] Qian, Weingast, B., "China's Transition to Markets: Market-preserving Federalism. Chinese style", *Journal of Policy Reform*, 1996.

[13] Qian, Weingast, B., "Federalism as a Commitment to Preserving Market Incentives", *Journal of Economic Perspectives*, 1997(1).

[14] Charles F. Bastable, *Public finance*, Macmillan, 1892.

[15] Wallace E. Oates, "An Essay on Fiscal Federalism", *Joumal of Economic Literature*, 1972(9).

[16] Paweł Swianiewicz, *Local Government Borrowing: Risks and Rewards*, Open Society Institute, 2004.

[17] Jorge Martinez-Vazquez, *Fiscal Decentralization and Economic Growth*, Georgia state University, Andrew Young School of Policy Stixlies. 2001.

[18] Robin Boadway and Jean-Francois Tremblay, *A Theory of Vertical Fiscal Imbalance*, Queen's University Press, 2005(6).

[19] Goodspeed, Timothy J., *Bailouts in a federation*, International Tax and Public Finance, 2009(9).

[20] Charles M. Tiebout, "A Pure Theory of Local Expenditures", *The Journal of Political Economy*, 1956(64).

[21] Richard Abel Musgrave, "Voluntary Exchang Theory of Public Finance", *The Review of Economics and Statistics*, 1959(36).

[22] Scott, James C. "Patron-Client Political Change in Southeast Asia", *The American Political Science Review*, 66(1), 1972.

[23] Granovetter, Mark and Swedberg, Richard, eds. *The Sociology of Eco-*

nomic Life, Westview Press, 1992.

[24] Wallace E. oates. Fiscal Federalism. New York: Harcourt Brace Jovanovich, 1972.中译本参见奥茨:《财政联邦主义》,凤凰出版传媒集团、译林出版社 2012 年版。

[25] 亚当·斯密:《国民财富的性质与原因研究》,郭大力等译,商务印书馆 1972 年版。

[26] 理查德·A.马斯格雷夫、佩吉·B.马斯格雷夫:《财政理论与实践》,中国财政经济出版社 2003 年版。

[27] 马斯格雷夫等:《财政理论与实践》,中国财经出版社 2003 年版。

[28] 塞利格曼:《累进课税论》,商务印书馆 1935 年版。

[29] 彼德·M.杰克逊:《公共部门经济学前沿问题》,中国税务出版社 2000 年版。

[30] 约瑟夫·斯蒂格利茨:《公共部门经济学》,中国人民大学出版社 2005 年版。

[31] 鲍德威·威迪逊:《公共部门经济学》,中国人民大学出版社 2000 年版。

[32] 莱昂·狄骥:《从拿破仑法典以来私法的变迁》,中国政法大学出版社 2003 年版。

[33] 全球治理委员会:《我们的全球伙伴关系》,牛津大学出版社 1995 年版。

[34] 平新乔:《财政原理与比较财政制度》,上海三联书店 1996 年版。

[35] 林毅夫:《再论制度、技术与中国农业发展》,北京大学出版社 2000 年版。

[36] 刘云龙、李扬:《民主机制与民主财政:政府间财政分工及分工方式》,中国城市出版社 2001 年版。

[37] 陈锡文:《中国农村公共财政制度》,中国发展出版社 2005 年版。

[38] 陈吉元、陈家骥、扬勋:《中国农村社会经济变迁(1949—1989)》,

山西经济出版社 1993 年版。

[39]财政部综合计划司:《中华人民共和国财政史料(第一辑)——财政管理体制(1950—1980)》,中国财政经济出版社 1982 年版。

[40]章荣君:《财政困境与乡镇治理》,中国社会科学出版社 2012 年版。

[41]蔡冬冬:《中国财政分权体制下地方公共物品供给研究》,辽宁大学出版社 2007 年版。

[42]黄恒学:《公共经济学》(第二版),北京大学出版社 2009 年版。

[43]许正中等:《财政分权:理论基础与实践》,社会科学文献出版社 2002 年版。

[44]李彬:《乡镇公共物品制度外供给分析》,中国社会科学出版社 2004 年版。

[45]韩小威:《中国农村基本公共服务供给的制度模式探析》,中国社会科学出版社 2012 年版。

[46]林万龙:《中国农村社区公共服务供给制度变迁研究》,中国财经出版社 2003 年版。

[47]卢友富:《西方发达国家财政体制研究》,吉林人民出版社 2004 年版。

[48]李萍:《财政体制简明图解》,中国财政经济出版社 2010 年版。

[49]黄宇光:《社会主义乡级财政》,经济科学出版社 1988 年版。

[50]李萍主编:《财政体制建明图解》,中国财政经济出版社 2010 年版。

[51]沙安文等:《地方财政与地方政府治理》,人民出版社 2006 年版。

[52]赵树凯:《乡镇治理与政府制度化》,商务印书馆 2010 年版。

[53]高培勇:《公共财政:经济学界如是说》,经济科学出版社 2000 年版。

[54]靳希斌:《政府教育管理职能转变与构建公共教育财政投资制

中国县乡公共治理与公共服务的财政支持研究

度》，福建教育出版社 2011 年版。

［55］肖冬连：《崛起于徘徊》，河南人民出版社 1994 年版。

［56］格里·斯托克：《作为理论的治理：五个论点》，《国际社会科学》1992 年第 2 期。

［57］贾康：《关于财力与事权相匹配的思考》，《光明日报》2008 年 4 月 22 日。

［58］楼继伟：《实施积极财政政策，深化财税体制改革》，中国发展高层论坛，财新网，见 http://economy.caixin.com/2015-03-23/100793822.html。

［59］周黎安：《中国地方官员的晋升锦标赛模式研究》，《经济研究》2007 年第 7 期。

［60］平新乔：《"预算软约束"的新理论及其计量验证》，《经济研究》1998 年第 10 期。

［61］周雪光：《"逆向软预算约束"：一个政府行为的组织分析》，《中国社会科学》2005 年第 2 期。

［62］马骏：《中国预算改革的政治学：成就与困惑》，《中山大学学报》2007 年第 3 期。

［63］章荣君：《财政困境下的乡镇治理状况分析》，《求实》2011 年第 5 期。

［64］王晓光：《国外转移支付制度的借鉴》，《经济研究参考》2002 年第 16 期。

［65］林治芬、魏雨晨：《中央和地方社会保障支出责任划分中外比较》，《中国行政管理》2015 年第 1 期。

［66］宏观经济研究院课题组：《公共服务供给中各级政府事权、财权划分问题研究》，《宏观经济研究》2005 年。

［67］徐江琴、叶青：《财政体制改革 30 年》，《湖北社会科学》2008 年第 10 期。

［68］夏杰长、张晓欣：《我国公共服务供给不足的财政因素分析与对策

250

探讨》,《经济研究参考》2007 年。

[69]冯兴元:《我国各级政府公共服务事权划分的研究》,《经济研究参考》2005 年。

[70]杨娟、刘亚荣等:《"以县为主"政策中县级政府责任探析》,《教育发展研究》2009 年第 12 期。

[71]雷晓康、张楠:《养老保险全国统筹与政府责任分担》,《中国社会保障》2012 年第 10 期。

[72]姜长云等:《县乡财政风险及其防范机制研究:以欠发达地区为重点的考察》,《农村经济问题》2004 年第 5 期。

[73]夏杰长:《提高公共服务均等化供给水平的政策思路——基于公共财政视角下的分析》,《经济与管理》2007 年第 1 期。

[74]林义、张维龙:《我国财政社保支出占财政总支出比重的初步探索》,《社保财务理论与实践》2008 年第 2 辑。

[75] 王卫星:《中国分税制财政体制及其运行情况》,《中国经贸导刊》2000 年第 12 期。

[76] 杨瑞龙、杨其静:《阶梯式的渐进制度变迁模型》,《经济研究》2000 年第 3 期。

[77]林江、曹越:《透视我国地方财政的改革与发展》,《地方财政研究》2013 年第 2 期。

[78]魏星河、吴洪国:《取消农业税后欠发达地区乡镇财政的困境及出路》,《求是》2008 年第 7 期。

[79]王桂梅:《"乡财县管"的利弊分析》,《辽宁行政学院学报》2007 年第 3 期。

[80]刘宏波等:《"乡财县管"改革后乡镇财政管理面临的问题与对策》,《财政纵横》2011 年第 3 期。

[81]管荣开:《"乡财县管"不宜急于推行》,《农村财政与财务》2004 年第 8 期。

[82]周飞舟:《从汲取型政权到"悬浮型"政权:税费改革对国家与农民关系之影响》,《社会学研究》2006年第3期。

[83]杨发祥、马流辉:《"乡财县管":制度设计与体制悖论——一个财政社会学的分析视角》,《学习与实践》2012年第8期。

[84]陈自雄、伍成志:《乡财县管的利弊分析及完善建议》,《财会月刊(综合)》2009年第1期。

[85]庞明礼、李永久、陈翻:《"省管县"能解决县乡财政困难吗?》,《中国行政管理》2009年第7期。

[86]宋悦、韩俊江:《我国医疗救助制度存在的问题及对策研究》,《税务与经济》2013年第1期。

[87]韩俊江、王胜子:《试论我国农村医疗卫生服务体系的完善》,《东北师大学报》2015年第2期。

[88]于弘文、顾宝昌:《2010年第六次全国人口普查挑战与展望》,《人口研究》2009年第11期。

[89]陈永正、陈家泽:《论中国乡级财政》,《中国农村观察》2004年第5期。

[90]贺禄飞等:《对财政转移支付制度缺陷的深层原因剖析》,《中国农业会计》2011年第3期。

[91]黄玉荣、赵宇:《当前农村税费改革中的新问题与对策研究》,《山东经济》2005年第3期。

[92]尹帅:《我国县乡财政体制问题研究》,《芜湖职业技术学院学报》2013年第3期。

[93]王元:《改革完善统一规范透明的财政转移支付制度》,《经济研究参考》2009年第27期。

[94]赵树凯:《乡村观察手记(十九)——基层政府的体制症结》,《中国发展观察》2006年第11期。

[95]杨善华:《从"代理行政权经营者"到"谋利型政权经营者"——向

市场经济转型背景下的乡镇政权》,《社会学研究》2002 年第 1 期。

[96]江野军:《基于新公共管理理论的义务教育发展研究》,2005 年 8 月 14 日。见 http://bjaesdj.cn/upins-trimg/20058150133785.doc。

[97]张通、欧文汉、方向阳:《改革完善省以下财政体制的思考和建议 [EB/OL]》,财政部网站,见 www.mof.gov.cn/ bangong ting/zhengwuxinxi/diaochayanjiu/200806。

[98]梁策:《我国统筹城乡就业的制度创新研究》,博士学位论文,东北师范大学 2014 年。

[99]陈丰:《基于财政视角的城乡义务教育均衡发展研究》,博士学位论文,中国海洋大学 2014 年。

[100]张宇:《中国县乡财政困境及对策研究》,硕士学位论文,燕山大学 2009 年。

[101]舒成:《中国地方财政分权体制下的地方公共品供给——理论与实证》,硕士学位论文,江西财经大学 2010 年。

[102]傅勇:《中国式分权、地方财政模式与公共物品供给:理论与实证研究》,硕士学位论文,复旦大学 2007 年。

[103]蔡冬冬:《中国财政分权体制下地方公共物品供给研究》,硕士学位论文,辽宁大学 2007 年。

[104]樊宝洪:《基于乡镇财政视角的农村公共产品供给研究》,硕士学位论文,南京农业大学 2007 年。

[105]杨辉:《县级政府提供公共服务的财政保障研究》,硕士学位论文,湖南师范大学 2012 年。

[106]何晶:《城乡义务教育资源均衡配置的财政政策选择》,硕士学位论文,中国海洋大学 2014 年。

[107]陈剑:《2014 年中央对地方转移支付 4.6 万亿元,占中央收入七成》,《新华网》2015 年 2 月 2 日,见 http://news.xinhuanet.com/2015-02/02/c_1114223342.htm。

[108]财政部:《2015 年中央一般公共预算支出预算表》,《财政部网站》2015 年 3 月 25 日, 见 http://yss. mof. gov. cn/2015czys/201503/t20150325 _ 1206526.html。

[109]国务院办公厅:《国务院关于改革和完善中央对地方转移支付制度的意见》(国发〔2014〕71 号),2015 年 2 月 2 日。

后　记

随着中国政府经济发展规划和战略调整，长期困扰中国社会深入发展的城乡非均衡状态将逐步得到化解，这其中离不开政府财政、金融等政策手段的不断推进，有赖于政府财政管理体制的改革与调整，得益于当前持续推进的政府间财政转移支付制度的改革深化，依托于当前政府治理体系的改革与地方政府治理与公共服务供给的不断创新。县乡政府财政困境下基本公共服务借给的财政支持研究将为解决中国社会深层发展过程中出现的诸多热点问题提供重要的理论和实践支持，本书的研究尽管从体系上梳理了其中的关联度，提出了一定的解决对策，但是还存在极其宽广的探索空间，著者及其研究团队将投入更大的精力持续给予关注和研究。承蒙人民出版社的支持和帮助，这本专著能够面世，著者在此表示由衷的感谢和敬意。同时也非常感谢学校对本著作出版给予的资助，感谢本书所参考的国内外文献作者，感谢我的研究团队在著作研究过程中给予的大力帮助。

刘桂芝

2015 年 12 月

策划编辑:徐庆群
责任编辑:张 燕
封面设计:杜维伟

图书在版编目(CIP)数据

中国县乡公共治理与公共服务的财政支持研究/刘桂芝 著. —北京:人民
 出版社,2016.5
ISBN 978－7－01－016027－6

Ⅰ.①中… Ⅱ.①刘… Ⅲ.①县-公共管理-社会服务-财政支出-研究-
 中国②乡镇-公共管理-社会服务-财政支出-研究-中国 Ⅳ.①F812.45

中国版本图书馆 CIP 数据核字(2016)第 057485 号

中国县乡公共治理与公共服务的财政支持研究
ZHONGGUO XIANXIANG GONGGONG ZHILI
YU GONGGONG FUWU DE CAIZHENG ZHICHI YANJIU

刘桂芝 著

人民出版社 出版发行
(100706 北京市东城区隆福寺街 99 号)

北京龙之冉印务有限公司印刷 新华书店经销

2016 年 5 月第 1 版 2016 年 5 月北京第 1 次印刷
开本:710 毫米×1000 毫米 1/16 印张:16.5
字数:244 千字

ISBN 978－7－01－016027－6 定价:38.00 元

邮购地址 100706 北京市东城区隆福寺街 99 号
人民东方图书销售中心 电话 (010)65250042 65289539